CES CRIMES QUI DÉPASSENT LA FICTION

DU MÊME AUTEUR

CHEZ LE MÊME ÉDITEUR

La Filière
La Cible
Kidnapping
Borniche Story (Gendarmes et Voleurs)
Frenchie
Borniche Story (Les Prédateurs)
Homicide Boulevard

En préparation

Le Privé

Roger Borniche

présente

CES CRIMES QUI DÉPASSENT LA FICTION

PRESSES DE LA CITÉ

ISBN 2-258-03994-0

Sommaire

Avant-propos

Aux États-Unis, un crime chasse l'autre.

Chaque matin, les chaînes de télévision – et elles sont légion – gratifient le téléspectateur du condensé des drames de la nuit. Corps englués d'hémoglobine, ballet de gyrophares qui empourprent le décor et les blouses des brancardiers, hululement de sirènes, reporter prolixe commentant l'événement, rien ne lui est épargné pour rappeler que la criminalité progresse dans le pays de façon inquiétante.

A New York, Chicago, Miami ou Los Angeles, en dépit de la rivalité entre gangs et de leurs interminables et meurtriers règlements de comptes, le vernis de la civilisation est en train de craquer. Des localités de moindre importance ne sont pas épargnées pour autant. La fureur et la violence s'y donnent aussi libre cours. Le racket, le trafic de drogue, le viol, le kidnapping, le vol et les assassinats, apanage de la pègre citadine, n'occultent pas la perpétration de crimes dans des régions apparemment plus calmes, qu'ils soient passionnels ou d'intérêt. Et dans bien des cas, leur sordidité dépasse l'entendement. Leur fréquence est telle que la police, insuffisante en effectifs, est débordée. Un crime dont la réalisation n'a demandé que quelques minutes entraîne souvent de fastidieuses recherches pendant plusieurs mois, voire plusieurs années.

La justice des States n'est en rien comparable à la nôtre. Chaque État a pleine souveraineté sur son territoire et les crimes qui s'y commettent ne peuvent être recherchés et jugés que par ses magistrats. C'est dire que les polices locales ont tendance à considérer la ville ou le comté sur lesquels elles ont juridiction comme chasse gardée. Par voie de conséquence, à monopoliser les affaires. Le légendaire et redoutable FBI, organisme d'enquêtes de Washington, est confiné dans un rôle de répression des violations des lois fédérales, mais seulement à la demande expresse et sur les indications du ministère de la Justice.

En ma qualité d'ancien policier, naturellement doté d'un esprit curieux, avide surtout d'appréhender les dessous de dossiers qui, en leur temps, n'ont guère mobilisé la foule des chroniqueurs comme ce fut le cas pour Bundy et Gacy, assassins hors série, j'ai eu l'occasion de consulter des coupures de presse, de m'entretenir aussi avec des enquêteurs et journalistes, même lorsqu'il a fallu étendre mon champ d'action dans différents États de la Fédération. Mes fonctions antérieures m'ont ouvert bien des portes et la collaboration en tant qu'interprète de mon épouse Michèle, facilité bien des dialogues.

J'ai pu ainsi recueillir des informations sur de saisissantes histoires dont la triste notoriété n'avait pas dépassé les frontières de leur *county*. Ce sont ces faits divers hors du commun que plusieurs auteurs vous livrent aujourd'hui.

Les statistiques sont là : la recrudescence des disparitions d'enfants aux États-Unis prend des proportions alarmantes. Si nombre de fugueurs réintègrent de gré ou de force le domicile paternel, d'autres jeunes, moins chanceux, font l'objet de recherches qui n'aboutissent malheureusement jamais. Parfois, leur corps est découvert dans un sous-bois et l'autopsie démontre que les malheureux ont subi des sévices sexuels.

Susan Walter, fille d'un riche banquier de Beverly Hills, a été kidnappée elle aussi, et détenue dans des conditions étranges avant d'être rendue à son père après un chassé-croisé de tractations et de recherches policières. Le *rapt* n'aurait jamais été éclairci sans l'initiative d'un cop de Seattle, pourtant de repos ce soir-là. Il a connu son dénouement à la prison de San Quentin, près de San Francisco, là où la chambre à gaz fonctionne en permanence.

On l'appelait la *Sauvageonne.* Sauvage, elle l'était, la jeune et plantureuse Jane Shuler, née dans un hameau perdu de l'Arkansas, illettrée ou presque, galopant pieds nus dans les bois, plongeant dans la rivière à la recherche de poissons, mariée à seize ans avec un alcoolique. Un joli brin de fille qui avait fait sienne la devise de son père, homme fruste, passionné de beuverie : « Œil pour œil, dent pour dent. » Elle l'avait appliquée en maintes occasions, cette devise et avait fini par en supporter les conséquences.

Si votre randonnée touristique vous entraîne un jour vers le comté de Bracken, au nord du Kentucky, pensez au bon shérif Hudson devenu enquêteur d'assurances à son corps défendant. Quand il assumait ses fonctions, le hasard, ce prétendu Dieu des policiers, avait négligé d'étendre sur lui son aile protectrice. Et ses soucis avaient commencé lorsque ses hommes avaient sorti de la fange limoneuse de la Turtle, une rivière poissonneuse, le cadavre violacé et inconnu d'une jeune femme. L'identification n'avait guère été facile, plusieurs familles sans relations entre elles ayant formellement reconnu la victime comme étant une des leurs. Au prix d'inlassables recherches, négligeant sa vie conjugale, acculé au divorce par une épouse délaissée, Charles Hudson avait cru toucher au but en interpellant les meurtriers de la noyée. Las, sa ténacité, basée sur des faits troublants, aboutissait à quelque impair énorme dont il restait confus mais qui engendrait la haine et les quolibets de ses concitoyens. L'histoire serait courtelinesque si le malheureux, démis de ses fonctions, n'avait pensé un moment mettre fin à ses jours.

Tout aussi courtelinesque que le récit du *Cadavre sans nom* mais avec une conclusion autrement dramatique, *Le Fantôme des greniers* apprend à se méfier d'une machine à coudre qui tombe fréquemment en panne. Surtout si une épouse, dans l'épanouissement de ses trente-quatre ans, est en quête de sensations amoureuses. L'émigré polonais Joseph Geremek propriétaire, à force de travail, d'une florissante entreprise de textile, n'aurait jamais dû offrir une machine à sa femme Miléna. Encore moins d'occasion. Ses nuits auraient été des plus calmes. Et le chef de la police de Los Angeles aurait pu classer sans suite un dossier de revenants si l'affaire n'avait pas viré au drame.

J'aurais désiré vous entretenir d'autres histoires à rebondissements de *Ces crimes qui dépassent la fic-*

tion, mais ce sera l'objet d'un autre livre. J'ai idée néanmoins que les héros de ces faits divers, bien que des noms aient été changés pour éviter de compromettre des personnes innocentes, n'apparaîtront pas comme des étrangers à ceux qui les liront.

Roger Borniche
Los Angeles, septembre 1994.

Rapt

– Si je comprends bien, Dave, rien encore pour le moment ?

Le capitaine O'Harand pose un œil réprobateur sur le détective Dave Pierce planté devant son bureau du Los Angeles Police Department. Le filiforme Dave, l'as de la division Homicides, la figure anguleuse sous la chevelure grise, soulève les épaules en signe de résignation. Il tourne et retourne entre ses doigts grêlés de taches de son une lettre griffonnée, presque indéchiffrable. L'après-midi touche à sa fin et sur Main Street, qui longe le quartier général de la police, la circulation est intense à l'approche des fêtes de Noël.

– Qu'est-ce que je vais pouvoir dire au grand patron, Dave ? Vous vous en rendez compte, au moins ?

Le capitaine O'Harand ne cache pas sa déception. Dans moins d'une heure, figé à son tour devant le bureau directorial, il lui faudra expliquer au Commissionner, ami du père de la jeune disparue, que les recherches n'ont toujours rien donné. La contrariété de Dave Pierce est visible. Depuis la réception de la lettre de chantage, assisté de trois graphologues requis pour les besoins de la cause, il analyse les spécimens d'écriture que les archivistes ont tirés du casier « Anonymes » et entassés sur la table centrale de la salle de l'identité judiciaire.

Une nouvelle fois, O'Harand toise son collaborateur :

– Répondez-moi franchement, Dave. Vous espérez aboutir rapidement ou non ? Le banquier ne cesse de relancer le patron...

Le corps longiligne de Pierce se raidit. Une lueur de doute passe dans les yeux pers. Ses mâchoires se serrent. Il bredouille :

– Rien ne se rapproche des lettres anonymes classées au service, capitaine. Il faudrait contacter Washington.

William O'Harand se carre dans son fauteuil, s'accorde un instant de réflexion avant de lancer :

– Vous savez bien, que la loi fédérale interdit toute intervention du FBI pendant la semaine qui suit un kidnapping, Dave. Histoire de laisser aux polices locales le temps de faire leur travail.

– Sauf si le ravisseur a franchi la frontière d'un État, capitaine.

– Sûr ! Mais ça, vous n'en savez rien ! Le rapt a eu lieu le 20 décembre, nous sommes le 23. Les quelque mille volontaires qui nous aident à fouiller la région pourront peut-être récupérer la petite avant Noël.

Pierce ne peut retenir une moue incrédule, presque désapprobatrice.

– Souhaitons-le, capitaine. Je vous parlais du FBI parce que son fichier contient des millions de modèles d'écriture que ses services fédéraux, les archives des États, des comtés et des villes des USA lui expédient. Ses spécialistes sont donc mieux outillés que nous en matière d'identification d'auteurs de lettres anonymes...

– OK, Dave, OK, je transmets. Mais vu la prose de notre type, j'ai plus l'impression qu'il s'agit d'un amateur débile que d'un professionnel de l'enlèvement! Il exige une rançon de 50 000 dollars alors qu'il pourrait en obtenir vingt fois plus en échange de l'enfant!

David Pierce secoue la tête à plusieurs reprises.

– C'est bien ce qui m'inquiète, capitaine. Dans le tracé tourmenté de son écriture, les graphologues ont décelé une instabilité évidente. Et pour moi, rien n'est plus dangereux qu'un kidnappeur à l'esprit perturbé!

L'enlèvement de Susan, douze ans, s'était déroulé d'une façon déconcertante au cours de l'après-midi du 20 décembre. Son père, le richissime John Perry Walter, propriétaire de la banque du même nom, venait de quitter sa résidence, nichée dans la dégringolade de verdure de Beverly Hills, quand son épouse l'avait joint sur la ligne privée de sa Rolls :

– Vous avez envoyé quelqu'un prendre Susan à son cours, John ?

Les traits de l'homme d'affaires s'étaient tout d'un coup rembrunis.

– Moi ? Non, darling. Pourquoi ?

– L'institutrice m'informe qu'un employé est venu la chercher de votre part pendant la récréation de 3 heures. Contrairement à son habitude, elle tardait pour le goûter. J'ai donc appelé l'école. Qu'est-ce que ça veut dire, John ?

– Mais je ne sais pas, darling. Je vais me renseigner et j'arrive.

La nouvelle de la disparition de la fille du célèbre financier a galvanisé les polices de Beverly Hills, de Santa Monica et de Los Angeles qui se sont mobilisées pour entamer une chasse à l'homme sans précédent. Le Commissionner a mis l'affaire entre les mains du capitaine, chef de la division Homicides qui, à son tour, a chargé le tenace David Pierce, son meilleur détective, de centraliser les recherches. Mais, malgré l'apposition du portrait de la fillette dans chaque quartier de l'immense ville, malgré les appels radio et la diffusion par voie de presse de son signalement et de sa tenue vestimentaire, l'énigme de sa disparition reste entière. L'institutrice et ses camarades de classe n'ont pu que répéter aux policiers et aux journalistes que Susan avait l'air de connaître l'homme à l'allure juvénile et à l'abondante chevelure noire à qui elle avait souri avant de lui prendre la main pour se diriger vers une voiture sombre garée un peu plus loin.

Le lendemain du rapt, une lettre postée au bureau de Beverly Boulevard parvint à John Perry Walter. « Mon nom est le Renard, déchiffra-t-il. Et comme vous pouvez le penser, je suis malin, très malin. Inutile par conséquent de chercher à me piéger. Quand on joue avec le feu, on se brûle. Suivez plutôt mes instructions. La vie de votre fille tient à un fil que je peux couper si j'en ai envie. Je vous fais un marché. Sa vie contre 50 000 dollars. Je vous dirai bientôt où les apporter. Où ? Comment ? Faites confiance au Renard. »

Dans l'attente d'un coup de fil du ravisseur, Mr. Walter se confina chez lui toute la journée du 21 décembre. A 19 heures, le téléphone grésilla. Une voix à l'intonation falsifiée, amplifiée par le haut-parleur, résonna dans la pièce.

– La police a sans doute mis votre téléphone sur écoute mais le Renard s'en moque. Trop rusé pour tomber dans le panneau. Je vous surveille tous car j'en ai les moyens. Je tuerai Susan à la première occasion si Pierce se mêle de l'affaire comme la radio l'a annoncé. Qu'il continue à fouiller où il veut mais pas où je suis. D'accord pour la rançon ?

– Ma fille ?

– Elle va bien, merci pour elle. Elle attend de fêter Noël en famille. Moi aussi. Un peu de patience et je vous dirai où déposer l'argent.

Dave Pierce, à qui le banquier rapporta la conversation, hocha la tête. Le détective a la réputation justifiée de réussir tout ce qu'il entreprend. Depuis ses débuts dans la police, il a collectionné les affaires plus difficiles les unes que les autres sans connaître d'échec. Néanmoins, il ne cacha pas la délicatesse de l'entreprise :

– Bien qu'elles vous semblent débiles, les élucubrations du soi-disant Renard doivent être prises au sérieux, recommanda-t-il à ses hommes. Un inconscient est toujours dangereux. Il faut lui tendre un piège. Son prochain coup de fil ne saurait tarder.

Les salariés du banquier, ses employés de maison, anciens et actuels, qui connaissaient ses numéros de téléphone privé furent interrogés. Aucun d'eux ne put fournir une quelconque indication sur l'enlèvement. Les vérifications dans les drugstores et les supermarchés, pourvoyeurs éventuels du papier à lettres et de l'enveloppe utilisés, n'eurent pas plus de succès.

Le travail de routine fut accompli avec une telle minutie que les policiers mirent la main sur un gang de trafiquants de drogue terré dans un taudis de South Los Angeles. Un arsenal d'armes à feu fut découvert, dont plusieurs avaient servi à perpétrer des assassinats à Pasadena et à Hollywood. Trois voyous recherchés pour attaques de banque et évasion d'une prison du Colorado furent interpellés à Venice avant qu'ils aient eu le temps de comprendre comment les détectives avaient pu avoir vent de leur cachette. Mais aucun de ces gangsters, jeunes pour la plupart, n'était mêlé au kidnapping.

La veillée de Noël s'écoule sans que le ravisseur se manifeste. Désespéré, Mr. Walter doute que la rançon qu'il a constituée lui soit réclamée un jour. Cloîtré dans son bureau, au premier étage de sa villa, il attend, le combiné à portée de main. Dans la chambre contiguë, Mrs. Walter dort, sous l'effet d'un somnifère.

A minuit, le grésillement de la sonnerie fait sursauter le banquier qui commençait à s'assoupir. Il décroche et reconnaît ce timbre nasillard devenu odieux. « Le Renard vous souhaite un joyeux Noël, Mr. Walter. Vous connaissez le Beverly Hotel, vous passez devant tous les jours. A 8 h 30 précises, vous vous y rendrez et vous descendrez au sous-sol. Au-dessus d'une des chasses d'eau des toilettes hommes, mes instructions sont déposées. Je répète : 8 h 30 précises. Ni avant, ni après. Le Renard est l'exactitude personnifiée. Vous aussi, je pense. Naturellement, toujours pas un mot aux flics. J'oubliais : Susan va bien. Elle vous souhaite un joyeux Noël avant de le faire de vive voix. »

Toute la nuit, Perry Walter remue ses pensées avec une impatience fébrile. A 8 h 25, porteur de l'enveloppe dans laquelle, selon les conseils de Pierce, il a glissé des coupures de journaux à la place des dollars, il confie sa Rolls au voiturier de l'établissement, traverse le hall et emprunte l'escalier du sous-sol.

Les portes des trois cabines s'ouvrent sur les ustensiles ménagers d'un escogriffe noir qui promène mollement une serpillière sur le parterre de marbre. John Perry Walter grimace. La présence de l'employé risque de tout compromettre. En même temps, il se demande s'il ne fait pas l'objet d'une plaisanterie de mauvais goût... Il se glisse néanmoins dans une cabine, tire la porte sur lui et promène sur la chasse d'eau une main qui ne rencontre que du vide. Profitant de l'inattention du Noir, il passe d'une cabine à l'autre, sans plus de succès. Il en sort, désappointé : le kidnappeur s'est joué de lui. A moins qu'il n'ait repéré l'important dispositif policier mis en place. John Perry Walter se prend alors à regretter d'avoir mis Pierce au courant du rendez-vous matinal.

La gorge sèche, le banquier récupère sa Rolls, reprend par Sunset Boulevard le chemin de sa villa. Alors qu'il s'apprête à franchir le portail, une enveloppe de même taille et de même couleur que la précédente, coincée entre deux barreaux, attire son attention. A l'intérieur, quelques lignes griffonnées sur une feuille du Beverly Hills Hotel : « Je vous ai dit que j'étais malin. Vous, par contre, vous me dégoûtez. Les flics étaient au rendez-vous. Vous ne pouvez pas savoir combien Susan va être déçue par votre trahison. Priez Dieu que je vous pardonne. Renard. » Un feuillet séparé accompagne ces lignes : « Chers papa et maman. Je veux rentrer à la maison. Je vais mourir si je reste ici encore longtemps. Que vais-je devenir ? Papa, s'il te plaît, fais ce que te demande cet homme, sans cela il me tue. »

Quand, deux jours plus tard, une autre lettre arrive à la propriété de Beverly Hills demandant cette fois la remise de 10 000 dollars en coupures de 100 dollars, somme modique par rapport aux premières exigences, Mr. Walter s'inquiète. Les desseins contrariés du ravisseur peuvent le conduire à commettre un geste irraisonné. Sur une feuille de cahier, quelques phrases de Susan prouvant qu'elle est en vie le rassurent. « Surtout papa, ne préviens pas la police comme tu l'as fait pour le Beverly Hotel. Le monsieur va te téléphoner. Je t'en supplie, écoute-le. Il est gentil avec moi mais il dit que ça ne peut pas durer. »

– Je paierai, dit doucement le banquier à sa femme. Le triple s'il le faut. Les policiers font ce qu'ils peuvent mais cette fois, je ne les préviendrai pas. Je tiens à revoir Susan.

Pendant trois jours, le kidnappeur demeure silencieux au point que le banquier, suspendu au téléphone, passe de la nervosité à l'abattement. Il craint le pire. Les heures deviennent interminables.

Au vu des lettres et des enveloppes que le capitaine O'Harand a confiées au FBI, le laboratoire rend un verdict provisoire. L'écriture fine, hachée, désordonnée, discordante, surélevée et inégale, avec des finales de mots brusquement réduites, émane d'un homme vaniteux, bravache, débile, irritable et méchant. Rien ne permet pourtant de l'identifier.

Le Bureau ne ménage pas ses efforts. Par le truchement de ses ordinateurs, agents et experts épluchent des millions de spécimens d'écriture, vérifient des échantillons fournis par les organismes de crédit, les signatures figurant sur les permis de conduire. Ils scrutent les archives des offices de main-d'œuvre, des bureaux des œuvres sociales, des nombreux hôpitaux et des institutions. Un travail de longue haleine.

Le 28 décembre, à 3 heures du matin, alors que John Perry Walter s'est allongé quelques instants pour se reposer, le téléphone sonne. Dans l'écouteur, la voix nasillarde qu'il reconnaît sur-le-champ lui dicte les dernières instructions. « Enveloppez l'argent dans un sac de papier et allez le déposer, à 5 heures tapantes, à l'endroit qui figure dans la lettre accrochée à votre portail. Attention, le coin est très isolé et le Renard vous verra venir de loin. Comme il a reniflé les flics au Beverly Hotel. S'ils sont là, vous perdez Susan. »

A l'heure dite, à peine le banquier a-t-il déposé l'enveloppe que son rétroviseur lui renvoie l'image d'une Toyota de couleur sombre qui, surgie d'une voie de traverse, passe au ralenti devant la boîte, effectue un demi-tour cent mètres plus loin, repasse à vitesse lente devant le 14553 et disparaît.

Walter, aussi décontenancé qu'intrigué, patiente au volant de sa Rolls. Une demi-heure s'écoule sans que le ravisseur se manifeste. Déçu, mais au comble de l'impatience, il met pied à terre pour se dégourdir les jambes. Il en arrive presque à regretter l'élimination de Pierce. La nuit est noire, l'endroit sinistre et, de l'autre côté de la chaussée, des feuilles craquent sous les pattes de coyotes ou de cougars invisibles qui pullulent dans les sous-bois. Il s'apprête à reprendre place au volant de sa voiture lorsque la Toyota, émergeant à nouveau de la traverse, fait sa réapparition et ralentit à sa hauteur. La vitre droite, à demi baissée, laisse échapper la voix du kidnappeur :

– Vous avez l'argent ?

En guise de réponse, Perry Walter désigne la boîte à lettres.

– OK. Susan dort. Pas de sottise. Reprenez-le et donnez-le-moi. Et vite.

– Pas avant d'avoir vu ma fille.

– Alors, avancez mais ne la réveillez pas.

Le canon d'un pistolet luit dans la main du kidnappeur.

La gorge serrée, le banquier s'approche de la Toyota dont il note mentalement le numéro. Allongée sur la banquette arrière, la chevelure émergeant d'une couverture, sa fille repose.

– Désolé de lui avoir collé un somnifère dans le potage mais je ne pouvais pas faire autrement, ricane l'inconnu en agitant son arme. J'ai tenu parole. Le fric.

Perry Walter enregistre sa physionomie. Les intonations des jours passés ont quitté sa voix. « Dix-huit, dix-neuf ans, se dit-il. Un gamin. Comment peut-on en arriver là ? »

Résigné, il récupère l'enveloppe, la tend au jeune homme qui s'en empare d'un geste rapide, sans même en vérifier le contenu.

– Merci, Mr. Walter, dit-il, goguenard. Ne bougez pas de là, je fais cinquante mètres avec ma voiture et je dépose Susan. J'ai horreur des larmoiements de retrouvailles.

A nouveau, le canon du pistolet brille dans la main du ravisseur qui, dégageant la Toyota, parcourt une cinquantaine de mètres et l'arrête au milieu de la route. Mr. Walter, anxieux, le voit ouvrir la portière arrière droite, soulever la fillette toujours enveloppée dans la couverture et la déposer délicatement sur le bas-côté de la route. Dès qu'il a disparu, non sans avoir agité la main en guise d'au revoir, John Perry Walter se précipite. Recroquevillée sous la couverture, sa fille semble dormir profondément. Il se penche, lui caresse tendrement les cheveux, tapote sa joue, l'embrasse sur le front qui lui paraît anormalement froid. Le manque de réaction le surprend. Soulevant la couverture pour la prendre dans ses bras, il la laisse retomber, horrifié : le ravisseur lui a rendu sa fille, mais sans ses jambes. Elles ont été coupées à hauteur des hanches.

Hagard, John Perry Walter rejoint sa voiture, décroche le téléphone et compose avec difficulté le numéro personnel du Commissionner :

– Venez, venez vite, supplie-t-il. On a tué mon enfant.

Le sol du bureau de Pierce est jonché de journaux. Toutes les éditions locales, régionales, fédérales, publient l'événement à la une. Des photos de Susan Walter, le portrait-robot de son ravisseur surmontent les colonnes serrées des reportages.

Le policier agite des pensées moroses. Malgré l'offre d'une prime de 100 000 dollars à toute personne susceptible de fournir un renseignement au père de la jeune victime, il craint que du temps ne s'écoule avant que l'assassin puisse être confondu. Une déception de taille : le laboratoire du FBI s'est montré incapable d'identifier l'écriture des lettres dont aucun des éléments, voyelle, consonne ou majuscule, ne figure dans ses fichiers. Deux chiffres du numéro d'immatriculation de la Toyota, dérobée à un commerçant de l'Oregon, ont été falsifiés. Elle a été découverte, à demi incendiée et débarrassée de toute empreinte, quelques jours après l'enlèvement, dans un fossé de la 101, à proximité de San Francisco.

La Californie est sous le choc. Assaillis d'appels téléphoniques et de lettres qui signalent la présence du meurtrier un peu partout, les services de police sont vite débordés. L'affaire Walter est devenue une priorité. Diffusé par la télévision, le portrait-robot provoque l'arrestation de sosies du ravisseur dont il faut vérifier les alibis. Une automobiliste signale qu'un soir de janvier, elle a chargé sur la route de San Diego un auto-stoppeur pressé de gagner le Mexique, ressemblant étrangement à l'homme recherché. Elle l'a déposé à Pacific Beach après qu'il avait tenté de la violer. Mais il ne s'agit que d'une excentrique, avide de publicité. Dans les écoles, les enfants sont mis en garde contre toute invitation qui pourrait leur être faite de suivre un étranger, sous quelque prétexte que ce soit. Les détectives, renforcés maintenant par des agents du FBI, rendent aux voyous connus des visites dépourvues d'aménité. Le message est clair : le Milieu a intérêt à ce que le ravisseur assassin se fasse prendre le plus tôt possible.

A Seattle, dans l'État de Washington, Pike Street est le centre de la vie nocturne. Les grands magasins et les boutiques de luxe s'y succèdent jusqu'à Pike Place Market où le pittoresque marché aux poissons est entouré de librairies, d'échoppes, de bazars et de petits restaurants. Parmi eux, le Rainier, rendez-vous de la jeunesse estudiantine, connaît une affluence grandissante du fait de la qualité de ses saumons, de ses glaces et surtout de la modicité de ses prix.

En cette soirée de fin janvier l'établissement affichait complet, comme à son habitude. Faute d'avoir réservé sa table, Henry Brown du Seattle Police

Department est réduit à patienter au bar, devant un verre de whisky-soda. Il ne s'en formalise pas : son service terminé, il a troqué l'uniforme de sergent pour une tenue civile. Du haut de son tabouret, il promène sur la salle un regard débonnaire non dépourvu pourtant de cette circonspection qui est une seconde nature chez les policiers. Soudain, son visage se fige. Son œil s'est posé sur une table d'angle qu'un couple, jeune d'allure, s'apprête à quitter. La place est libre mais Brown ne pense plus à l'occuper. Les traits de l'homme à la tignasse abondante qui aide sa compagne à quitter la banquette ressemblent à s'y méprendre à ceux du portrait-robot du ravisseur californien, affiché sur le mur du commissariat. Et plus il le détaille derrière son verre, plus sa conviction s'accroît. Mais un problème se pose : doit-il l'interpeller dans l'établissement, à la sortie, ou le suivre, tout simplement, afin de voir où il loge ? La crainte de commettre un impair en public le fait pencher pour la dernière solution. Il jette sur la table les trois dollars, prix de sa consommation, dédaigne la monnaie, et quitte le Rainier en prenant l'air le plus détaché possible.

Dans l'embrasure de la porte d'un fleuriste où il a pris position entre deux arbustes factices, il attend, anxieux. Enfin, le couple paraît, se livre à quelques privautés devant la vitrine d'un antiquaire, puis se sépare. A pas rapides, le jeune homme coupe Western Post, enfile à gauche University Street, marche, toujours à vive allure, jusqu'à Minor Avenue. Silencieux sur ses semelles de crêpe, le sergent Brown le suit à distance. Il agit avec la conviction de l'instinct, persuadé de filer le ravisseur de l'affiche. Au moment où le jeune homme s'apprête à franchir le porche d'un vieil immeuble, il bondit :

– Police, ne bougez pas, ordonne-t-il. Vous êtes fait.

Les menottes jaillissent de sa poche. Il les verrouille aux poignets de l'inconnu que l'arrestation ne semble nullement émouvoir. Et il reçoit en prime, ahuri, un compliment auquel il est loin de s'attendre :

– Bien joué, Mr. Pierce ! Mais depuis le temps que vous lui courez après, vous pouvez dire que le Renard vous a fait faire du chemin. Pas vrai ?

Dans le bureau du capitaine O'Harand, où deux détectives l'ont conduit, Edward Glucksman, continue à jouer les matamores. « Je n'avais pas d'argent pour poursuivre mes études, fanfaronne-t-il. Il me fallait en trouver. Le luxe des stars d'Hollywood photographiées dans les magazines de cinéma, leurs somptueuses demeures, leurs Rolls, m'ont donné l'idée de kidnapper un de leurs enfants et de le rendre moyennant une rançon confortable. J'ai rôdé plusieurs jours sans découvrir ce que je cherchais. Contrairement à la plupart des propriétés protégées par des hauts murs, celle du banquier Walter était d'approche facile. De la route, je pouvais voir sa fillette jouer sur la pelouse qui descend en pente douce. Pas de barrière, pas de gardien, pas de chien. L'aubaine était belle. Plusieurs jours de suite, je suis venu me promener devant la maison. J'ai engagé la conversation et elle me souriait, pensant que j'étais un voisin. J'avais dérobé une voiture à Portland dans l'Oregon et acheté du matériel de camping à San Francisco. L'occasion n'a pas été longue à se présenter. J'avais assisté plusieurs fois au départ de Susan pour l'école et remarqué que la récréation se déroulait en plein air. Je me suis approché, lui ai dit qu'il fallait qu'elle rentre à la maison et elle est venue vers moi sans méfiance. La voiture était à proximité. Nous avons campé dans les bois avant de percevoir l'argent que je demandais. Susan me fournissait en pleurant tous les détails sur la vie de son père et ses habitudes. J'ai écrit les lettres de la main gauche en me faisant appeler le Renard. J'ai aussi transformé ma voix dans les cabines téléphoniques. Quand j'ai vu que l'argent tardait, j'ai réduit mes prétentions. Il m'était facile de voir si la police était au rendez-vous, j'étais sur place avant elle. La dernière fois, Mr. Walter a joué le jeu. Il est venu seul.

– Et vous lui avez rendu Susan morte et mutilée, grince Pierce que la désinvolture du suspect révolte.

– Elle n'arrêtait pas de pleurnicher au point que ça me tapait sur les nerfs. Je ne pouvais pas la laisser seule au camping, des fois qu'elle se sauve. Dans la voiture, ça posait toujours des problèmes. Je comptais la restituer intacte mais la dernière journée, elle s'est mise à crier de plus belle. J'ai essayé de la bâillonner avec une serviette. Elle s'est débattue. Je lui ai serré la gorge pour la faire taire. Trop fort, sans doute. Quand je me suis rendu compte qu'elle était morte, je lui ai scié les jambes pour pouvoir me débarrasser plus facilement du corps. Ça n'a pas été facile.

– Vous ne sembliez pourtant éprouver aucun remords quand vous l'avez abandonnée à son père. Un certain cynisme, plutôt. Savez-vous que vous risquez la peine capitale ?

– Comme ça, on parlera de moi dans les journaux. Ce n'est pas tout le monde qui peut avoir sa photo à la une, vous ne croyez pas ? Le Renard, une star, vous vous rendez compte !

Lors de sa comparution devant la Cour, Glucksman assaille le jury de regards satisfaits. Des cris hostiles s'étaient élevés sur le passage du fourgon qui l'amenait de la prison au tribunal. John Perry Walter, très digne, l'ignore pendant sa déposition. Sauf lorsque le Procureur lui demande s'il reconnaît le ravisseur de sa fille. D'un simple signe de tête, il acquiesce avant de quitter le prétoire, enfermé dans sa douleur.

Pour Dave Pierce qui lui succède à la barre, l'accusé est un déséquilibré. Ses lettres, ses communications téléphoniques, son attitude lors de l'arrestation, le prouvent. Mais un déséquilibré dangereux. Lors de la perquisition dans sa chambre, à Seattle, on a découvert des vêtements neufs et quantité de caméras, de montres, de stylos et de nombreux sous-vêtements féminins qu'il accumulait pour le plaisir. Par contre, aucune trace des dollars soutirés à John Perry Walter.

– Forcément, s'insurge Glucksman adoptant une pose théâtrale, l'argent, c'est fait pour circuler. J'ai joué une partie de la rançon à la loterie et j'ai perdu. Il a aussi fallu payer mon voyage de retour et il faut bien que je vive.

Après de longues délibérations, les jurés rendent leur verdict : Glucksman, déclaré coupable de meurtre au premier degré, est promis à la chambre à gaz. Parmi eux, nul ne veut tenir compte de son déséquilibre psychique.

A la prison de San Quentin, près de San Francisco, où on le conduit, il attend la mort sans manifester la moindre émotion. A longueur de journée, il écoute du jazz, réclame des magazines de cinéma et demeure des heures entières en admiration devant ses idoles de l'écran.

Son visage reflète toujours une parfaite tranquillité de l'âme lorsqu'il est conduit dans la cellule antichambre de la mort. Et quand, décontracté, il s'installe sur la chaise fatale, il ne peut s'empêcher de lancer aux aides de l'exécuteur chargés de lui passer les sangles :

– Vous pouvez les serrer fort les gars, vous n'empêcherez pas que le Renard entre aujourd'hui dans l'histoire du crime !

Michèle Borniche

La sauvageonne

Parfois, on s'interroge sur les sources d'inspiration des auteurs de *folk-songs* américains. L'un des plus fameux interprètes se contenta de reprendre celui qu'avait composé un obscur montagnard de l'Arkansas afin de conter la tragique histoire de Jane Shuler. En leitmotiv, chaque couplet de la lugubre mélopée s'achevait sur cette question désespérée :

Jane était si jeune et si belle,
Pourquoi fallait-il la tuer ?

Au pied des monts Ozarks, dans l'État d'Arkansas, vit une population arriérée dont se moque le reste des États-Unis. Avec dérision, ils sont baptisés les *hillbillies*, terme qui pourrait se traduire par bouseux ou ploucs. Il est vrai que l'Arkansas est l'État le plus défavorisé des USA, même si son dernier gouverneur occupe actuellement la Maison-Blanche.

Jane Shuler était une *hillnelly*, mot qui est le féminin de *hillbilly*. A l'âge de dix-huit ans, elle offrait un joli visage, des yeux bleus à l'éclat candide, une superbe silhouette et des formes plantureuses. Pieds nus, elle courait les bois, pêchait dans la rivière entre les roseaux et chassait la loutre dont la fourrure assurait les revenus de sa famille. Celle-ci comprenait le père, Frank Shuler, homme fruste qui réglait sa vie sur les prescriptions de la Bible, la mère, Helen, et Edna, la sœur de Jane, une enfant handicapée dont Jane s'occupait avec le plus grand soin.

Jane avait peu fréquenté l'école et savait tout juste lire et écrire. Son professeur était son père, qui sans cesse répétait : « Ne te laisse jamais faire dans la vie, ma petite. Si on te fait du mal, riposte. Œil pour œil, dent pour dent ! »

A seize ans, comme toutes les *hillnellies*, Jane s'était mariée. Un brave garçon mais qui buvait trop. L'union n'avait duré que l'espace d'un automne et d'un hiver. Le printemps revenu, Jane était retournée à sa famille, à ses bois, à ses rivières et à ses loutres. C'était la seule vie à laquelle elle était attachée.

Un samedi, son père et sa mère s'embarquèrent à bord d'un bateau pour une virée de trois jours en compagnie d'amis. Pour les *hillbillies*, une virée de trois jours sur la rivière signifiait des beuveries sans fin et des bagarres entre hommes. Dans ces occasions, Frank Shuler oubliait les préceptes de la Bible.

Le lundi, le voyage avait été si abondamment arrosé que, complètement ivre, un certain Jack White bondit sur Helen Shuler et la coucha sur le pont en relevant sa jupe dans l'intention évidente de la violer. Frank Shuler s'interposa. Bien que totalement imbibé d'alcool, il avait conservé toute sa force et il administra au violeur en puissance une sévère correction.

On les sépara. Cette initiative pleine de bons sentiments se révéla funeste pour Frank Shuler. De sa ceinture, Jack White tira un revolver et fit feu par deux fois sur son adversaire. Tué net, le père de Jane s'affala lourdement sur le pont. Son meurtrier souleva le corps inerte et le jeta dans la rivière. Helen Shuler hurlait de terreur. Jack White l'assomma à coups de crosse puis, hautement excité par l'intermède, la viola sauvagement. Effrayés par la vue de l'arme, les témoins de la scène n'intervinrent pas.

Au retour, Helen Shuler fut transportée à l'hôpital. Ses blessures au crâne étaient graves. Elle mourut le lendemain, non sans avoir relaté à sa fille Jane, avec des sanglots, le déroulement de ces tragiques événements. Parallèlement, le shérif avait appréhendé et incarcéré Jack White.

Pour Jane, les choses étaient claires. Jack White avait tué son père et sa mère et avait violé celle-ci. Par conséquent, la Justice devait frapper. Avec rudesse. Pour exécuter ses condamnés à mort, l'État d'Arkansas privilégie la chaise électrique. Aussi, Jane espérait bien que Jack White recevrait les huit décharges alternatives de 2 250 et 1 000 volts durant les 120 secondes fatales. Lorsqu'elle apprit que le meurtrier possédait de bonnes chances de s'en tirer sans grand dommage, elle se précipita chez le shérif.

– Vous êtes censé faire respecter la justice, tempêta-t-elle. Quand un homme a tué un autre homme, il doit être puni comme il le mérite!

– Calmez-vous, Jane. Le district attorney bute sur un gros problème. D'abord, Jack White a choisi un excellent avocat, particulièrement retors. Ensuite, cette balade sur la rivière était l'occasion d'une immense beuverie. Ils étaient tous ivres sur le bateau. Enfin, les témoins jurent que votre père a failli tuer White à coups de poing : White était donc en état de légitime défense. C'est ce que plaidera son défenseur. Restent votre mère et le viol. L'avocat mettra ces méfaits sur le compte de l'alcool et insinuera sans doute que votre mère était tellement saoule que c'est elle qui s'est offerte à White. Pour être franc avec vous, Jane, je vois White s'en tirer avec un maximum de cinq ans. S'il se tient peinard en taule, dans dix-huit mois il est dehors.

Durant les audiences du procès, Jane écouta avec stupéfaction les témoignages des participants de la virée de trois jours. Visiblement, ils avaient peur de Jack White. Appelant à la rescousse les brumes de l'alcool, pour la plupart ils ne se souvenaient de rien. Au banc de la défense, White et l'avocat triomphaient.

– Ce n'était qu'une querelle d'ivrognes, plaida ce dernier. Une simple rixe d'après boire. Et, dans le cas qui nous occupe, la vie de mon client était en péril. Frank Shuler allait le tuer. Paniqué, Jack White a tiré en état de légitime défense. On ne peut le blâmer. Frank Shuler était un homme vigoureux, en réalité une brute qui n'aurait fait qu'une bouchée de son adversaire. Le viol ? Allons, soyons sérieux. Ayant perdu toute inhibition grâce à l'alcool, Helen Shuler a fait à Jack White des avances auxquelles, bien naturellement, il a répondu. Où est le mal ? Les coups de crosse sur la tête qui ont entraîné la mort ? Helen Shuler était devenue hystérique en voyant son mari mourir. Mon client a voulu, dans un mouvement de pitié, la calmer. Trop brutalement, hélas, je vous le concède. Je réclame l'indulgence.

C'était le dernier jour du procès. Les douze jurés se retirèrent. Jane s'absenta dix minutes et revint pour attendre la fin du délibéré. Deux heures plus tard, le jury réintégra son box. Le juge fit ramener Jack

White pour qu'il entende le prononcé du verdict. Alors, Jane se leva et fit rapidement le tour de la table derrière laquelle l'accusé et son défenseur se tenaient debout. A la main, elle brandissait le Colt .25 que son père avait acheté trois ans plus tôt après une saison de chasse à la loutre particulièrement fructueuse.

Elle regarda Jack White droit dans les yeux et, avant qu'il ait pu esquisser un geste, elle lui tira deux balles dans la tête et deux autres dans le cœur.

– La loi du talion, murmura-t-elle. Œil pour œil, dent pour dent.

On la désarma et on l'incarcéra. Jack White étant mort avant l'énoncé du verdict, le juge interdit que soient connues les conclusions auxquelles était parvenu le jury. De ce qui filtra ultérieurement malgré tout, il semble que celui-ci ait voté pour l'acquittement.

Ému par ce dénouement dramatique, un avocat de Little Rock, capitale de l'État, se proposa pour défendre gratuitement Jane Shuler qui ne s'inquiétait pas pour elle-même mais pour sa sœur infirme, Edna. L'avocat s'arrangea pour que celle-ci soit recueillie par un foyer charitable. En ce qui concernait l'assassinat de Jack White, il voulait plaider la folie mais Jane refusa avec hauteur.

– Je savais pertinemment ce que je faisais.

Au procès, la plaidoirie de son défenseur bénévole fut un grand moment.

– Nous avons affaire à une fille toute simple à qui sont étrangères nos lois et nos règles de droit pénal. Elle vit dans un autre siècle, celui de la Bible et des pionniers de la Conquête de l'Ouest. Elle obéit aux principes rudimentaires que lui a enseignés son père, l'unique professeur qu'elle ait eu dans la vie. Œil pour œil, dent pour dent. Une mort pour une mort, une vie pour une vie. Elle n'appartient pas à notre monde, mais à celui des bois, des forêts, des rivières où tout est simple et naturel, en même temps que rude et sauvage. Je vous en conjure, rendez-la à son univers.

Attendris, les jurés rapportèrent un verdict de meurtre au second degré et le juge la condamna à cinq ans de prison. Malgré cette clémence, l'avocat fit appel et Jane fut libérée sous caution, réunie grâce aux dons des habitants du comté, compatissant à la détresse de la jeune femme.

La maison familiale avait été vendue pour payer les dommages-intérêts à la famille de Jack White. Sa sœur Edna restait dans le foyer qui l'avait recueillie. Jane dénicha un emploi de serveuse dans un restaurant tenu par un certain Jim Bokus à De Witt, une petite ville fort animée bien que peu peuplée.

Jane ignorait que son patron était un homme à femmes, qui perpétuait le droit de cuissage. Dans les États limitrophes de l'Arkansas, il avait été propriétaire d'autres restaurants, d'ailleurs admirablement gérés car il avait le sens des affaires, mais qu'il avait dû céder après de nombreux scandales. Maris jaloux, amants trompés, maîtresses abandonnées s'étaient chargés de lui bâtir une telle réputation que la clientèle fuyait ses établissements. Sa soif effrénée d'étreintes avec clientes et serveuses l'avait transformé en pestiféré. Ses restaurants avaient subi des bris de vitrine et des incendies volontaires. Les compagnies d'assurances l'avaient inscrit sur leur liste rouge et les pasteurs protestants esquissaient un signe de croix quand ils passaient devant sa devanture.

Il n'était à De Witt que depuis quelques mois, et pourtant, déjà, la rumeur publique l'accusait d'être un pervers sexuel, bien que tout le monde s'accordât à le trouver sympathique, bon vivant, convivial et toujours prêt à offrir aux bons clients une tournée-maison.

Un matin, la police découvrit son cadavre affalé sur le volant de sa voiture. Deux balles avaient transpercé son front, deux autres son cœur. Sa propre arme, un Colt .25 gisait sur le plancher. Il avait toujours sur lui son portefeuille bourré de billets de banque. Suicide et vol étaient à exclure.

Dans son appartement, les policiers découvrirent une liasse de lettres émanant de Jane Shuler, qui fut immédiatement appréhendée.

– Je ne suis pour rien dans sa mort, se défendit-elle. Après la fermeture du restaurant, je suis partie avec une amie et suis restée avec elle toute la nuit.

L'amie confirma. Néanmoins, de l'avis du shérif, elle était coupable. Aussi la garda-t-on en détention. Pourtant, la chance tourna en sa faveur. L'appel sollicité par son avocat lui fut consenti et le juge transforma l'inculpation de meurtre au second degré en coups et blessures ayant entraîné la mort.

Cette fois, elle écopa de deux ans de prison, tandis que l'accusation de meurtre sur la personne de Jim Bokus était abandonnée.

– Vous allez être envoyée à la ferme-prison de Jacksonville. Tenez-vous y tranquille, recommanda son défenseur. Dans quelques mois, plus précisément en juin, vous sortirez en liberté conditionnelle.

Jane Shuler se révéla une détenue modèle. Certes, dès que le printemps arriva avec son renouveau, ses fleurs, ses parfums, elle s'autorisa quelques escapades hors des limites permises par le règlement. Mais pour retrouver simplement l'ambiance des années heureuses... Toutefois, elle ne chercha jamais réellement à s'évader. La nostalgie était moins forte que son désir de tenir sa promesse au défenseur qui l'avait aidée si magnifiquement, sans réclamer un dollar.

En juin, elle sortit en liberté conditionnelle. Cinq jours plus tard, elle entrait dans le bureau du shérif de De Witt.

– C'est moi qui ai tué Jim Bokus, avoua-t-elle. J'ai commis l'erreur de lui écrire ces lettres que vous avez trouvées chez lui. Il s'est mépris sur mes intentions et a cru que j'accepterais de coucher avec lui. Devant mon refus, il a tenté de me violer et a déchiré ma robe. Je n'ai pu le supporter. Souvenez-vous que ma mère a déjà été violée dans des circonstances atroces. Je savais que son revolver était dans la boîte à gants. Je l'ai pris et j'ai tué Jim. Légitime défense!

– Deux balles dans le cœur, deux autres dans la tête, pourquoi un tel acharnement? s'étonna le fonctionnaire de police.

– Sans doute une réminiscence, éluda Jane.

– Et Linda, votre amie, qui a confirmé votre alibi?

– Elle était de bonne foi et s'est seulement trompée de jour. C'est la veille que j'étais sortie avec elle. Vous connaissez Linda. C'est une *hillnelly* comme moi. Elle est toujours entre deux vins.

Cette fois, le tribunal infligea à Jane Shuler une peine de dix années d'emprisonnement, à laquelle s'ajoutait le reliquat des deux ans dont elle n'avait tiré que le quart. En tant que récidiviste, elle ne pourrait bénéficier d'une libération conditionnelle avant huit ans et deux mois.

Pour les mêmes raisons, le régime qui lui fut appliqué à la ferme-prison de Jacksonville fut plus sévère que le précédent. A l'intérieur de l'enceinte, sa liberté de mouvements fut sérieusement entravée.

Bientôt, Jane se mit à dépérir. Elle ne mangeait plus, ne dormait plus. Tristement, à travers les barreaux, elle contemplait les fleurs dans les champs et les éclats argentés de la rivière sous le soleil. Très amaigrie, les traits tirés, elle ne ressemblait que de très loin à l'éblouissante jeune fille plantureuse qui, pieds nus, écumait les roseaux pour traquer la loutre.

Un matin, deux ans après son retour à Jacksonville, elle fut affectée au sarclage d'un champ de fraises. Le régime pénitentiaire s'était assoupli à son égard et, pour la première fois, elle était autorisée à dépasser les strictes limites qui lui étaient imposées jusque-là. Les prisonnières étaient placées sous la vigilance d'une surveillante et d'un gardien auxiliaire, armé d'un fusil. Ce dernier n'était en fait qu'un détenu, devenu homme de confiance, et qui tirait une peine de trente ans de prison pour meurtres. Il n'avait qu'une idée en tête : se livrer à une action d'éclat afin d'obtenir une large remise de peine qui écourterait la durée de son emprisonnement.

Vers dix heures, Jane déclara qu'elle ne se sentait pas bien. Devant sa maigreur, la surveillante l'autorisa à se rendre à l'infirmerie. Le médecin lui administra quelques médicaments et Jane reprit le chemin du champ de fraises. En route, elle passa devant l'armurerie et vit que le responsable était absent. Elle entra, déroba un Colt .32, le remplit de cartouches et cacha l'arme dans son soutien-gorge.

Avait-on décidé d'être laxiste jusqu'au bout, ce jour-là, à la ferme disciplinaire de Jacksonville ? En tout cas, avant d'arriver au champ de fraises, Jane vit une ouverture dans la barrière de fils de fer barbelés et s'y engouffra. Tout de suite, elle sprinta vers ces bois qui lui rappelaient tant ceux de son enfance.

Le gardien-auxiliaire aperçut sa silhouette disparaissant entre les arbres et donna l'alerte. La chasse fut lancée.

Bien qu'elle eût perdu une partie de ses forces, Jane n'avait jamais couru aussi vite de sa vie. A l'aise dans ce paysage familier, elle déjoua durant la journée et la nuit suivante les recherches organisées par le superintendant de la prison.

A midi le lendemain, affamée, mourant de soif, elle entra dans une ferme. La fermière lui donna à manger et à boire mais remarqua la crosse du revolver qui dépassait légèrement de la blouse en tissu grossier. Puis, quand Jane lui tourna le dos pour repartir, elle lut, entre les omoplates, les initiales infamantes, FPJ, ferme-prison de Jacksonville.

Dès que Jane eut disparu, elle alerta la police qui transmit le renseignement au superintendant.

Jane fut repérée à un tournant de la rivière par le gardien-auxiliaire qui lui somma de s'arrêter.

Jane n'obéit pas. Était-elle lasse de la vie ? Le détenu s'approcha d'elle et, à bout portant, lui tira une balle dans la nuque. Tuée sur le coup, Jane s'effondra entre les roseaux. Ce meurtre délibéré souleva l'indignation dans le comté où était née Jane. La population était outrée qu'un condamné pour meurtres ait été autorisé à porter une arme à feu et à s'en servir. Des pétitions circulèrent, exigeant la démission du superintendant et la mise en accusation du coupable pour assassinat.

Pour se dédouaner, le détenu jura que Jane avait voulu braquer sur lui le revolver volé dans l'armurerie. En réalité, l'arme n'avait pas quitté le soutien-gorge.

Les pétitions ne produisirent aucun résultat. Le superintendant resta en place et, un an plus tard, quand les esprits dans le comté se furent calmés, le détenu bénéficia d'une remise de peine de sept ans.

Au pied des monts Ozarks, aujourd'hui encore, ceux qui se souviennent de la sauvageonne, fraîche, simple, ou peut-être un peu simplette, chantent le soir dans leur cabane en rondins :

Jane était si jeune et si belle,
Pourquoi fallait-il la tuer ?

Serge Jacquemard

Le cadavre sans nom

Le terrain est boueux sur la berge de la rivière Turtle, à quelque trente-deux kilomètres au sud de Cincinnati dans l'État du Kentucky. Et Charles Hudson, shérif du comté de Bracken, n'aime pas la boue. Les chaussures souillées, il considère d'un œil maussade les buissons épineux auxquels s'accrochent, tels des fils de la Vierge, des languettes de brouillard, et les roseaux qui ont jusqu'alors dissimulé le cadavre au regard des pêcheurs du dimanche.

Avec effort, ses hommes hissent enfin la noyée sur l'herbe humide. Trente ans environ, estime Hudson qui s'est approché en évitant une glissade malencontreuse. Grande, brune, plutôt jolie, des formes arrondies sous une robe beige à manches longues, ornée d'un losange rouge sur chaque poche. Un collier de fausses perles autour du cou. Les pieds nus. Mais ce qu'il a surtout remarqué, ce sont les gueuses, l'une d'un poids de trente kilos au moins, qu'un fil de fer barbelé retient à la cheville gauche, l'autre moins lourde, liée au cou.

Le shérif se tourne vers le coroner Sam Rosen penché sur la victime.

– Le tueur espérait sans doute que le corps ne réapparaîtrait pas de sitôt à la surface, remarque-t-il. D'après vous, à quand remonte la mort, docteur ?

Sam Rosen affiche un air perplexe :

– Difficile à dire. Deux semaines... trois peut-être. J'en saurai plus après l'autopsie. La femme devait être enceinte, à mon avis. Ce qui est sûr, c'est qu'elle a été étranglée. Il suffit de voir les meurtrissures noires à la gorge.

– Et moi, docteur, je pense que l'assassin est un familier de la région, conclut le shérif dont le regard s'est promené sur la ligne de chemin de fer qui longe la rivière. Les gueuses qu'elle a au cou et au pied ont été empruntées au ballast.

Si l'autopsie confirme les premières constatations du coroner, si de nombreux visiteurs, attirés par les titres des journaux, affluent à la morgue pour tenter de l'identifier, la noyée de la rivière Turtle garde cependant son secret.

Deux semaines pourtant après qu'elle a été tirée de l'eau, une jeune femme, les larmes aux yeux et la voix tremblante, se présente au shérif Hudson :

– Je suis Sylvia O'Hara, déclare-t-elle, ses doigts chiffonnant un mouchoir de batiste. Cette noyée, dont parlent les journaux... Il s'agit de ma sœur Candice Kerr...

– Vous êtes sûre ?

– Certaine. Je l'ai reconnue.

– Expliquez-moi...

– Candice était mariée à Robert Kerr, un magasinier d'Augusta. Elle a vingt-trois ans. Elle a mystérieusement disparu et n'a plus jamais donné de ses nouvelles. Les explications de mon beau-frère m'ont paru bizarres.

A Augusta, l'époux de Candice ne semble pas

éploré. Son visage de chouette déplaît souverainement au shérif Hudson qui l'interroge.

– On a eu une belle engueulade, dit-il, d'un ton presque gai. Elle a fait ses valises et elle s'est tirée. Bon débarras ! Depuis, plus de nouvelles.

– Elle est à la morgue, assène Hudson qui guette attentivement la réaction de son suspect. On va aller la voir tous les deux.

Robert Kerr se trouble soudain :

– C'est que... je ne peux pas. Je suis cardiaque ! J'ai peur de m'évanouir.

– Mais non. A quand remonte votre dispute ?

– Fin avril.

Hudson savoure intérieurement l'information. Chronologiquement les faits collent. Le coroner a estimé à un peu plus de deux semaines le décès et le séjour dans la rivière. Le cadavre a été repêché le 16 mai. On est dans les temps.

Quand, à la morgue, la dalle métallique roule dans un crissement sinistre sur ses galets, Robert Kerr, livide, manque de défaillir. Le shérif et l'employé, qui rabat le drap d'un geste sec, doivent le soutenir.

– Regardez, ordonne Hudson.

Les yeux exorbités, Kerr se penche, sursaute, puis pousse un cri de joie en même temps que son visage reprend des couleurs.

– Merci mon Dieu, ce n'est pas Candice, s'exclame-t-il.

Interloqué, le shérif fait mander Sylvie O'Hara par un de ses adjoints. Elle maintient ses dires. Le cadavre est bel et bien celui de sa sœur.

Les voisins de la victime, quatre hommes et six femmes, sont à leur tour questionnés. Les avis sont partagés. Trois femmes identifient formellement Candice et reconnaissent sa robe beige à losanges rouges. Deux hommes trouvent au cadavre une forte ressemblance avec l'intéressée. Le troisième affirme qu'il ne peut s'agir d'elle. Quant aux deux autres, ils refusent de se prononcer, alléguant la déformation des traits consécutive au séjour dans l'eau.

Comme il est de règle dans les comtés ruraux, Robert Kerr est soumis à un interrogatoire serré. Le lendemain, quand le soleil se lève, il avoue. Les journalistes qui font le pied de grue dans le hall de l'hôtel de police de Brooksville, siège du comté de Bracken, se précipitent vers les cabines téléphoniques.

Résigné, Robert Kerr signe le procès-verbal de ses aveux avant d'être incarcéré dans une cellule du troisième étage. Le shérif Hudson jubile. Son affaire a été rondement menée !

Le lendemain lorsqu'une jeune et jolie femme brune pénètre d'un pas vif dans son bureau, il lui faut rapidement déchanter.

– Qu'est-ce que c'est que cette histoire ? s'exclame-t-elle, les yeux flamboyant de colère. Je veux voir mon mari.

– Qui est-ce, votre mari ?

– Robert Kerr.

Le shérif demeure sans voix puis finit par balbutier :

– Vous êtes sûre ?

– Naturellement, je suis sûre. Je suis sa femme, Candice Kerr. Malgré ce qu'affirment les journaux, je n'ai jamais été assassinée.

Victime de sa pusillanimité, de sa faiblesse de caractère et de la rudesse des policiers convaincus de sa culpabilité, Robert Kerr, par lassitude, avait avoué un crime qu'il n'avait pas commis.

Le shérif Hudson n'a plus envie de fanfaronner. Ridiculisé par son incroyable faux pas, vilipendé dans la presse, il ronge son frein jusqu'au jour où un motard de la police routière, venu à la morgue pour identifier une femme, lui apporte la solution de l'énigme. L'employé se trompe de casier, extrait la dalle sur laquelle repose l'inconnue. Le policier sursaute :

– Rien à voir avec celle que je cherche, dit-il. Mais celle-là, je la connais aussi. C'est Mary Ann Vievato.

Aussitôt prévenu, le shérif accourt pour recueillir le témoignage du motard.

– Pas d'erreur, shérif, j'en suis sûr. Cette fille est bien Mary Ann Vievato. Je l'ai arrêtée l'année dernière pour le braquage d'une station d'essence sur l'autoroute. Elle avait un mandat aux fesses et a tiré ses quinze mois de prison ferme au pénitencier de l'État.

La certitude du motard fait long feu. Échaudé par sa précédente mésaventure, le shérif Hudson s'empresse de vérifier l'information. On lui signale, quelque peu ironiquement, que Mary Ann Vievato, toujours bien vivante, ne sera libérée du pénitencier que dans trois mois!

Cinq semaines se sont écoulées quand un couple se fait annoncer au bureau du shérif. Intimidés et gauches, l'homme et la femme jettent autour d'eux des regards effrayés.

– Mon nom est Judd Holchak, dit l'homme après que le shérif les a fait asseoir devant lui. Et voici ma belle-sœur, Rose Gorwitz. Nous avons entendu parler d'un cadavre non identifié qui serait à la morgue et nous aimerions le voir.

Le shérif dresse l'oreille, méfiant.

– Vous pensez connaître la victime ?

L'homme incline la tête.

– Ce pourrait être ma femme.

A la morgue où Hudson les conduit, Judd Holchak manque de se trouver mal à la vue du corps tiré, une fois de plus, du casier. Rose, elle, s'effondre, sans autre forme de procès. Enfin ranimée, elle reconnaît, comme son beau-frère, le corps de Janice Gorwitz, sa parente, mère de trois enfants. Sa disparition, le 11 avril précédent, et *a fortiori* les mobiles de son assassinat, restent un mystère que le shérif n'arrive pas à percer. Tout ce qu'il réussit à apprendre, c'est que Judd, le malheureux mari, était casanier alors que sa femme adorait les sorties, que de fréquentes disputes se produisaient dans le ménage. Mais comment, par quelle aberration, une mère de famille avait-elle pu abandonner ses trois enfants ?

– Nous n'avions pas assez d'argent pour le dilapider dans les bars ou les boîtes, gémit l'époux, affligé. Janice aimait la vie. Elle me reprochait mes fins de mois difficiles qui ne me permettaient pas de payer une baby-sitter pour garder les gosses. Était-ce une raison pour disparaître d'une façon aussi brutale ?

Rose est de cet avis. Au moment de la disparition de sa femme, Judd était en déplacement dans l'Ohio. A Cincinnati où il se rend aussitôt, l'interrogatoire des voisins et amis du couple prouve au shérif que Judd Holchak n'a pas travesti la vérité.

Dans les semaines qui suivent, la compagnie d'assurances verse au veuf une somme de 25 000 dollars, représentant le capital-décès. Il s'en sert pour acquérir un emplacement de six tombes au cimetière de Williamsburg où il fait inhumer les restes de son épouse et, face à la nécropole, une petite maison dans laquelle il s'installe en compagnie de sa belle-sœur et de ses trois enfants.

Ulcéré par le fiasco de l'affaire Robert Kerr, Hudson décide dans l'intervalle de mener une enquête dans les milieux interlopes de Cincinnati. Affichant une constante bonne humeur, généreux, n'hésitant pas à offrir des tournées de bière, il se rend vite sympathique et est accueilli à bras ouverts dans les bars des quartiers malfamés où personne ne se soucie de savoir qui il est en réalité.

C'est ainsi qu'un soir, il fait la connaissance de Sally Stephanos, une blonde vaporeuse peu farouche et très portée sur l'alcool.

– Tu me rappelles quelqu'un, attaque Hudson en feignant d'hésiter.

– Ah, ouais ? Qui ça ? bredouille Sally, sérieusement éméchée et dont les yeux cherchent désespérément à se fixer sur un point.

– Attends... euh, oui, ça y est. La fille dont parlent les journaux. Tu sais, celle qui a été repêchée dans la Turtle.

Elle a un rire grinçant.

– Marrant que tu dises ça. Tu sais que ça aurait pu être moi ?

– Comment ça ?

– Ouais. On était partis en virée pour trois jours. Y avait trois types, la fille qu'on a repêchée, une autre fille et moi. Cette autre fille et moi, on est revenues. Pas l'autre qu'on a repêchée.

Hudson réussit à dissimuler parfaitement sa fébrilité. Sous prétexte d'aller boire un verre dans un autre bar, il enfourne Sally dans sa Ford et l'emmène, malgré ses protestations, à son quartier général de Brooksville. Une nuit de sommeil sur le bat-flanc d'une cellule suffit à lui faire retrouver sa lucidité. Elle sesoumet de bon gré à l'interrogatoire et livre au shérif les noms des trois hommes qui, selon elle, ont étranglé Janice Holchak. Les suspects immédiatement interpellés reconnaissent bien les scènes de beuveries et d'orgies mais nient farouchement le meurtre de l'une de leurs compagnes.

– Sally est connue pour être une menteuse, clament-ils en un ensemble parfait.

Hudson est contrarié une fois de plus. L'interrogatoire de la troisième fille répondant au nom de Laura Petersen permettrait de confondre les suspects mais elle a quitté Cincinnati pour une destination inconnue dans les semaines qui ont suivi les journées de débauche. Les avis de recherches que lance le comté de Bracken demeurent sans résultat. Autre source de dépit : les suspects ne reconnaissent pas, sur les photographies de Janice Holchak qui leur sont présentées, l'une des trois femmes qui les ont accompagnés. Inculpés de meurtre au second degré malgré leurs protestations, ils sont écroués et la libération sous caution leur est refusée.

En conformité avec la loi de l'État, l'inculpation doit être confirmée par un juge. Sally Stephanos, convoquée à l'audience, ne se présente pas. Affolé, le shérif Hudson l'envoie quérir mais il doit se rendre à l'évidence : la blonde vaporeuse qui aime tant l'alcool et les hommes a disparu sans laisser de trace. Tout comme Laura Petersen.

Le magistrat ayant accepté de remettre l'audience à huitaine, le shérif ne s'avoue pas vaincu. Il alerte les autorités des États limitrophes, Pennsylvanie, Ohio, Virginie occidentale, Indiana et Michigan afin que Sally Stephanos et Laura Petersen, témoins importants dans une affaire de meurtre, soient mises à la disposition de la justice. Las ! Les deux femmes qui font l'objet de recherches intensives semblent avoir complètement disparu !

– Si elles se sont taillées au sud ou à l'ouest, grommelle Hudson, désappointé, il n'y a rien à espérer. Ce n'est ni la Louisiane ni la Californie qui accepteront de coopérer avec les bouseux que nous sommes à leurs yeux.

Le jour de la seconde audience, le juge n'a d'autre ressource que de libérer le trio puisque l'unique témoin fait défaut, les preuves matérielles et circonstancielles manquent et les aveux n'ont pas été obtenus. Les accusés, triomphants, quittent le prétoire, insultant au passage le shérif tout penaud à qui la presse, déchaînée, promet un sérieux échec aux prochaines élections.

Trois semaines après le procès avorté, une autre catastrophe se déclenche.

La mine contrite et les traits affaissés, Judd Holchak et Rose Gorwitz demandent à rencontrer le shérif et lui tendent une lettre au papier froissé. « Pardonnez mon absence, je m'expliquerai, lit-il, pétrifié. Je reviendrai pour Noël. Votre maman est bien vivante et je vous embrasse tous très fort comme je vous aime. Janice. »

– C'est l'écriture de ma femme, il n'y a pas de doute, clame Holchak.

– Vous étiez aussi sûr que c'était elle sur la dalle de la morgue, rétorque Hudson, le visage empourpré de colère.

Rose hausse les épaules.

– Nous nous sommes trompés, c'est tout, avoue-t-elle piteusement. Il y avait aussi cette photographie dans l'enveloppe. C'est bien ma sœur.

A l'examen du cliché, Hudson découvre effectivement une certaine ressemblance avec la morte de la rivière Turtle. Il reprend l'enveloppe, se penche sur le cachet de la poste. La lettre a été expédiée d'Alliance, une ville du Nebraska. Aucune adresse d'expéditrice.

– Très bien, je m'en occupe, conclut-il. Pas question d'attendre Noël pour savoir s'il s'agit de la vérité ou d'une imposture.

Judd Holchak devient à son tour cramoisi :

– Et le cadavre dans la tombe ? balbutie-t-il.

– Vous n'y touchez pas jusqu'à plus ample informé.

– La compagnie d'assurances ?

– Quoi, la compagnie d'assurances ?

– Si Janice est vivante, il va falloir que je rembourse les 25 000 dollars. Sinon, je vais au-devant d'ennuis...

La mine déconfite de Rose Gorwitz fait comprendre au shérif qu'elle a remplacé la disparue au foyer de son beau-frère.

– Récupérer votre chère et tendre épouse ne vaut-il pas mieux que 25 000 dollars ? réplique-t-il d'un ton sec. Ne faites rien avant que je revienne.

Les démarches réitérées du shérif Hudson au bureau du gouverneur lui permettent d'obtenir le déblocage de fonds destinés à couvrir ses frais de voyage au Nebraska. A Alliance, la collaboration totale des policiers locaux l'aide à retrouver rapidement l'épouse de Judd Holchak.

Sous le nom de Janice Brown, elle travaille comme serveuse dans un restaurant pour routiers. C'est une brune pétillante, aux yeux hardis, qui roule des hanches pour aguicher les camionneurs. Sans gêne aucune, elle avoue avoir participé à la randonnée orgiaque des trois jours mais affirme qu'aucune femme n'a été assassinée. Pas plus Sally Stephanos que Laura Petersen. Et, comme l'avaient assuré les trois suspects, elle confirme que Sally est une menteuse pathologique. A l'issue de ces trois journées de débauche, elle avait décidé de vivre sa vie, ne supportant plus la médiocrité de son mari ni sa pingrerie. Mais à présent, ses enfants lui manquent et elle a l'intention de les revoir à l'occasion des fêtes de Noël.

Le shérif a été trop souvent échaudé lors de ses investigations précédentes pour ne pas vouloir être sûr, cette fois, qu'il ne s'agit pas d'un caprice et qu'il n'a pas affaire à une mythomane. N'ayant que peu entamé son budget, il fait venir à Alliance les voisins et amis des Holchak qui s'entassent dans deux voitures et couvrent, en une journée, les 1 200 kilomètres de distance. Il les loge à ses frais dans un motel de la ville et les met, le dimanche, un par un en présence de la serveuse de restaurant que tous reconnaissent. Hudson, satisfait, les dédommage et tous reprennent, le jour même, le chemin de Cincinnati.

De retour à son bureau de Brooksville, Hudson a une illumination. Sally Stephanos n'a pas pu mentir à ce point. Il y a bien eu assassinat et la victime, au lieu de Janice Holchak, n'est autre que Laura Petersen, mystérieusement disparue. Il compare sa photographie avec les clichés pris à la morgue mais doit reconnaître que la ressemblance est loin d'être évidente. Il en déduit que, plongée dans les brumes de l'alcool, Sally Stephanos a dû confondre avec une autre femme.

Acharné à résoudre l'énigme à laquelle il est confronté, Hudson repart pour Cincinnati après avoir, une fois encore, lancé des recherches sur Laura Petersen.

A Noël, comme promis, Janice Holchak fait sa réapparition et les restes de la morte de la rivière Turtle, exhumés sur réquisition judiciaire du cimetière, retrouvent leur place à la morgue de Brooksville. Ce que craignait Judd Holchak se concrétise. La compagnie d'assurances confisque l'emplacement des six tombes de Williamsburg et vend aux enchères sa maison après l'avoir fait expulser avec sa progéniture.

– Un vrai casse-tête chinois, geint l'adjoint du shérif. Vous croyez qu'on mettra un jour un nom sur le cadavre ?

– Pas seulement sur le cadavre mais sur l'assassin, rétorque Hudson dont l'épouse envisage le divorce tant son mari s'est investi dans cette affaire à rebondissements.

Un nouvel épisode ne tarde d'ailleurs pas à survenir. Alerté par les articles de journaux consacrés à l'exhumation et au retour à la morgue des restes de l'inconnue qui avaient souffert de leur séjour dans la terre, un couple se présente à Hudson. L'homme et la femme avoisinent la cinquantaine. L'anxiété marque leurs traits amaigris. Le shérif les juge effacés, pâlots, mal armés pour la vie.

– Nous pensons que le corps est celui de notre fille, dit l'homme, d'une voix enrouée.

Hudson, qui a connu des déclarations identiques, se recroqueville aussitôt dans sa coquille.

– Vous êtes les parents de Laura Petersen ? demande-t-il, prudent.

Ses visiteurs haussent un sourcil étonné.

– Petersen ? Non. Mon nom est Gregory Kovacs. Le prénom de ma femme est Martha et celui de notre fille, Jennifer.

Hudson note le léger accent hongrois de l'homme et le patronyme, incontestablement magyar.

– Pouvons-nous voir le corps ?

Le shérif refuse. Le cadavre est en état de décomposition avancée et il est préférable de se livrer à une enquête préliminaire avant de recourir à cette formalité. Aussi présente-t-il, en lieu et place, la robe beige aux losanges rouges, le collier de fausses perles et les dessous. La femme pâlit. De son sac, elle sort une ceinture beige assortie de minuscules losanges rouges.

– C'est Jennifer, s'exclame-t-elle, les larmes aux yeux. Je reconnais aussi les dessous et le collier de perles.

Son mari approuve par de vigoureux hochements de tête.

– Très bien, décide Hudson, racontez-moi votre histoire.

Jennifer Kovacs avait repris son nom de jeune fille après avoir été mariée à un certain John Kelly. De leur union était née une petite fille. Agée de vingt-trois ans, Jennifer était divorcée depuis vingt et un mois et vivait chez ses parents qui prenaient soin de l'enfant.

Jeune cadre dans un magasin à succursales multiples et donnant pleine et entière satisfaction, elle avait eu la joie de se voir offrir par la direction un poste supérieur dans le nord de l'Ohio, à Akron. Mais avant d'accepter, elle voulait savoir si elle se plairait dans cette cité industrielle à quelques *miles* du lac Érié.

Depuis six mois elle fréquentait un certain Bill Zulovich, âgé de vingt-huit ans, ancien officier de l'US Air Force, qui avait proposé de l'emmener à Akron dans sa Pontiac rouge. A 19 heures, le 22 avril précédent, elle s'était changée rapidement, si rapidement qu'elle en avait oublié la ceinture de sa robe beige. Dehors, la Pontiac l'attendait. Après un baiser sonore à ses parents et à sa fille âgée de cinq ans, elle avait promis d'être de retour le lendemain.

Plus personne ne les avait revus à Cincinnati, ni elle, ni Bill Zulovich. Leur disparition avait été signalée à la police qui croyait à une fugue. Mais les Kovacs en doutaient. Aurait-elle laissé ses parents sans nouvelles ? Ne se serait-elle pas inquiétée du sort de sa fille, qu'elle adorait ?

Hudson se garde de leur préciser que Janice Holchak n'avait pas agi autrement, elle, une mère de trois enfants.

Ridiculisé par la presse depuis le début de l'affaire, le shérif ne tient pas à être fustigé une fois de plus. Aussi, résolu à se montrer d'une extrême prudence, il vérifie minutieusement les divers éléments dont il dispose.

Martha Kovacs est en mesure de préciser la largeur de l'ourlet au bas de la robe beige, puisque c'est elle qui l'a cousu. 37 millimètres. Ceci s'avère exact et le laboratoire confirme que la ceinture est de la même provenance que la robe. Martha Kovacs lui ayant remis la facture du collier de fausses perles, Hudson se rend à la boutique où le vendeur identifie le collier comme étant bien celui qui a fait l'objet de la transaction. Depuis son plus jeune âge, Jennifer avait de mauvaises dents. Contacté à son tour, le chirurgien-dentiste fournit copie de ses fiches et de ses radios que le shérif s'empresse de soumettre au coroner Sam Rosen. Sans aucun doute, il s'agit de Jennifer Kovacs. Mais Hudson n'est pas encore satisfait. Il a rencontré tant de mésaventures qu'il est glacé à l'idée de pouvoir se tromper à nouveau.

Un événement, d'ailleurs, le conforte dans la conviction qu'il lui faut pousser plus avant ses recherches. Une amie de Laura Petersen s'est présentée à la Brigade criminelle d'Indianapolis pour signaler que Laura a été assassinée dans l'Ohio et que son cadavre a été jeté dans la rivière Turtle. Prévenu, Hudson fonce dans la capitale de l'État d'Indiana, où la jeune femme lui indique qu'elle a reçu ce témoignage d'une certaine Sally Stephanos qui, entre-temps, a disparu à nouveau, en compagnie d'un camionneur en partance pour le Texas.

De retour à Brooksville, Hudson poursuit infatigablement ses investigations malgré l'instance de divorce réclamée par son épouse. A l'hôpital où avait accouché Jennifer Kovacs, il déniche une description complète de la parturiente.

Taille, poids, couleur de cheveux, tout concorde. La chance est de son côté puisque Jennifer avait coupé une mèche de ses cheveux pour la laisser, en souvenir, à une jeune femme qui avait partagé sa chambre et qui, depuis, est devenue infirmière dans le même hôpital. Il récupère la mèche qu'il transmet au laboratoire. Pour terminer, il fouille dans les archives de l'établissement et découvre la copie de l'attestation de naissance qui devait, normalement, être déposée à la mairie. Sur la fiche, le bureau des admissions avait fait apposer l'empreinte du pouce gauche de la mère, c'est-à-dire, Jennifer.

Hudson, cette fois, triomphe. Le doute n'est plus permis. La morte de la rivière Turtle est bien Jennifer Kovacs. Le laboratoire le confirme catégoriquement.

Mais l'enquête ne s'arrête pas là. Qui est son meurtrier ? Et quel sort a-t-il été réservé à Bill Zulovich ?

John Kelly, l'homme dont Jennifer avait divorcé, est l'objet des premières attentions de Hudson. Mais son alibi est irréfutable. A l'époque des faits, en compagnie de sa nouvelle compagne, il participait à un voyage organisé dans les paradis tropicaux des Caraïbes. Hudson, naturellement, vérifie ce point. Le tour-opérator, la compagnie aérienne, l'accompagnateur et l'accompagnatrice sont formels. Le mobile du meurtre par jalousie sentimentale est donc à écarter.

Hudson s'intéresse alors à Bill Zulovich.

Mince, brun aux yeux bleus, l'homme est séduisant et les compagnes de travail de Jennifer Kovacs la jalousaient. Personne n'ignorait leur liaison. La jeune femme évoquait fréquemment son remariage avec Bill. Déjà, elle s'était mise en quête d'un appartement où ils pourraient vivre à trois, après qu'elle eut récupéré sa fillette. Chez ses parents, elle accumulait les objets qui meubleraient leur domicile. Elle n'avait cependant révélé à quiconque qu'elle était enceinte de quatre mois, comme l'avait découvert le coroner Rosen.

Avant de s'engager dans l'Air Force, Bill avait effectué de bonnes études à l'université de l'État d'Ohio. Nommé lieutenant, puis capitaine, il s'était révélé un très brillant pilote. Ses pairs et ses supérieurs n'avaient d'ailleurs pas compris qu'il puisse abandonner une carrière aussi prometteuse au lieu de renouveler son engagement. En réalité, Bill Zulovich était un esprit aventureux, épris de liberté, qui jugeait que la vie militaire freinait ses aspirations.

Hudson, avec le concours d'autres polices, mène sur lui une enquête approfondie. Il découvre que le rêve secret de l'ancien pilote était de mettre la main sur le fabuleux trésor du *Hollandais perdu*, un butin mythique en or, dissimulé dans la montagne de la Superstition, au beau milieu de l'État d'Arizona. Avant de rencontrer Jennifer et à sa sortie de l'Air Force, il avait procédé à une campagne exploratoire dans la montagne légendaire. Dix-huit mois plus tôt, il était tombé, parmi les archives du comté de Maricopa en Arizona, sur un rapport de 1892 décrivant le massacre de quatorze prospecteurs néerlandais et le vol, par des Indiens Apaches, de leurs sacs remplis de poudre d'or. Il devait y en avoir pour la bagatelle de vingt millions de dollars. Les agresseurs auraient caché ces rapines dans les flancs de la montagne en dessinant une carte sur un rocher pour en indiquer l'emplacement.

Durant un an, se nourrissant de conserves et d'eau minérale, Bill avait tenté de circonscrire la cachette. « Encore une autre année et je touche le jackpot » avait-il déclaré à Jennifer.

Le shérif Hudson s'étonne, à juste titre, que la mère de la jeune femme ait reçu de Bill une lettre, postée le 28 avril à Chicago, soit six jours après le départ de Jennifer pour Akron. La missive était brève : « Je repars pour la montagne de la Superstition. N'attendez pas de mes nouvelles avant longtemps. Quand je reviendrai, je serai riche. »

Depuis, le silence.

– Vous êtes bien sûr que c'était lui qui écrivait ? questionne Hudson, intrigué.

– Tout à fait. J'ai malheureusement jeté la lettre. Je ne conserve pas le courrier que je reçois.

Si Jennifer avait été vivante le 28 avril, pourquoi n'aurait-elle pas donné de ses nouvelles à ses parents et à sa fille, s'interroge Hudson dont les soupçons se renforcent sur la culpabilité de Bill Zulovich. Clairement, il analyse le mobile du crime éventuel et en arrive à la conclusion que, pour l'ancien pilote, Jennifer était peut-être une parfaite maîtresse mais, déjà mère d'une enfant, elle pouvait devenir encombrante. D'autres tâches plus exaltantes que le mariage l'attendaient dans la montagne de la

Superstition. Et voilà qu'elle tombait enceinte. La catastrophe !

Pris d'une intuition, le shérif se rend au bureau des véhicules à moteur de l'État d'Ohio et y retrouve la trace de la Pontiac rouge, vendue *le 23 avril au matin*, à un marchand de voitures d'occasion.

– Il en voulait 1 000 dollars, précise l'acheteur. Tout de suite. Cash. Il était pressé, nerveux... La Pontiac en valait presque le double. J'ai profité de l'occase : j'ai baissé la transaction à 900 dollars. Il a accepté. J'ai vérifié les papiers : tout était en ordre. Pour être franc avec vous, shérif, j'ai fait la culbute, sur la bagnole !

Quand Hudson quitte le marchand, sa conviction est faite. Bill n'a guère laissé de chance à Jennifer. Sous un prétexte fallacieux, à la sortie de Cincinnati, il s'est arrêté sur une aire déserte et l'a étranglée. Il a ensuite pris la direction du sud, vers la rivière Turtle qu'il connaissait pour y pêcher le samedi et le dimanche, quand Jennifer était absente. Il avait lesté le cadavre avec les gueuses et du fil de fer barbelé trouvés le long de la voie ferrée et l'avait jeté à l'eau. Mais pourquoi avait-il retiré les bas nylon et les chaussures de sa victime ? Mystère.

A la première heure, le meurtrier avait bradé sa Pontiac, d'où sa nervosité, et quitté la région pour se réfugier à Chicago. Sans doute avait-il assassiné sa maîtresse craignant que celle-ci n'intente un procès en reconnaissance de paternité s'il refusait de l'épouser et lui demande sa part des vingt millions de dollars qu'il comptait bien arracher aux grottes de la montagne.

Conformément à la loi américaine, la police fédérale est compétente quand un meurtrier franchit la frontière d'un État après avoir commis son crime. Aussi, le FBI lance-t-il un avis de recherches intensives, à l'instigation du shérif Hudson.

En Arizona, des soldats de la Garde nationale accompagnés de volontaires ratissent en vain la montagne de la Superstition. Aucune trace de Bill Zulovich. A Chicago, la police tente sans succès de le découvrir. Les entreprises susceptibles d'engager un pilote à titre privé sont astucieusement contactées. L'initiative est payante. Le passage de Bill Zulovich est retrouvé au Texas où il travaille pour le compte d'une importante compagnie pétrolière. Au lieu de l'interpeller, la police le convoque. Craignant l'arrestation, il s'enfuit. Le FBI l'inscrit alors sur la liste des dix criminels les plus recherchés.

Une année s'écoule sans que Bill Zulovich réapparaisse. Quand, par le fait du hasard, il est signalé aux autorités comme l'employé d'une ferme perdue au nord du Nebraska, il réussit à échapper à l'arrestation et retourne à la montagne de la Superstition afin de poursuivre sa prospection. Repéré cette fois par des chasseurs, il ne doit son salut qu'à une fuite éperdue.

Une année s'écoule à nouveau avant que son cadavre ne soit découvert dans l'État du Dakota du Nord, à bord d'une Ford abandonnée. Sans laisser un mot d'explication, Bill Zulovich a mis fin à ses jours.

Le shérif Hudson, apprenant ce dénouement, aurait pu se réjouir. Sa ténacité avait fini par vaincre l'adversité. Malheureusement, sa femme se jugeant trop délaissée avait fini par obtenir le divorce. Et il n'avait pas été réélu au poste de shérif du comté de Bracken.

Travaillant désormais en qualité d'enquêteur pour

le compte d'une compagnie d'assurances, l'ancien policier n'arrive pas à oublier les accusations de Sally Stephanos. Était-elle une menteuse pathologique ou, au contraire, disait-elle la vérité quand elle prétendait qu'après trois nuits d'orgie, une femme qui n'était ni Janice Holchak, ni elle, avait été assassinée ? Ce ne pouvait être que Laura Petersen.

Dans ce cas, où peut être son cadavre puisque celui de la rivière Turtle est celui de Jennifer Kovacs ?

Neuf mois après le suicide de Bill Zulovich, Charles Hudson se voit confier une contre-enquête sur une affaire d'escroquerie à l'assurance, consécutive à un incendie que la compagnie subodore être volontaire.

La maîtresse du fraudeur a abandonné ce dernier une dizaine de jours avant l'incendie. Hudson se met à sa recherche pour l'interroger.

Il la découvre effectivement. Mais la blonde vaporeuse aux formes voluptueuses qu'avait été Sally Stephanos se balance au bout d'une corde dans la chambre lépreuse d'un hôtel borgne d'un bas quartier de Cincinnati. Suicide ou meurtre ? La police n'élucidera jamais le mystère.

Quant à Charles Hudson qui n'aimait pas souiller ses chaussures sur la berge limoneuse de la rivière Turtle, il ne saura jamais si la belle ensorceleuse était une mythomane née ou si, au contraire, une femme, en l'occurrence Laura Petersen, a bien été assassinée au cours de sa dernière nuit d'orgie.

Serge Jacquemard

Le sommeil du juste

Le lundi 1er février 1988, très précisément à 6 h 08 du matin, Barbara Parson, de la police de Durham en Caroline du Nord, reçut un appel angoissé lui demandant d'envoyer une ambulance au 2833 Fox Drive.

– Que se passe-t-il ? demanda-t-elle au jeune garçon dont la respiration haletante résonnait dans l'écouteur.

– Mon père avait une arme et le coup est parti.

– Où est-il blessé ?

– Je n'en sais rien, venez, vite, je vous en prie.

– Est-ce qu'il est conscient ?

– Je sais pas. C'est ma mère qui m'a dit d'appeler.

C'était un grand lit aux montants de cuivre. L'homme, allongé sur le côté, ronflait bruyamment, comme s'il avait des difficultés à respirer. Une tache foncée grandissait sur l'oreiller où reposait sa tête. De l'autre côté du lit, son épouse attendait les premiers secours. Blonde, pas très grande, jeune, elle ne portait qu'une chemise à carreaux qui lui arrivait à mi-cuisses. Elle regardait le pompier arrivé le premier sur les lieux essayer de stopper l'hémorragie.

Elle semblait ailleurs. Puis, en réponse à une question, elle expliqua ce qui s'était passé :

– Mon mari avait peur des voleurs, il gardait ces derniers temps une arme sous l'oreiller. Ce matin, quand j'ai entendu mon fils se lever pour aller à la salle de bains, j'ai eu peur que Russ ne croit qu'il s'agissait d'un cambrioleur et j'ai voulu retirer le pistolet. Le coup est parti tout seul.

Barbara Stager avait oublié de préciser à la police que son premier mari était mort dans des conditions semblables quelques années auparavant.

Après le décès de Russ Stager à l'hôpital dans les heures qui suivirent l'accident, le sergent Rick Buchanan décida d'aller interroger Barbara à son domicile. *A priori*, il s'agissait d'un drame banal, comme il s'en produit des milliers par jour dans un pays où chaque citoyen ou presque possède une arme. Buchanan demanda à Barbara Stager de lui montrer la chambre où avait eu lieu l'accident, certain qu'elle refuserait de l'accompagner. Il n'en fut rien. La femme ne parut pas troublée le moins du monde et, une fois à l'étage, lui indiqua comment s'était déroulée la scène. Elle lui donna l'impression de réciter un texte appris par cœur. Aucune émotion ne perçait dans sa voix, aucun remords.

L'affaire fut classée, aucune autopsie n'eut lieu et tout parut rentrer dans l'ordre. Mais Buchanan ne pouvait se défaire d'un drôle de sentiment à l'égard de Barbara Stager. Et la lettre qu'il reçut peu de temps après de l'ex-femme de Russ Stager vint donner quelque épaisseur à des soupçons jusqu'à présent purement instinctifs.

Dans cette lettre, Jo Lynn apprenait au sergent que Russ craignait pour sa vie et qu'il avait acquis la certitude que le premier mari de Barbara n'était pas mort accidentellement.

Elle lui faisait part également de tous les soucis financiers qu'avait traversés le couple eu égard au caractère dépensier de Barbara.

Rick Buchanan comprit qu'il fallait rouvrir l'enquête et que ces premiers éléments n'étaient que la partie visible de l'iceberg. Il lui fallait partir de zéro, interroger la famille, les amis, les voisins, afin de découvrir qui était exactement cette étrange veuve.

Barbara Stager avait toujours été une fille modèle. D'un naturel réservé, elle avait commencé des études de médecine avant de rencontrer Larry Ford, qu'elle avait épousé le 21 mai 1968 et dont elle avait eu deux enfants. Le couple vivait apparemment dans l'harmonie. Barbara s'occupait à merveille de la maison et des enfants et fréquentait assidûment l'église. N'y avait-il donc aucune ombre à ce tableau ? Certes, on s'étonnait parfois du train de vie des époux Stager, des voitures à chaque fois différentes qu'on remarquait devant leur porte, des rumeurs qui couraient sur les prétendues liaisons de Barbara. Mais personne ne pouvait se douter que sous des dehors tranquilles cette petite femme brûlait d'une flamme redoutable.

En fait, le mariage était un fiasco. Barbara avait une sexualité insatiable et enchaînait liaison sur liaison. Mais surtout, elle dépensait sans compter. Il lui fallait toujours le plus beau canapé, le plus beau four, la plus belle voiture. Son mari vivait difficilement cette situation et, un jour, Barbara quitta le domicile conjugal. Larry ferma les yeux sur tout ce qu'il soupçonnait, oublia tout ce qu'il savait et, soucieux du sort de ses enfants, appela de ses vœux une prompte réconciliation. Barbara accepta de revenir, mais ne renonça en rien à ses frasques, tant financières que sexuelles. Et puis, en mars 1978, elle prétendit qu'un homme la suivait le soir quand elle rentrait du travail. Elle se procura un Sterling Arms bleu semiautomatic de calibre .25.

Le 22 mars, à 0 h 36, la police débarquait au domicile des Ford. Il y avait eu un « accident »...

La veille, Larry Ford était rentré de son cours de tae kwon doe plutôt contrarié. Il avait reçu un méchant coup de pied à l'aine et ne se sentait pas très en forme. Le couple avait regardé la télévision puis s'était couché vers 23 heures. Mais Larry n'arrêtait pas de se retourner dans le lit conjugal sans parvenir à trouver le sommeil. Barbara avait alors proposé d'aller dormir seule sur le sofa du salon, où elle s'était assoupie en regardant un film. Mais un bruit l'avait réveillée peu après minuit. On aurait dit la chute d'un corps.

Elle se dit que Larry avait dû renverser la lampe de chevet et monta dans la chambre à coucher. Son mari gisait sur le lit, le torse ensanglanté. Elle avait aussitôt prévenu la police.

Telle était du moins la version que Barbara avait fournie aux inspecteurs qui classèrent l'affaire. Un regrettable accident. Et un héritage providentiel...

Très vite, les parents du défunt eurent des soupçons. En effet, il n'y avait que trois façons d'expliquer le tragique événement : ou bien Larry s'était suicidé, ou bien il s'agissait d'un accident, ou bien quelqu'un l'avait assassiné. Le suicide fut immédiatement exclu, Larry étant un croyant fervent et un père trop attentionné. Alors, un accident ? Impossible, Larry s'y connaissait en armes, jamais il n'aurait manipulé un pistolet en pleine nuit sans s'assurer que la sûreté était mise. Il ne restait plus que l'assassinat. Mais comment croire à la culpabilité de Barbara ? Et quel aurait pu être son mobile ?

L'inspecteur John Buheller dut arriver aux mêmes conclusions, car il fit envoyer l'arme du crime à un laboratoire afin de procéder à une analyse approfondie. La réponse ne tarda pas : ce n'était pas Larry qui avait utilisé l'arme. La presse répandit aussitôt la thèse de l'assassinat, mais, en l'absence de suspect, l'enquête piétina et n'aboutit jamais. La famille de Larry était au désespoir. Elle ignorait toutefois qu'il faudrait un autre drame pour qu'un jour justice soit faite.

Une nouvelle vie commença alors pour Barbara Ford. Elle déménagea et vint s'installer à Durham. Elle envisagea un moment d'acheter la maison d'un certain Russ Stager, lequel connaissait des difficultés dans son mariage. Finalement, ce fut sur le propriétaire qu'elle jeta son dévolu plutôt que sur la demeure. Elle attendit qu'il divorce de Jo Lynn et l'épousa le 17 mars 1979, cinq jours seulement avant le premier anniversaire de la mort de Larry.

Le cycle infernal de la mythomanie et de la nymphomanie allait de nouveau pouvoir recommencer...

Il y eut d'abord ces histoires de fausse couche. Barbara, qui avait déjà eu deux fils de son premier mariage, savait que Russ voulait des enfants. Toutefois, elle prit bien garde de ne pas lui révéler qu'elle s'était fait ligaturer les trompes. Ceux qui savaient restèrent abasourdis en apprenant que Barbara avait par deux fois failli être mère et n'osèrent en parler à Russ.

Mais Barbara alla un jour un peu trop loin dans l'affabulation. Elle annonça à son entourage qu'elle avait terminé un manuscrit, qu'elle l'avait envoyé à un éditeur qui l'avait accepté, et qu'elle allait bientôt recevoir une avance sur ses droits de 400 000 dollars. Personne, toutefois, n'eut le droit de jeter un œil au précieux roman. Même pas Russ. Barbara rayonnait de joie et montrait à qui le voulait une lettre de l'éditeur Doubleday authentifiant ce nouveau conte de fées. On commença à parler d'organiser une fête, une grande réception à l'occasion de la sortie du livre. Mais Barbara refusait systématiquement de donner une date précise. En revanche, elle se servit de la fameuse lettre pour convaincre les banquiers de lui concéder d'importants prêts.

Dans l'entourage, les soupçons commencèrent à s'éveiller. Finalement, quelqu'un contacta un ami chez l'éditeur et découvrit la vérité : on n'avait jamais entendu parler de Barbara Stager et le contrat invoqué restait une pure chimère.

La romancière imaginaire réussit mystérieusement à rembourser son prêt et les amis prirent leur distance avec le couple. Russ Stager, lui, ne savait plus quoi penser. Quand une amie le mit au courant, tout ce qu'il trouva à répondre fut :

– Ma foi, c'est une chance qu'elle ait encore ce boulot à la station de radio.

Mais ce qu'ignorait Russ, c'est que Barbara avait cessé de se présenter à son travail depuis des mois.

Elle avait une nouvelle liaison avec un certain Preston Adams, un jeune homme de vingt-sept ans, dont elle ne semblait jamais rassasiée. Russ eut vent de son infidélité mais ne put se résoudre à la quitter. En revanche, il s'ouvrit de ses problèmes à son ex-femme, Jo Lynn.

– Je sais que ça peut paraître dingue, lui dit-il un soir, mais si jamais il m'arrive quelque chose, je veux que tu mènes une enquête.

Jo Lynn ne sut pas quoi répondre. Russ courait-il vraiment un danger ?

Trois ans s'écoulèrent. Trois ans d'ennuis financiers et de nouvelles infidélités. Russ retourna voir Jo Lynn et lui réitéra sa demande.

– Mais enfin, Russ, lui dit son ex-femme, que veux-tu qu'il t'arrive ?

– Ce qui est déjà arrivé au premier mari de Barbara.

– C'est impossible, elle n'a pas pu le tuer. Enfin, il y aurait eu une enquête. On ne tue pas les gens aussi impunément !

– Promets-moi seulement que s'il arrive quelque chose, tu chercheras à savoir la vérité.

Tous ces faits troublants, l'inspecteur Rick Buchanan ne les apprit qu'à force d'entretiens délicats, d'enquêtes auprès des banques, de courriers envoyés aux anciens employeurs de Barbara. Surtout, il bénéficia de l'appui inconditionnel de Jo Lynn, des parents de Russ ainsi que du père de Larry.

Finalement, il réussit à obtenir l'autorisation de pratiquer une autopsie sur le corps de Russ Stager. Le rapport indiqua des points qui entraient en contradiction avec la déposition de Barbara. Rick Buchanan décida alors de procéder à une reconstitution filmée dans la chambre même où Russ avait trouvé la mort.

Il débarqua au domicile de Barbara sans prévenir, en compagnie de deux officiers de police.

– Nous aimerions éclaircir certains points restés obscurs, déclara Buchanan à Barbara.

Un des officiers s'allongea sur le lit pour jouer le rôle de Russ.

– Je me souviens m'être étirée, dit Barbara en tendant le bras. Comme ça. Et quand ma main s'est retrouvée sous l'oreiller, j'ai senti quelque chose. J'étais encore à moitié assoupie. J'ai retiré mon bras et alors... Je n'ai pas compris comment l'arme s'était retrouvée dans ma main. J'ai entendu un bruit terrible.

Buchanan lui demanda alors de leur montrer exactement dans quelle position elle se trouvait et dans quel sens l'arme était pointée vers Russ. Barbara hésita, s'y reprit à plusieurs fois – finalement, elle expliqua qu'elle s'était relevée après la détonation pour mettre ses lunettes, avait découvert son mari ensanglanté et demandé à son fils Jason d'appeler la police.

La reconstitution avait duré exactement deux minutes et trente-huit secondes.

En quittant l'appartement de Barbara Stager, Rick Buchanan était persuadé de tenir le bon bout. D'abord, il paraissait incroyable que Barbara ait accepté de « rejouer » cette scène, quatre jours seulement après l'accident. Le seul fait qu'elle se soit allongée sur le lit sans montrer la moindre émotion jouait en sa défaveur. Mais surtout, plusieurs points demeuraient troublants : premièrement, l'arme en question était loin d'avoir une détente facile. Il était difficile de croire qu'une femme encore assoupie ait pu l'actionner accidentellement. Mais surtout, la position indiquée par Barbara ne correspondait absolument pas à l'angle de tir révélé par l'expertise médicale et balistique.

Toutefois, ces indices ne suffisaient pas pour inculper la veuve Stager. Et le mobile restait toujours inconnu. En attendant, Buchanan avait décidé de ne rien laisser transparaître de ses soupçons à Barbara.

Lorsqu'elle voulut toucher sa police d'assurance suite au décès de son mari, Barbara Stager s'entendit répondre que le certificat établissant la cause de la mort de Russ n'avait pas encore été signé par la police. Elle demanda la raison de ce retard à Buchanan qui lui répondit qu'il fallait être patient, qu'il ne s'agissait que de routine administrative : d'ici quelques semaines tout serait en ordre.

Mais cela suffit pour mettre la puce à l'oreille de Barbara. Elle comprit que l'inspecteur essayait de gagner du temps.

Et de fait, ce dernier continuait son enquête, découvrant petit à petit les nombreuses liaisons qu'avait eues Barbara, les mensonges infinis auxquels elle avait eu recours pour que son mari ne s'aperçoive ni de ses absences ni de ses dépenses inconsidérées. Finalement, il crut bon d'interroger une dernière fois la veuve avant de procéder à une inculpation.

Le 15 avril dans l'après-midi, il se rendit au domicile des Stager en compagnie de l'officier de police Myers. Les deux hommes n'avaient pas prévenu Barbara de leur arrivée, mais elle ne parut pas surprise de les voir.

– Avant de vous poser certaines questions, l'avertit Buchanan, j'aimerais vous informer de vos droits.

– Dois-je faire appel à un avocat ? s'enquit-elle.

– A vous seule d'en juger. Je n'ai pas le droit de vous influencer.

Sans la moindre trace de nervosité, la supposée mythomane accepta de recevoir les deux policiers. Buchanan lui lut ses droits puis l'interrogea sur la provenance de l'arme.

– C'est Russ qui me l'a achetée, dit-elle avec un grand détachement. Il s'inquiétait pour ma sécurité. Nous sommes allés la choisir ensemble. Moi, je n'y connaissais rien en armes et je n'ai pas trop fait attention au fonctionnement de ce pistolet.

– Où gardiez-vous cette arme ?

– Au début, dans la boîte à gants de la voiture, mais vers la fin de l'année 1986, Russ l'a rangée dans un tiroir de la table de chevet.

– Craignait-il quelque chose de particulier ?

– Des bijoux nous appartenant avaient mystérieusement disparu. Après ça, Russ a tenu à garder l'arme sous son oreiller.

– Êtes-vous déjà allée vous entraîner avec cette arme ?

– Oui, il y a quelques années. Mais j'ai toujours eu peur des armes.

– Et Russ ? Il vous avait donné des conseils ?

– Il m'a toujours dit de ne jamais pointer une arme sur quelqu'un à moins d'avoir l'intention d'en faire usage. Il m'a assuré qu'il n'hésiterait pas à s'en servir si quelqu'un pénétrait chez nous en pleine nuit, mais j'avais trouvé ça plutôt amusant vu qu'il avait le sommeil profond et qu'il ne se serait même pas réveillé si on avait volé son lit.

Buchanan ne put s'empêcher de sourire intérieurement. C'était la première fois que Barbara se contredisait ouvertement. Quand les premiers soins étaient arrivés chez elle au moment de l'accident, elle avait déclaré qu'elle s'était emparée de l'arme de peur que Russ, réveillé par les bruits de son fils dans la salle de bains, ne prenne ce dernier pour un voleur et ne l'abatte. Mais s'il avait le sommeil si profond, pourquoi nourrir alors de telles inquiétudes ?

Qui plus est, cette version ne collait pas non plus avec ce qu'elle avait dit lors de la reconstitution, puisqu'elle avait alors prétendu avoir agi dans un demi-sommeil et avoir saisi l'arme par hasard.

– Avez-vous déjà acheté par le passé un pistolet automatique de calibre .25 ? demanda Buchanan.

– Non. Mais il y a une dizaine d'années, mon premier mari avait insisté pour que j'achète une arme. Je crois qu'il s'agissait d'un calibre inférieur, je ne sais plus très bien.

Buchanan lui posa encore quelques questions sur sa situation financière, puis s'en alla. En partant, il remarqua deux scooters flambant neuf dans le garage. Visiblement, la veuve n'avait pas réduit son train de vie.

L'étape suivante, pour l'inspecteur, consistait à obtenir un mandat de perquisition, ce qui fut fait quelques jours plus tard. Le 18 avril, à 7 h 05 du matin, quatre voitures se garèrent devant le 2833 Fox Drive. Ce fut le frère de Barbara, Steve, qui ouvrit aux quatre inspecteurs et aux deux agents. On ne lui permit pas de passer des coups de fil.

Pendant plus de deux heures, les six policiers passèrent au peigne fin la maison somptueusement aménagée. Ils emportèrent des relevés bancaires, des dossiers d'assurance, des lettres, des factures de téléphone, des disquettes d'ordinateur, etc. Rien ne devait être laissé au hasard.

Le soir, Buchanan obtenait d'un grand jury le droit d'arrêter et d'inculper Barbara Stager pour le meurtre de son deuxième époux.

– Je ne l'ai pas tué, je ne l'ai pas tué, répéta inlassablement Barbara dans la voiture des policiers.

On aurait pu croire qu'elle essayait de se convaincre elle-même.

Pour des raisons évidentes, le procès n'eut pas lieu dans la ville de Durham, mais à quatre-vingts kilomètres de là, à Sanford, dans un autre comté. Barbara Stager devait être jugée pour le meurtre présumé de Russ, et son défenseur avait bien insisté auprès du juge pour qu'il ne soit pas fait mention du décès de son premier mari.

Quinze jours avant le procès, Rick Buchanan pouvait encore douter de l'issue des délibérations à venir. Il lui manquait encore un mobile clair. Celui-ci parut tomber du ciel : Jo Lynn, alors qu'elle passait en revue les relevés de banque de son ex-mari, découvrit un chèque daté du 28 décembre 1987, soit trente-sept jours avant sa mort, payable à Barbara et encaissé le même jour. Mais la signature n'était pas celle de Russ. C'était celle de Barbara.

Buchanan tenait là la preuve que l'avidité de la mythomane avait pris des dimensions incontrôlables. Il s'avéra également qu'elle avait fait établir un testament au nom de son mari sans prendre la peine de le consulter, grâce à la naïveté de témoins peu regardants. Sans doute ces nouveaux éléments auraient-ils suffi à faire condamner la veuve, mais le sort voulut qu'on mît la main au dernier moment sur une cassette enregistrée.

Quelques jours plus tard, par le truchement d'un petit magnétophone posé sur une simple table de bois dans la salle du tribunal, tout un chacun put entendre la voix du défunt Russ Stager. Ses paroles ne laissaient plus aucun doute sur la culpabilité de sa femme :

« Mercredi dernier, à 3 heures du matin, Barbara m'a réveillé pour que je prenne des pilules censées guérir les sinus. Je ne les ai pas prises et je suis allé les porter à la pharmacie de Forest Hills, où on m'a dit que c'étaient des somnifères. Pourquoi me réveiller pour me donner des somnifères ?

« A plusieurs reprises, elle a recommencé ce manège, s'assurant bien que je prenais les médicaments. (...)

« J'espère que je suis seulement paranoïaque, mais avec tout ça, je me pose des questions.
« C'est Russ Stager qui parle. Nous sommes le 29 janvier 1988. Il est 1 h 50. »

La cassette s'arrêtait là. Trois jours plus tard, l'auteur de ce message était retrouvé mort dans son lit.

Barbara Stager fut reconnue coupable et condamnée à la peine de mort, mais à la suite d'un appel sa peine fut commuée. Elle est toujours en prison.

Christophe Claro

L'énigme du Dahlia Noir

Elle s'appelait Elizabeth Short, mais tout le monde l'appelait Beth. La première chose qu'on remarquait chez elle, c'était sa chevelure d'un noir de jais, une chevelure abondante qui ne parvenait pas à assombrir son beau visage d'une pâleur de lis. Puis venaient les yeux, gris-vert, qui s'illuminaient étrangement quand elle souriait et détournaient l'attention d'une dentition un tant soit peu négligée. Ce n'était pas à proprement parler un regard fuyant, non, mais l'on sentait à tout moment que la confiance qui en émanait n'était que le reflet d'une fragilité intérieure, mystérieuse. Comme si ce beau brin de fille s'offrait en permanence aux désirs des autres pour mieux oublier la blessure qui l'empêchait de vivre pleinement sa vie.

Sa vie... Tout s'était peut-être brisé une première fois le jour où l'on avait retrouvé la voiture vide de son père, Cleo Alvin Short, sur le Charlestown Bridge, le tristement célèbre « pont des suicidés » du Massachusetts. Beth s'était retrouvée alors avec sa mère et ses sœurs dans une Amérique qui se remettait encore mal de la Grande Dépression, une crise qui avait acculé le vieux Cleo à la faillite, puis au désespoir. La mort venait d'entrer dans la vie d'Elizabeth Short et ne devait plus jamais en ressortir.

Pour tromper l'ennui d'une vie indigente, la mère emmène souvent ses cinq filles au cinéma, et si Virginia, Eleanora et Dorothea n'apprécient ces sorties que pour les opportunités de flirt qu'elles occasionnent, Muriel et Elizabeth, elles, attrapent vite le virus des salles obscures.

Sans cette passion naissante, Beth se laisserait sans doute gagner par la dépression : un père mort, des crises d'asthme terribles dues à une allergie non détectée, des déménagements incessants qui sont comme une descente inéluctable dans la pauvreté...

Et voilà que soudain la mère de Beth reçoit une lettre de Cleo, le faux suicidé. Ce dernier travaille sur les chantiers navals de Californie du Nord. Il sait qu'il a eu tort d'agir ainsi, il présente des excuses – et demande s'il peut revenir.

Un père ressuscité ! Ç'aurait pu être une lueur de joie dans la sombre existence de la famille Short. Mais l'on ne meurt qu'une fois dans l'esprit de ceux qui vous ont aimé. Non, Phoebe, la mère, ne veut plus entendre parler de ce revenant.

Résignées, les filles se cherchent de petits emplois. Tout naturellement, Elizabeth se fait engager comme ouvreuse dans un cinéma, à Boston. Mais son physique fait vite d'elle la cible de tous les regards masculins. Il est vrai que quand elle descend Highland Avenue pour se rendre à son travail, on croirait voir défiler un mannequin de mode.

C'est cela : un mannequin. Une fille d'une beauté époustouflante qui ne cherche pas à tirer avantage de ses charmes, et qui n'a qu'un rêve : devenir une vedette de cinéma. Ce sera donc Hollywood ou rien. Mais la route est longue...

C'est la guerre en Europe. Sur le territoire américain, l'uniforme commence à se parer d'un attrait nouveau. On danse toute la nuit avec de beaux aviateurs en écoutant *In the mood* de Glenn Miller. Les rencontres semblent faciles, comme si chacun savait qu'un drame imminent rend les contacts urgents, qu'il faut profiter de la vie, vite, que le rêve américain ne peut se réaliser qu'en fonçant droit devant soi.

Attirée par des promesses de petits rôles improbables, Beth est enfin arrivée à Los Angeles. Elle y rencontre une jeune fille du nom de Lucille Varela qui l'invite à partager son appartement à Broadway. L'ancienne ouvreuse de Boston, celle qui s'ennuyait tant au fin fond du Massachusetts, croit découvrir alors la vraie vie. Son avenir commence ici, aujourd'hui. Au sein d'une bohème insouciante qui dissimule son échec professionnel sous des dehors excentriques et des attitudes marginales, Beth croyait découvrir le gratin, elle ne fait que frôler une faune interlope. Ainsi cet artiste peintre, Arthur James, qui lui demande de poser nue pour des toiles saphistes...

– Cela vous intéresserait-il de poser pour moi ? demande-t-il à Beth. Vous recevriez un pourcentage sur les ventes.

– Cela me plairait beaucoup, Arthur, mais j'ai besoin d'argent, je ne sais pas où habiter...

– Pas de problème. Venez chez moi, j'ai une petite chambre d'où vous aurez une vue magnifique sur les collines d'Hollywood.

Mais le Toulouse-Lautrec d'Orchid Avenue se contente de quelques clichés graveleux de Beth. Cette dernière comprend que même en « vendant » ses charmes, elle est encore loin des studios magiques où le mot « Moteur ! » fait s'évanouir toutes les bassesses de la quotidienneté.

Peut-être devrait-elle d'abord fonder un foyer, se trouver un homme simple et sincère ? Il y a ce pilote, Matt Gordan, qu'elle a rencontré la veille du jour de l'an, fin 1944, et qui la demande en mariage après quelques semaines de flirt. On verra, lui dit-elle, quand la guerre sera finie.

Le jour où l'Allemagne capitule, Beth écrit ces mots à Matt : « Je suis si heureuse. Les gens jettent des bouts de papier par les fenêtres et sont comme fous. Ça va être merveilleux, chéri. Tu veux rentrer et m'épouser ? Tout ce que tu désires, je le désire moi aussi. Je t'aime et je ne veux que toi. » Mais le major Matt Gordan ne reviendra pas de sa dernière mission. Accident d'avion, dit une lettre des autorités militaires. De cette idylle trop tôt avortée, il ne restera qu'une coupure de presse envoyée par la mère de Matt à Beth, un petit entrefilet qui évoque « la fiancée qu'il avait rencontrée et qu'il allait épouser à Melford ».

Cette deuxième blessure, Beth n'en veut pas. Puisque la vie s'obstine à lui refuser le bonheur, elle va tricher avec la vie. D'un simple trait de plume, Elizabeth Short raye la mention « et qu'il allait épouser ». Désormais, elle montrera cette fragile coupure de presse en expliquant que le journaliste a commis une erreur, qu'elle a bel et bien épousé le pilote d'aviation Matt Gordan, qu'ils ont même eu un enfant mort en bas âge.

Pour une raison inconnue, celle qu'on surnomme à présent le Dahlia Noir – un clin d'œil au film *Le Dahlia bleu*, avec Alan Ladd et Veronica Lake – a décidé de s'inventer un passé. Après avoir été fille sans père, elle devient épouse sans mari et mère sans enfant. Une femme seule, trois fois seule, trois fois abusée par le destin. Un destin qui semble s'ingénier à lui refuser l'épanouissement de ce corps qui fait tant rêver les hommes. Le Dahlia Noir devient alors une sorte de veuve noire, consumant ses amants dans des étreintes toujours abrégées, des attouchements plus ou moins désespérés, n'hésitant pas à vendre son corps – ou plutôt la promesse de son corps – pour s'acheter des souliers de luxe.

Les amants de passage se succèdent sans qu'aucun puisse prétendre avoir connu la vérité de cette fille énigmatique qui tient plus, semble-t-il, de l'orchidée que du dahlia. Les amies sont nombreuses, aussi, mais une fois de plus, la mort est au rendez-vous. Une certaine Georgette Bauerdorf, que Beth fréquentait, est retrouvée morte le 12 octobre 1945 dans sa baignoire. Le légiste est formel : il ne s'agit pas d'une noyade accidentelle. On a mis dans sa bouche un morceau de tissu pour l'empêcher de crier et elle est morte étouffée avant d'être violée. Il y a bien des empreintes sur l'ampoule du plafonnier, mais de suspect, point. Et puis, le père de la victime, un associé de William Randolph Hearst, le célèbre magnat de la presse dont Welles s'inspira pour son film *Citizen Kane*, a le bras long et ne tient pas à ce que l'affaire fasse un scandale. La police renonce vite à poursuivre l'enquête.

Désormais, la vie du Dahlia Noir n'est plus qu'une longue suite d'errances, de rencontres décevantes, d'amourettes ambiguës. Elle semble désorientée, peut-être taraudée par un secret qu'elle ne peut révéler. Son dernier flirt a pour nom Robert Manley, surnommé « Red » à cause de ses cheveux roux. Cela commence toujours de la même façon : le hasard d'une rencontre, Beth au coin d'une rue, qui semble attendre, mais quoi ? On ne le saura jamais. Elle-même paraît l'ignorer.

– Je peux vous déposer quelque part ? demande Red en repassant pour la deuxième fois en voiture devant Beth.

La fille ne répond pas, elle regarde ailleurs.

– Je suis ici pour mon boulot, renchérit Red. Vous pourriez profiter de ma voiture et par la même occasion m'aider à retrouver mon chemin.

– Je rentre chez moi, dit Beth sans prendre la peine de le regarder.

– Eh bien montez, au lieu d'attendre toute seule ici.

– Qu'est-ce qui vous fait dire que j'attends quelque chose ?

Red lui présente des excuses, ce n'est pas ce qu'il a voulu dire, il veut juste se rendre utile. Alors Beth lui sourit et monte dans sa voiture. Une telle fille ne saurait être une racoleuse, et pourtant... Tout l'art du Dahlia Noir est peut-être là : se trouver au carrefour des vies d'autrui comme si de rien n'était, offrir aux hommes une innocente disponibilité.

S'offrir sans se donner semblait être la devise d'Elizabeth Short jusqu'au 8 janvier 1947, date à laquelle Red Manley la raccompagna dans le hall du Biltmore Hotel. Un chasseur la vit passer plusieurs coups de fil avant de s'éloigner sur la Sixième Rue. Le Dahlia Noir ne devait plus jamais réapparaître vivant.

Le 15 janvier 1947, peu après six heures du matin, un jeune garçon se frayait un chemin à bicyclette à travers les mauvaises herbes d'un terrain vague situé au sud d'Hollywood. Non loin de là, une Ford noire, dont les phares étaient éteints malgré la pénombre matinale, se rangea le long du trottoir, moteur en marche, avant de redémarrer. Le jeune cycliste remarqua alors quelque chose dans le terrain vague, une forme qu'il n'osa identifier mais qui l'ébranla profondément.

Ce ne fut pas lui, toutefois, qui donna l'alerte mais une jeune mère de famille du nom de Betty Bersinger. Elle déambulait tranquillement le long de Norton Street, accompagnée de sa fille de trois ans, pour aller chez un cordonnier, à quelques rues de chez elle.

Ce qu'elle distingua dans le terrain vague la fit s'immobiliser, incertaine, déjà inquiète. Une forme humaine, d'une blancheur de cire qui renvoyait les rayons du soleil d'hiver, gisait à quelques pas d'elle. Instinctivement, Betty Bersinger fit tourner la poussette afin que sa fille ne voie rien du corps étendu. Elle crut quelques instants qu'il s'agissait d'un mannequin, ou plutôt d'un mannequin disloqué, tombé d'un camion qui aurait pris son virage un peu trop vite. Le visage du mannequin était tourné vers la rue. Les yeux étaient-ils ouverts ou fermés ? Elle ne s'en rappellera jamais. Seule l'extrême pâleur du visage demeura inscrite dans son souvenir. Et aussi le bourdonnement insupportable des mouches qui s'affairaient sur la forme mutilée.

S'arrachant à cette vision macabre, Betty Bersinger alla téléphoner à la police, omettant de laisser son nom.

Les agents Will Fitzgerald et Frank Perkins, qui patrouillaient le long de Exposition Boulevard, reçurent l'appel et se rendirent immédiatement sur les lieux. Le jeune cycliste les y attendait, visiblement en état de choc.

– Il y a une femme morte, balbutia-t-il en voyant

les deux policiers descendre de leur voiture. On dirait qu'elle est...

– Bon sang! s'exclama Perkins. On l'a coupée... en deux! Vite, passe un appel radio.

Fitzgerald marqua un temps d'hésitation avant de remonter dans le véhicule et de joindre le lieutenant Paul Freestone, son supérieur.

Bientôt, le terrain vague grouilla de toute la clique policière, brancardiers, agents, inspecteurs, et même une journaliste, Aggie Underwood, du *Herald Express*, qui prit des photos en accord avec les autorités.

Le visage de la victime ainsi que ses seins étaient zébrés de méchants coups de couteau. Il en était de même pour la région pubienne, à la toison peu abondante, indication apparente que la fille mutilée était aussi jeune que le gamin qui avait découvert son cadavre. A moins qu'on ait tondu cette région... Le pied gauche se trouvait à quelques centimètres de la bordure du trottoir, alors que la partie supérieure du corps était tournée vers l'intérieur du terrain vague. On aurait dit que les deux parties avaient été disposées consciencieusement, séparées d'à peine vingt centimètres. Le foie pendait par la plaie béante et un conséquent lambeau de chair avait été découpé dans la cuisse gauche. On distinguait également des sillons laissés par des cordes sur les poignets, autour du cou et des chevilles.

Il n'y avait pas la moindre trace de sang sur le corps de la victime, preuve incontestable qu'elle avait été assassinée ailleurs puis déposée ici, au moins dix heures après sa mort selon le légiste. Certains organes avaient disparu.

Finalement, Ray Pinker, du laboratoire de la

Police criminelle, arriva sur les lieux de la découverte :

– C'est le crime le plus horrible que j'aie jamais vu de toute ma carrière, déclara-t-il.

Peu après, le corps fut transporté à la morgue de Los Angeles et étiqueté sous le nom passe-partout de « Jane Doe ». On procéda à de premières analyses. La victime pesait environ cinquante-sept kilos, elle avait la peau claire, le nez petit, le menton rond, les sourcils marron, était de petite stature et possédait une dentition en mauvais état.

Ses cheveux étaient d'un noir de jais.

Aussitôt informé, le FBI procéda à une identification de la victime à partir d'une photo et de relevés d'empreintes. La fille avait vingt-deux ans à l'heure de sa mort. Elle était née dans le Massachusetts et s'appelait Elizabeth Short, plus connue à Hollywood sous le nom de « Dahlia Noir ».

L'autopsie pratiquée par le légiste Victor CeFalu apporta de nouveaux éléments à l'enquête à peine naissante. En effet, on retrouva dans le rectum et le vagin de la victime les lambeaux de chair qui avaient été découpés à la cuisse gauche. Mais surtout, on dut renoncer à ranger le crime dans la simple catégorie des meurtres sexuels, pour la bonne raison qu'il n'y avait vraisemblablement pas eu viol. Elizabeth Short, après examen approfondi, révéla un appareil génital incomplet. En d'autres termes, le Dahlia Noir, dont les conquêtes passées allaient se révéler innombrables au cours des mois d'enquête, était de son vivant incapable d'une activité sexuelle normale. Or l'assassin le savait, puisqu'il avait introduit dans le vagin des bouts de chair, signifiant par-là sa frustration – et sa haine bestiale.

La police et le tueur étaient les seuls pour l'instant à connaître ce détail intime de la vie d'Elizabeth Short. Mais c'était encore là un indice bien maigre pour démarrer l'enquête. Il restait à faire toute la lumière sur le Dahlia Noir afin de repérer un suspect éventuel. Naturellement, la presse voulut avoir sa part...

Un journaliste de l'*Examiner* appela la mère de Beth pour en savoir plus sur la victime. Afin de faire parler la pauvre femme, il omit sciemment de lui révéler dans un premier temps que celle-ci était morte.

– Mrs. Short ? Mrs. Phoebe Short ? demanda Wain Sutton quand la communication fut établie.

Son chef, Jimmy Richardson, écoutait la conversation sur une autre ligne et lui faisait de grands signes. *Fais-la parler !*

– Allô ? Qui est à l'appareil ?

– Wain Sutton, de l'*Examiner*. Votre fille habite-t-elle bien en Californie ?

– Oui, elle travaille dans le cinéma, elle fait des films, répondit naïvement la femme.

– Votre fille vient de remporter un concours de beauté et nous aurions voulu des renseignements sur elle pour écrire notre article.

Phoebe Short était enchantée. Elle n'avait qu'une envie : aller rapporter la bonne nouvelle au voisinage.

– Fais-la parler ! continuait d'articuler inlassablement Richardson, à l'intention de Sutton, de plus en plus gêné. Répète tout ce qu'elle dira pour qu'on puisse prendre des notes.

– Ma fille s'est rendue à San Diego en décembre, disait Phoebe Short au téléphone sans se douter de rien, à cause des grèves dans les milieux du cinéma, vous savez. Voici le nom d'une des amies avec qui elle habite en ce moment.

– Bingo! s'écria Richardson, au comble de la joie journalistique. Il secoua Sutton pour l'encourager à demander d'autres noms, mais la mère n'en savait guère plus, cela faisait si longtemps qu'elle n'avait pas vu sa fille. Toutefois, cette dernière lui avait écrit, et elle s'empressa de lire des extraits de sa lettre au journaliste. Celui-ci dut bientôt mettre un terme à la triste farce.

– Écoutez, Mrs. Short, je devais m'assurer que je parlais à la bonne personne, et maintenant, avec cette lettre que vous m'avez lue, je sais que vous êtes bien sa mère. J'ai bel et bien des nouvelles de votre fille, mais ce ne sont pas de bonnes nouvelles. En fait, ce sont les pires qu'on puisse annoncer à une mère, qui...

Continua-t-elle à l'écouter? Sutton n'en sut rien. Il avait honte, et quand la femme reprit la parole après un terrible silence, ce fut pour lui demander à quoi rimait un jeu aussi cruel. Elle ne croirait rien de cette histoire tant que la police ne serait pas devant chez elle. Elle raccrocha.

Wain Sutton n'avait plus qu'une envie : se soûler.

La guerre des « scoops » entre le *Herald Express* et l'*Examiner* faisait rage. Les journaux ne parlaient plus que du meurtre du Dahlia Noir, et les tirages ne cessaient de grimper. L'*Examiner* réussit à sortir un supplément deux heures avant tous les autres et vit ses ventes surpasser celles du numéro paru le jour du « V-day ».

La police était sur les dents : plus de mille officiers de police étaient affectés à l'enquête sur tout le territoire des États-Unis. Robert Red Manley, le dernier

« amant » en date d'Elizabeth Short, devint le suspect numéro un. Il dut subir des interrogatoires poussés qui ne menèrent à rien. Peu à peu, devant l'absence de pistes et le piétinement de la police, l'affaire du Dahlia Noir cessa de faire la une des quotidiens.

C'est alors que ces derniers reçurent un étrange colis, enveloppé dans du papier marron et adressé « au *Los Angeles Examiner* et autres journaux ». Outre une lettre anonyme composée avec des lettres découpées dans la presse et déclarant : « Voici les affaires du Dahlia Noir », le colis contenait un carnet d'adresses auquel il manquait des pages, des cartes de visite, le certificat de naissance de Beth, sa carte d'assurée sociale, des photos de Beth en compagnie de soldats, des tickets de consigne. Le tout avait été traité chimiquement afin de ne garder aucune empreinte.

Des centaines de noms figuraient dans le carnet d'adresses. La police n'était pas au bout de ses peines. Une fois de plus, ce fut la presse qui faillit la devancer.

Aggie Underwood, la première photographe sur les lieux du crime, eut soudain une intuition. Elle se demanda si le meurtre d'Elizabeth Short n'était pas lié à celui de Georgette Bauerdorf, dont le nom figurait dans le fameux carnet d'adresses. L'hypothèse était séduisante, mais, malheureusement, il était quasi impossible de rouvrir le dossier de la fille Bauerdorf. La pression mise par Randolph Hearst à l'époque pour étouffer l'affaire était encore très vive. Mais Aggie Underwood se rappelait très bien qu'environ une semaine après la découverte du corps de Georgette, un informateur lui avait parlé d'un individu aperçu dans le voisinage. L'homme, apparemment un soldat, avait le teint mat et paraissait boiter légèrement.

Plus important, on savait que la police détenait encore un relevé d'empreintes retrouvées sur l'ampoule électrique du plafonnier qui avait été dévissée. Sans cet élément, il était impossible de procéder au moindre recoupement. Toutefois, on pouvait dans un premier temps établir des comparaisons entre les deux assassinats afin de dégager certaines similitudes.

Dans les deux cas, il semblait y avoir eu, partiellement ou totalement, strangulation. On avait serré la gorge de Georgette et des marques retrouvées sur le cou de Beth indiquaient un acte similaire...

Alors qu'Aggie Underwood spéculait sur un possible point commun, son supérieur lui retira l'affaire. Sans raison apparente. Une fois de plus Randolph Hearst avait tiré les bonnes ficelles. Finalement, on permit à Aggie de continuer à écrire sur le meurtre du Dahlia Noir, à la condition qu'elle ne procède à aucun rapprochement avec celui de Georgette Bauerdorf.

L'enquête piétinait toujours. De nouveaux suspects apparaissaient de temps à autre, mais ils parvenaient très vite à se disculper, rendant l'opinion folle de rage. Enfin, en octobre 1948, un fait nouveau vint relancer la machine policière.

Leslie Dillon, un groom âgé de vingt-sept ans qui aspirait à une carrière d'écrivain, adressa une lettre au psychiatre de la police de Los Angeles, Paul de River. Il avait lu un article concernant le Dahlia Noir dans un magazine où le nom du psychiatre était cité.

Dillon racontait qu'il avait évoqué le cas avec un ami, Jeff Connors, qui lui avait révélé avoir connu Elizabeth Short peu de temps avant sa mort. Dillon pensait qu'il y avait peut-être là une piste intéressante et avait cru bon d'en avertir de River.

Le psychiatre téléphona à Dillon et le fit venir à Los Angeles en lui faisant miroiter un poste dans son cabinet. Quand le jeune homme débarqua à l'aéroport, de River l'attendait dans une voiture avec « chauffeur » – en fait l'inspecteur John J. O'Mara. Tout de suite, le psychiatre interrogea Dillon sur l'automne 1946...

– Oui, j'ai habité un temps dans une caravane, sur South Crenshaw Boulevard, puis je me suis fait engager comme chasseur à l'hôtel Santa Monica. Après ça, j'ai habité Sacramento Street avec mon épouse Georgia, que j'avais rencontrée l'année précédente en Oklahoma.

– Vous me parliez dans votre lettre d'un pseudonyme..., lui dit de River.

– Pas un pseudonyme! Un nom de plume. Jack Sands.

– Et ce Jeff Connors, c'est aussi un nom de plume ?

– Non, pas du tout. Pourquoi cette question?

L'interrogatoire continua ainsi, prenant un tour de plus en plus étrange. De River s'était bien renseigné sur Dillon et semblait s'être fait une opinion très précise sur la personnalité du jeune homme.

– Vous vous êtes donc marié moins d'un an avant l'assassinat d'Elizabeth Short ?

– Oui, mais...

– Je sais qu'au début d'un mariage, un jeune homme est souvent fortement perturbé, il s'aperçoit que tout ne se passe pas comme il l'avait rêvé.

Les insinuations psychologiques continuèrent de s'enchaîner sans grande vraisemblance, et quand la voiture du psychiatre arriva en ville, de River déclara tout net à Dillon qu'il le soupçonnait du meurtre d'Elizabeth Short.

Dillon fut comme sonné. Il nia sèchement. De River lui rétorqua qu'il le trouvait très intelligent et surtout très au fait de la psychopathologie sexuelle. Sur ce, le faux chauffeur mit les menottes à Dillon.

Le jeune homme devint alors la cible d'interrogatoires serrés. Le psychiatre était persuadé qu'il avait forgé de toutes pièces le personnage de Jeff Connors, ce dernier étant introuvable. On lui interdit de passer le moindre coup de fil, même à un avocat.

Qui sait ce qu'il aurait pu advenir de Dillon si des inspecteurs de Los Angeles n'avaient pas finalement retrouvé la trace de Connors et si un avocat n'avait réussi à entrer en contact avec lui ? La bavure était énorme, d'autant plus grave qu'il s'avéra que le perspicace de River exerçait sans titre et ne vivait que de la clémence de certains juges qui payaient ses conseils.

Dans son sillage, tout le système judiciaire et policier fut désavoué. Un grand jury se prononça sur la corruption de certains officiers de police et une enquête fut menée sur le cas de Paul de River. Cet incident demeura connu sous le nom de « catastrophe Dillon ». La police de Los Angeles fut réorganisée au cours de l'année 1949. Entre-temps « Red » Manley, le dernier flirt de Beth aux cheveux roux, avait fait une dépression nerveuse, que certains interprétèrent hâtivement comme une preuve de sa culpabilité. Décidément, le manque d'indices occasionnait les théories les plus légères !

Et puis, un jour, un informateur anonyme entra en contact avec l'inspecteur Marvin Enquist, de la Criminelle, et lui dit qu'il agissait au nom d'un individu qui se faisait appeler Arnold Smith, lequel détenait certains renseignements susceptibles d'intéresser la police, renseignements qu'il tenait à son tour d'une tierce personne. Cela faisait beaucoup de témoignages par ouï-dire, mais, en l'absence d'autres pistes, il convenait de donner suite à ce nouvel élément.

L'informateur laissa à Enquist une bande enregistrée où le dénommé Smith faisait des révélations inédites sur l'assassinat du Dahlia Noir. Le collègue d'Enquist, John St. John, sentit qu'il tenait la bonne piste.

– Pensez-vous que ce Smith serait d'accord pour nous parler ? demanda-t-il à l'informateur.

– Non, je ne pense pas. Il a bien insisté pour rester dans l'ombre.

– Vu le genre d'informations qu'il nous a données, je comprends ça. Je suppose qu'Arnold Smith n'est pas son vrai nom ?

– Il m'a dit qu'il s'appelait comme ça, mais je crois que la première fois qu'on me l'a présenté, j'ai entendu un nom différent.

– Pouvez-vous nous le décrire ?

– Il est très grand, assez mince, et il a une jambe plus courte que l'autre.

– Vous voulez dire qu'il boite ? demanda St. John.

– C'est exact.

– Vous étiez là quand il a raconté tout ça ?

– Oui. Il nous a décrit en détail la façon dont l'assassin avait tué Beth, il a même donné son nom. Al Morrison.

– Je veux lui parler le plus vite possible.

St. John avait des raisons de vouloir parler à Arnold Smith. Non seulement ce dernier était le premier à donner une description de l'assassinat qui collait en tous points avec les rapports des légistes, mais il se révélait d'une précision extraordinaire pour quelqu'un qui était censé rapporter les propos d'un autre homme, le prétendu et chimérique Al Morrison. Et Smith boitait. Comme le suspect numéro un dans l'affaire Georgette Bauerdorf.

Certains passages de la bande enregistrée étaient éloquents à plus d'un titre. On croyait entendre une confession transposée à la troisième personne par un psychopathe. La police acquit vite la conviction que Al Morrison n'était qu'un écran de fumée et que Smith était le véritable coupable. L'inspecteur Joel Lesnick comprit rapidement que Smith, après avoir tué Georgette, avait vécu dans la hantise que quelqu'un de l'entourage de la victime ne le soupçonne à juste titre. Il avait fini par focaliser toutes ces angoisses sur Beth.

Qui était exactement Arnold Smith ? Curieusement, comme le Dahlia Noir, son enfance était marquée par une trahison, à la fois abandon et reniement. Son père avait refusé de lui donner un nom à la naissance, allant même jusqu'à barrer son propre nom sur le certificat de naissance. Sous la mention « enfant légitime », figurait un *non*, barré puis réécrit. Dès lors, Arnold Smith semblait n'avoir vécu qu'un long cauchemar, sans identité précise, apparaissant ici et là sous les noms les plus divers : Jack Anderson Wilson, Jack Olsen, Hanns Andersen Von Cannon, Jack A. Taylor, John D. Ryan, Grover Loving Wilson, etc. Il s'était déjà fait arrêter à maintes reprises pour sodomie.

La police convainquit l'informateur d'attirer Smith dans un bar, le 555 Club. Au cours d'une discussion entre les deux hommes en vue de ce rendez-vous, Smith indiqua où la police pourrait peut-être retrouver les habits de Beth. Puis il ajouta, d'une voix comme lointaine et désincarnée, mais les yeux empreints d'une lueur trouble :

– Tu sais, je vais te dire quelque chose... Si tu regardes une carte et que tu repères l'endroit où on l'a trouvée, où on a disposé son cadavre, tu remarqueras que c'est la seule partie de la ville qui a la forme d'une chatte de nana.

Le fameux rendez-vous avec Smith eut bien lieu. Louise Sheffield, de la police de Los Angeles, avait l'habitude des missions d'infiltration. Elle se rendit en compagnie de l'informateur au 555 Club.

Smith arriva enfin. Il paraissait tendu, mal à l'aise. Il se présenta et refusa de parler directement à Louise. Il signala que le dénommé Al Morrison avait un casier judiciaire. A aucun moment il ne prononça le nom d'Elizabeth Short. Puis il s'éloigna en boitant, en dépit des efforts des deux autres pour le retenir.

Mais la piste Morrison n'existait pas. Smith, selon toute évidence, était l'assassin. Il savait qu'Elizabeth Short avait un problème d'ordre sexuel. Dans sa déclaration, il avait dit qu'on « ne pouvait pas la sauter », qu'elle « n'avait rien là ». En déposant son cadavre dans une zone jugée selon lui symbolique par sa forme, Smith indiquait clairement qu'il avait pensé résoudre l'énigme sexuelle de cette femme qui attirait tant les hommes. En découpant le corps au-dessus de la région pubienne, il avait corrigé ce défaut – afin, sans doute, de pouvoir faire aboutir une pulsion qui n'avait pu jusqu'alors se concrétiser, le viol étant même impossible. Tous les autres sévices endurés par le Dahlia Noir allaient dans le sens d'une compensation sadique de la frustration sexuelle partagée par ce couple maudit.

Il ne restait plus qu'à coincer Smith et lui arracher des aveux. L'homme avait déjà trop parlé, il était visiblement au bout du rouleau. Comme nombre d'assassins qui échappent longtemps à la police, il éprouvait le besoin de faire connaître, tout en se protégeant, la beauté supposée de son geste.

Quelque temps après, un incendie se déclarait au Holland Hotel, plus précisément dans la chambre 202. Quand les pompiers arrivèrent, l'occupant de la pièce avait déjà péri, asphyxié et partiellement carbonisé. C'était un homme de race caucasienne, grand, mince, avec une jambe plus courte que l'autre. Il avait déjà causé quatre débuts d'incendie avec sa manie de fumer au lit et de s'endormir ivre mort. Il s'était inscrit sous le nom de Jack Wilson, mais était également connu sous celui d'Arnold Smith.

Avec lui disparaissait le dernier suspect dans le meurtre du Dahlia Noir.

Christophe Claro

Le fantôme des greniers

Joseph Geremek s'éveille en sursaut. Et en nage. Allume la lumière. C'est un bruit singulier qui l'a tiré du sommeil. Un bruit qui semble provenir du grenier de la maison. Des pas, des objets qu'on remue, un toussotement... Ce n'est pas la première fois qu'il entend ces bruits, qu'il éprouve ce sentiment d'une présence. Pourtant, à côté de lui, sa femme Milena dort paisiblement.

– Tu n'as rien entendu ?

La voix de son mari réveille Mrs. Geremek.

C'est une belle femme de trente-quatre ans – lui en compte six de plus – brune, aux formes épanouies, au regard sombre et brûlant. Elle se retourne vers lui, les paupières encore engourdies de sommeil.

– Qu'est-ce que tu as ?

Geremek répète sa question :

– Tu n'as rien entendu, on aurait dit que ça venait du grenier...

Les lèvres de Milena se plissent dans une moue sensuelle et légèrement ironique.

– Mais non, voyons, tu te fais des idées... Allons, rendors-toi !

Elle-même ne tarde pas à se rendormir.

Pourtant, dans le silence retrouvé de la grande maison de Milwaukee, Joseph Geremek va rester encore longtemps aux aguets.

En vain. Plus aucun bruit ne se fait entendre, à l'exception de la respiration à peine audible de Milena. Tout est redevenu calme. A croire que Milena avait raison : une fois de plus, il s'est fait des idées.

Pestant contre lui-même, Joseph Geremek éteint la lumière, et tente de replonger dans le sommeil.

Et s'il était en train de devenir fou ?

Milwaukee, dans le Wisconsin, est en 1950 une ville paisible des États-Unis. Aussi paisible, en apparence, que le couple formé par Joseph et Milena Geremek. D'origine polonaise, ils sont arrivés aux States vingt ans plus tôt. Après maintes tentatives avortées, Joseph a réussi à se faire une place de premier plan dans le textile. Son entreprise emploie plusieurs centaines d'ouvriers.

Au physique, Joseph Geremek est un homme banal. Corpulent, aimable, ne détestant ni les femmes ni l'alcool, il se montre en revanche intraitable avec ses employés. Sans cesse, il parcourt son usine pour contrôler et activer le travail des ouvriers. Le verbe haut, il aboie ses ordres plus qu'il ne les donne. Lorsqu'il décèle une erreur, il réprimande, il s'époumonne, il hurle. C'est, de toute évidence, un caractériel.

Milena, elle, est tout le contraire de son mari. Charmeuse, sensuelle, indépendante, opérant par la douceur et la persuasion plus que par la force. En dix-sept ans de mariage, elle a appris à maîtriser les foucades de son époux, ses colères, ses invectives. Ils n'ont eu qu'un enfant, perdu très jeune. Entre eux, un vide. Que ni l'argent gagné par Joseph, ni l'alcool qu'il ingurgite certains soirs à haute dose, ni le caractère aimable de Milena, ne sont parvenus à combler.

En fait, derrière les apparences d'un couple sans histoires, les Geremek dissimulent d'évidentes fractures affectives. Lui, si impulsif, si autoritaire avec ses collaborateurs, se montre faible devant elle. Amoureux de sa femme, il ne sait pas toujours comment le lui montrer. D'où ses hésitations, ses maladresses, et même – paradoxalement – ses accès de brutalité. En revanche, il n'envisage pas une seconde que Milena puisse s'intéresser à un autre homme que lui. Une telle possibilité lui paraîtrait la dernière des folies.

Entre les Geremek, les rapports se sont pourtant dégradés depuis quelques mois. Les scènes conjugales se sont multipliées au point que la police a dû leur rendre visite, tant les cris de Milena étaient stridents.

En réalité, la jeune femme, loin de se laisser frapper – modérément – sans répondre, sait jouer de la gifle et du coup de genou. Elle a même une prédilection pour la vaisselle brisée. Alors, pour se consoler de cette mésentente, Joseph Geremek a tendance à abuser certains soirs du bourbon. D'où de nouvelles disputes.

Les Geremek sont entrés dans un cycle infernal. Et cependant, vu de l'extérieur, leur couple ressemble à beaucoup d'autres. Dans cette Amérique de l'après-guerre où la réussite sociale et financière, le progrès technologique et la guerre contre le communisme sont devenus des mots d'ordre incontournables, on respecte la réussite du petit émigré polonais et on l'envie d'avoir à ses côtés une si belle femme. Pour le reste, qui n'a pas de problèmes chez soi ?

Hélas, tout va de mal en pis pour Joseph.

Parfois, ses querelles avec Milena s'apaisent, puis elles reprennent de plus belle.

Au début de 1951, un fait nouveau intervient.

Un matin, Joseph Geremek voit sa secrétaire, Rebecca Geisler, franchir la porte de son bureau, bloc-notes à la main.

– Monsieur ?

Joseph lève la tête :

– Quoi encore ?

– Il y a un jeune homme qui vient pour l'annonce. Mais, Mr. Filman, le directeur du personnel, est absent.

– Très bien, maugrée Geremek, je vais le recevoir. Faites-le entrer !

Quelques instants plus tard, un adolescent malingre se tient devant lui.

– Herbert Reich !

– Quel âge avez-vous ?

– Dix-sept ans.

Jeune, très jeune, pense Joseph Geremek.

– Vous avez un peu d'expérience ?

– J'ai travaillé à la compagnie des machines à coudre Singer.

Joseph réfléchit. C'est exactement ce qu'il cherche : un employé chargé de réparer les machines à coudre utilisées à grande échelle dans son usine de textile. Mais, l'apparence d'Herbert Reich ne lui semble guère engageante. De petit taille, le visage inexpressif, les yeux globuleux, les cheveux roux et hirsutes, le regard fuyant dissimulé derrière d'épaisses lunettes, il n'inspire guère que l'indifférence, au pire la méfiance devant son attitude molle et irrésolue.

Pourtant, Joseph Geremek a besoin d'un technicien.

– D'accord, dit-il, je vous engage, vous commencez cet après-midi.

Il ignore encore qu'il vient, par cette seule décision, d'engager sa vie.

Milena Geremek aime à confectionner elle-même ses robes. Un passe-temps comme un autre, plus inhabituel peut-être pour la femme d'un homme qui dirige une entreprise de textile et qui n'a qu'à demander pour être servie.

Mais la machine à coudre qui se trouve dans sa chambre tombe sans cesse en panne.

– Cela devient agaçant, dit-elle à Joseph, il faudrait la faire réparer.

Joseph hausse les épaules.

– Tu n'as qu'à demander à Reich!

– Reich?

– C'est un jeune que je viens d'embaucher à l'usine, il est là pour ça, je lui dirai de passer...

Joseph, sans le savoir, a mis le doigt dans l'engrenage. Désormais, la machine à coudre de Milena tombe sans arrêt en panne. A chaque fois bien sûr, on fait appel à Reich qui s'empresse de venir dépanner sa patronne.

Bientôt, Geremek supplie sa femme :

– Cela suffit maintenant, change de machine!

Mais Milena proteste avec véhémence :

– Non, non, je suis habituée à celle-ci, je veux la garder!

Joseph, aveuglé par l'amour qu'il lui porte autant que par sa propre vanité, ne met pas sa parole en doute. Le petit réparateur de machines à coudre reviendra donc. Souvent, très souvent.

Pendant trois ans!

Lorsque Milena entreprend un voyage à Chicago,

puis à Saint-Louis, Joseph lance toutefois un détective sur ses traces. Un détective qui peut bientôt lui rapporter qu'on a vu Milena en compagnie d'un jeune homme roux aux cheveux hirsutes et aux lunettes de myope. Ils ont loué une chambre commune à Saint-Louis.

Cette fois, le doute n'est plus permis. Milena, qui s'est aperçue qu'elle était suivie depuis Chicago, rentre précipitamment à Milwaukee.

S'ensuit alors une scène du plus beau vaudeville.

Joseph crie, tempête, injurie. Pourquoi sa femme, et avec un simple ouvrier par-dessus le marché ? N'a-t-elle pas tout ce qu'elle désire ? Est-elle folle ou nymphomane pour agir de la sorte ?

Milena, elle, ne perd pas de temps en explications. S'emparant d'un chandelier d'argent, elle en assène un coup violent sur la tête de son mari. Joseph s'effondre, en sang.

– Ça, s'écrie Milena, c'est pour m'avoir fait suivre !... Tu ne me fais donc pas confiance ?

Joseph Geremek n'en revient pas. Il ne reconnaît pas sa femme dans cette furie orgueilleuse et brutale. Pour un peu, c'est lui qui passerait pour coupable. Alors, il se jette aux pieds de Milena.

– Je t'en supplie, clame-t-il, arrêtons de nous déchirer, oublions tout ça, recommençons !

Milena est là, qui le toise. Dans ses yeux brûle une flamme sombre.

– Très bien, consent-elle enfin, oublions tout !

Joseph Geremek est si ému qu'il sanglote et embrasse la robe de sa femme.

– Oublions, répète-t-il... oublions...

Le lendemain, Herbert Reich sera évidemment licencié par l'entreprise Geremek.

Et pendant des années, le couple ne reparlera plus de lui.

Oublié, Reich. Rejeté dans l'anonymat dont il n'aurait jamais dû sortir. Milena Geremek ira même jusqu'à accepter de changer de machine à coudre. Un sacrifice dont Joseph lui sera reconnaissant...

Joseph Geremek écarquille les yeux dans la pénombre. Cette fois, il n'a pas rêvé. Un bruit de porte qu'on claque doucement a retenti au rez-de-chaussée. Au-dehors, la pleine lune ruisselle d'une lumière douce à travers les fenêtres de la chambre, une lumière qui baigne le visage de Milena endormie. Il tend l'oreille... Rien à nouveau.

Pourtant, il est sûr de lui cette fois. Cela fait des années qu'il entend des bruits suspects la nuit. Il a tout imaginé : les craquements de la charpente, les souris, les rats, des sons irréels qu'il aurait tout simplement imaginés les soirs où il abusait du bourbon. Milena lui a même suggéré que la maison était hantée.

Seulement voilà, les Geremek ont déménagé à deux reprises entre-temps, et les bruits persistent. Et puis, il y a eu ces disparitions étranges de nourriture et d'alcool dans sa cuisine. Même, une fois, il a cru apercevoir une silhouette à la fenêtre du grenier. Milena, alors, s'est mise en colère.

– Tu devrais vraiment arrêter de boire, lui a-t-elle craché au visage, sinon tu vas devenir complètement fou !

Par peur de voir sa femme renouer une liaison avec un autre homme, par crainte de la voir à nouveau s'éloigner de lui, Joseph Geremek a promis.

Mais, ce soir, il n'en peut plus. D'un coup de coude, il la réveille comme il y a huit ans maintenant :

– Tu n'as rien entendu ?

– Mais non, répond machinalement Milena en bâillant. Rendors-toi, s'il te plaît.

– On aurait dit un bruit de porte!

– Tu dis n'importe quoi, laisse-moi dormir.

– Tant pis! Je descends voir...

Elle n'a pas le temps de le retenir. Joseph Geremek s'est jeté dans l'escalier. Le bruit lui semblait provenir de la cuisine. Prêt à en découdre avec un éventuel cambrioleur, il ouvre violemment la porte et allume la lumière.

Herbert Reich est là, debout devant le placard où Milena range l'alcool et les victuailles de réserve. Un court instant interdit, Joseph se précipite enfin sur lui et empoigne le jeune homme :

– Espèce de salaud!... Qu'est-ce que tu fous là?

Les coups pleuvent. Reich résiste à peine. Il est trop chétif pour pouvoir s'opposer physiquement au Polonais.

Au bout de deux ou trois minutes de pugilat, Herbert Reich parvient malgré tout à s'enfuir.

Joseph ne cherche même pas à le poursuivre.

Quand Milena paraît sur le seuil de la cuisine, il se tient appuyé contre un buffet, hébété.

– C'était Reich, articule-t-il faiblement... Cette ordure de Reich...

Sa femme le considère d'un air glacial. Rien qu'à son regard, il sait qu'elle possède l'explication de cette rencontre nocturne. Pourtant, Milena ne desserre pas les dents. Elle se contente de le fixer paisiblement, sans un mot.

Alors, Geremek perd tout contrôle sur lui-même et se jette sur elle. La prenant par les épaules, il la secoue furieusement.

– Je veux savoir, tu entends? hurle-t-il... Parle!

Milena tout d'abord ne réagit pas, puis, sentant la

colère de Joseph se transformer en hystérie, elle finit par lâcher d'une voix glaciale :

– Tu veux vraiment savoir ?

Il le veut.

Alors, elle avoue tout.

Non, les bruits qu'entendait Joseph n'étaient pas le fruit de son imagination. Oui, elle lui a menti, elle l'a trahi pendant des années.

En réalité, peu après son renvoi de l'usine, Milena a introduit Herbert Reich dans leur domicile. Elle l'a dissimulé au grenier. Elle lui a fourni tout ce dont il avait besoin : nourriture, alcool, tabac, livres. Et pendant des années, il a accepté de vivre en véritable reclus dans ce grenier. Pour les beaux yeux de la jeune femme, et par peur de la vie. Excepté lorsque Geremek était absent. Là, il disposait de la maison pour lui tout seul.

Mais, Geremek apprendra bien plus encore : que Herbert Reich, cloîtré dans son grenier, passait son temps à manger, dormir, fumer et... écrire. Des contes que Milena dactylographiait elle-même et envoyait aux journaux sous un pseudonyme. Certains avaient même connu un certain succès, et Reich avait pu ainsi gagner un peu d'argent.

Ainsi, Herbert Reich avait pu suivre sa maîtresse au gré de ses différentes résidences sans que, jamais, le mari ne soupçonne quoi que ce soit de sa double vie, et de la présence permanente d'un autre homme à son domicile.

Joseph Geremek est littéralement anéanti. Cela lui paraît si énorme, si invraisemblable qu'il a peine à le croire. Pourtant, Milena lui a montré le grenier, la façon dont Reich s'était aménagé un endroit vivable. Elle a même poussé le cynisme jusqu'à évoquer leurs soirées intimes, leur code pour l'ouverture de la trappe du grenier.

Qu'ajouter à cela?

Pourtant, l'amour que Geremek porte à sa femme est trop fort. Si fort qu'il va tout lui pardonner... Comme la première fois, il s'humiliera pour la garder auprès de lui. Jusqu'au bout...

Joseph Geremek a perdu tout appétit pour la vie. Le jour, on le voit arpenter son usine sans même jeter un œil sur le travail des ouvriers, comme muré dans une solitude intérieure. La nuit, malgré l'alcool qui l'assomme, il ne dort presque plus. Il dépérit. Ses médecins lui ont conseillé de changer d'air.

Qu'à cela ne tienne! Milena lui suggère Los Angeles. Pourquoi Los Angeles? Pas de réponse. Mais va pour Los Angeles.

Une fois de plus, les Geremek déménagent et s'installent dans une avenue chic de la célèbre ville des Anges. Et là, Joseph semble reprendre goût à l'existence. Il s'intéresse de nouveau à ses affaires qu'il fait prospérer. Il paraît plus gai, plus détendu. Le soir, il boit moins.

Milena, elle, n'a pas changé. Aux yeux de leurs voisins, ils passent d'ailleurs pour un couple modèle. Mrs. Geremek a même refusé la domestique que se proposait de lui offrir son mari. Elle préfère s'occuper seule de son intérieur. Et quelle gentillesse!

C'est du moins ce que tout le monde pense. Et continuera de penser pendant quatre ans.

Jusqu'à cette fameuse nuit du 15 août 1966...

Étendu sur le parquet du salon aux pieds de Milena Geremek et du chef de la police de Los Angeles, un certain Herman Cline, le corps de Joseph Geremek baigne cette nuit-là dans son sang.

Une balle a traversé la tête, et une autre a déchiqueté la poitrine.

D'une voix à peine émue, Milena évoque devant le policier les circonstances du drame. Un inconnu, probablement un cambrioleur, s'est jeté sur eux à leur arrivée dans la maison. Il a ensuite assassiné Joseph Geremek, puis l'a poursuivie, elle, jusque dans sa chambre où il l'a enfermée dans un placard.

Quelque chose a-t-il été dérobé ? Oui, une montre incrustée de diamants appartenant au mari.

Herman Cline a écouté le récit de Milena sans l'interrompre. Pourtant, l'histoire lui paraît cousue de fil blanc. C'est un petit calibre, du 6,35, qui a tué Geremek, du type de ceux que l'on trouve volontiers dans le sac d'une dame, pas l'arme généralement portée par un cambrioleur ou un tueur professionnel. Pourquoi ne serait-ce pas elle qui aurait tout bonnement abattu son mari ?

Cline est d'un naturel soupçonneux. Mais un soupçon ne constitue pas une preuve. Milena Geremek est laissée en liberté.

Têtu, Cline va cependant commencer une enquête minutieuse. Remontant jusqu'à la première résidence des Geremek, à Milwaukee, il apprendra, sans jamais entendre parler d'Herbert Reich, que le couple ne menait guère une existence conjugale paisible. Premier indice.

Un peu plus tard, c'est l'avocat de Milena Geremek, John Creighton, qui lui en fournit bien involontairement un second. Cline a remarqué qu'il portait au poignet une montre incrustée de diamants.

– C'est une montre que m'a offerte Mrs. Geremek, avoue-t-il.

– La montre qui avait soi-disant été dérobée ?

– En effet, Mrs. Geremek m'a dit l'avoir retrouvée

sous un fauteuil après le crime. Elle voulait s'en débarrasser, mais éviter aussi que l'on reparle de l'affaire dans la presse à cause d'une simple montre.

Second indice, pense Cline.

Sa conviction est faite lorsque deux hommes demandent quelque temps plus tard à lui parler. Un acteur, ami de Milena Geremek, et un voisin. A tous deux, elle a confié peu de temps après le drame une arme de petit calibre en leur demandant de s'en débarrasser parce qu'elle lui rappelait l'arme qui avait servi au meurtre de son mari.

Cette fois, plus de doute possible, Cline fait arrêter Milena Geremek.

L'une des deux armes, enterrée sous un rosier, est retrouvée aisément. Hélas, ce n'est pas l'arme du crime. Quant à l'autre, elle reste introuvable.

Emprisonnée, Milena sent malgré tout l'étau se resserrer autour d'elle. Alors, elle craque. Lors d'une visite de son avocat, elle prend Creighton à part et le supplie d'une voix émue :

– Rendez-moi un service, je vous en prie !

Creighton hésite un court instant, puis :

– Si cela m'est possible, bien entendu...

– Allez chez moi. Vous trouverez un placard dans la chambre à coucher, ouvrez-le, et grattez trois fois contre le panneau qui se trouve au-dessus de la planche du haut.

Creighton est interloqué.

– Et ensuite ?

– Quelqu'un vous répondra... Il s'agit de mon demi-frère. Il est un peu... innocent... Dites-lui que je suis ici, que je me porte bien, et qu'il ne s'inquiète surtout pas, on s'occupera de lui.

Méfiant, Creighton accepte cependant de rendre le service que lui demande Milena.

Le soir même, il se rend au domicile des Geremek. Il s'introduit dans la chambre, gratte trois fois au panneau. Attend.

Bientôt, des pas se font entendre. Le panneau glisse sur lui-même. Paraît alors un visage de hibou blafard, surmonté d'une tignasse rousse.

Il ne faudra pas deux minutes à l'homme pour avouer sa véritable identité :

– Je ne suis pas le demi-frère de Milena, mon nom est Herbert Reich !

Le petit réparateur de machines à coudre, celui que la presse devait baptiser le fantôme des greniers, fera alors un récit détaillé de son existence à John Creighton.

Après son altercation avec Geremek, il s'est enfui à Los Angeles. Là, il s'est engagé comme concierge. Mais, ne pouvant oublier Milena, il a très vite renoué avec elle une correspondance. Aussi, quand Joseph Geremek s'est proposé de déménager, Milena a-t-elle tout naturellement suggéré Los Angeles. Le temps d'aménager un nouveau passage dans une partie emmurée au-dessus de la chambre à coucher, et Herbert Reich a repris son existence de reclus. Pendant quatre nouvelles années. Jusqu'au soir où, ayant entendu une dispute entre Joseph et Milena, il a décidé d'intervenir. Hélas, dans la lutte, les coups de feu sont partis seuls. Reich a alors imaginé la mise en scène du placard pour éloigner les soupçons de Milena.

Creighton est abasourdi. Comment supposer une telle histoire d'amour entre deux êtres, même pour un avocat chevronné ? Un seul regard suffirait à n'importe quel juge pour comprendre à quel point cet homme faible et insignifiant ne peut être un assassin de sang-froid. Mais Milena ?

John Creighton se sent décidément bien mal à l'aise. Entre Milena Geremek et lui se sont tissés des liens au cours de ces derniers mois. Creighton, tout comme Geremek ou Reich, s'est mis à éprouver une sorte de fascination pour Milena. Est-ce de l'amour ? Peut-être pas. Mais tout de même...

L'avocat jette un dernier regard vers Herbert Reich, qui sanglote presque de ses aveux trop longtemps retenus, et une idée soudaine lui traverse l'esprit, fugitive, spontanée, folle :

– Partez! lui lance-t-il.

– Comment ?

– Partez! Quittez ce grenier!... Les charges qui pèsent contre Milena Geremek sont trop succinctes pour l'inculper. Si vous partez, elle pourra sortir de prison.

Il n'en faut pas davantage à Herbert Reich pour se décider. Sauver la femme de sa vie : que pourrait-il demander de plus ?

Tout comme Geremek ne demandait rien de plus que d'aimer Milena, sa femme, et d'être aimé d'elle.

Milena Geremek sera effectivement libérée peu après. Mais la téméraire et ingrate Polonaise, sept ans plus tard, se querellera avec son avocat. Mieux, elle le menacera. Creighton, prenant peur, ira alors raconter à la police les aveux de Reich. Il révélera également qu'il sait où demeure Reich. Celui-ci a changé de nom. Il s'appelle Walter Klein, et est concierge à Los Angeles. Entre-temps, il s'est marié avec une dactylo de Portland, dans l'Oregon.

Reich viendra le confirmer devant un tribunal. Mais, à cause d'une prescription qui court déjà depuis cinq années, on le relâchera presque aussitôt. Et le fantôme des greniers disparaîtra à jamais cette fois, mais pour mener une vie au grand jour.

Quant à Milena Geremek, le jury la déchargera de la plupart de ses responsabilités dans le meurtre de Joseph Geremek. Héritière de la fortune de son mari, elle continuera de vivre paisiblement et confortablement dans un quartier riche de Los Angeles.

Tout le monde a oublié depuis longtemps le petit émigré polonais qui, par amour, avait perdu la vie pour permettre à deux assassins de vivre leur invraisemblable liaison.

Éric Le Nabour

Un havre de paix

Avec ses quatorze mille âmes, ses restaurants fast-food, son bowling, son stade de base-ball et son cinéma, Emerson dans l'État d'Illinois est une petite ville américaine tranquille et sans histoires. Ou plutôt elle l'était. En quarante ans, les grands médias ne s'y étaient intéressés qu'à deux reprises : la première fois, elle avait servi de cadre à un documentaire de propagande patriotique ; plus récemment, une revue consacrée aux belles demeures anciennes avait publié des photos du centre-ville, un des rares *downtowns* américains du XIXe siècle parfaitement intact. Mais, dans la nuit du vendredi 10 au samedi 11 janvier 1991, tout fut bouleversé.

Le vendredi après-midi, Tina Jameson sortait de l'école à 16 h 30. Devant la Emerson High School, sa copine Cindy l'attendait dans la Buick de son père en compagnie d'une autre lycéenne, Gloria. Tina et Gloria, toutes deux âgées de quinze ans, avaient déclaré à leurs parents avec aplomb que ce soir-là elles dormiraient « chez une copine ».

Tina s'installa sur le siège avant, entre Gloria et Cindy. Comme à son habitude, cette dernière lui donna un baiser mouillé sur les lèvres, que Tina accueillit en gloussant. Cindy, de deux ans plus âgée que ses copines, exerçait sur elles un certain ascendant. Elle avait abandonné la classe depuis quelques mois et passait son temps à traîner en ville, attendant ses anciennes condisciples à la sortie des écoles de la région pour aller prendre un Coca au drugstore. Résolue à ne plus écouter sa mère, une bigote membre de l'Église pentecôtiste, elle avait jeté aux ordures ses tristes robes grises ou bleu marine, et ne quittait plus ses jeans et ses pulls noirs. Elle avait coupé ses longs cheveux bruns, autrefois tressés en natte, aujourd'hui décolorés en blond. Sa voix était devenue plus grave et le duvet de son visage commençait à foncer car elle s'était rasé les joues et le menton plusieurs fois.

Au début de la semaine, les trois filles avaient décidé d'aller passer le vendredi soir à Saint-Louis, la grande ville située de l'autre côté de la frontière de l'État, dans le Missouri. Tandis que la voiture se dirigeait vers la sortie sud d'Emerson, Cindy stoppa à un feu rouge et se retrouva à côté d'une voiture occupée par deux anciens camarades de classe.

– Ça va, les gouines ? lança l'un des deux jeunes gars.

– Pauvre c..! Descends de ta caisse pourrie et répète ça, hurla Cindy, bondissant de la Buick.

Les deux garçons partirent d'un grand rire et la voiture s'arracha de la route dans un crissement de pneus.

Cindy reprit le volant et se força à redémarrer doucement, comme pour se calmer.

– Elle sait ce qui est prévu pour ce soir ? bougonna-t-elle en désignant Tina.

– Qu'est-ce qu'on fait donc de spécial ? interrogea celle-ci, avide de savoir.

– Rien, on va juste corriger une gamine, répondit la fille en noir, la bouche tordue par un sourire haineux.

Le trajet continua en direction de Saint-Louis.

– On passe chercher Sharon ? risqua Tina.

– Ouais, mais je vous préviens : pas question que vous restiez trois heures à essayer ses robes, gronda Cindy.

Sharon, une fille de Saint-Lawrence, une bourgade située entre Emerson et la frontière de l'État, était une belle adolescente de seize ans, sexy et toujours habillée comme une vamp. Cindy l'avait connue lors de ses virées dans les villes voisines. Elle avait entendu parler d'une école de Saint-Lawrence où s'était constituée une bande de filles aussi peu attirées qu'elle par les garçons.

Ce jour-là, un rendez-vous avait été décidé pour une raison bien précise : Sharon était folle de jalousie à l'égard de Chrissie, une camarade de cours.

– Elle a douze ans, mais c'est une vraie salope, avait-elle expliqué au téléphone à Cindy. Je l'ai invitée à une *party* chez moi et je l'ai surprise en train de se bécoter avec Sarah, ma copine. Tu te rends compte, je suis avec Sarah depuis deux ans et cette petite garce vient tout foutre en l'air.

Alors que Cindy détaillait le but de l'expédition, Tina, un peu inquiète, interrogea Gloria du regard. Mais celle-ci fixait la route avec obstination.

– Bon d'accord, Sharon s'est fait piquer sa copine. Et alors, qu'est-ce que vous voulez qu'on y fasse ? demanda Tina à ses deux camarades.

– C'est simple. On va chez elle. On l'attire dans un endroit tranquille et on lui donne une bonne leçon, expliqua Cindy.

– Tu crois qu'elle acceptera de venir avec nous ?

– Pas de problème. Elle ne sait pas que nous sommes au courant qu'elle sort avec Sarah.

Quand la Buick stoppa devant chez elle, Sharon, qui guettait son arrivée, sortit de la maison comme une fusée :

– Salut, les filles. Excusez-moi de ne pas vous offrir à boire mais nous sommes pressées. Chrissie est chez elle. Je sais qu'elle est rentrée directement après l'école. On fonce.

A 17 h 30, les quatre adolescentes arrivèrent près de chez Chrissie. Tina, chargée de l'attirer dans le guet-apens, ayant frappé à sa porte, vit apparaître les boucles blondes (une splendide permanente malgré les dénégations de la jeune propriétaire) et le visage agréable de Chrissie. Elle faisait plus que ses douze ans, et Tina ne put s'empêcher de la trouver fraîche et mignonne.

– Je suis une copine de Sarah, annonça Tina. Elle voudrait te donner rendez-vous au château abandonné.

– Mes parents m'ont interdit de la revoir, chuchota la gamine. Mais revenez après minuit sans faire de bruit. Je ferai le mur.

A minuit, la voiture de Cindy s'arrêta comme convenu devant chez Chrissie. Sharon, couchée derrière la banquette avant, s'était dissimulée sous une couverture.

– Sarah n'est pas là ? s'enquit Chrissie de suite.

– Elle nous retrouve au château, répondit Cindy en démarrant. J'ai beaucoup d'affection pour elle. Tu es sincèrement amoureuse d'elle, toi ?

– Je l'aime énormément.

– Et vous sortez vraiment ensemble ?

– Elle ne te l'a pas dit ?

– Allez, crache le morceau.

– Elle est ma *girlfriend* depuis deux semaines.

A cet instant, Sharon, un couteau à la main, se débarrassa de sa couverture et colla la lame sous la gorge de Chrissie.

– Petite salope, je le savais. Tu vas regretter de m'avoir fait ça. Et chez moi, en plus!

La voiture se dirigea vers le « château abandonné », une vieille maison en ruine à quelques kilomètres de là. Pendant le trajet, Sharon garda son arme appuyée contre le cou gracile de Chrissie, qui n'osait bouger et avalait péniblement sa salive, la respiration sifflante.

Sitôt arrivées devant la bâtisse, les filles firent descendre Chrissie de la Buick, la déshabillèrent, la ligotèrent et lui appliquèrent un bâillon. Immédiatement, la fillette fut prise de tremblements de terreur et de froid, la température de cette nuit d'hiver étant descendue en dessous de zéro.

Cindy, ayant remarqué que de nombreuses voitures circulaient sur la route distante de cent mètres, décida de repartir en direction d'Emerson. Elle connaissait un chemin que personne n'empruntait jamais, pas très loin de chez ses parents. Pour plus de commodité Chrissie avait été jetée dans le coffre malgré ses gémissements à travers le bâillon.

Après trente minutes de route, la voiture s'engagea dans un chemin mal tracé et pénétra dans un bosquet. Chancelante, Chrissie fut sortie du coffre. Cindy retira son bâillon, mais la gamine n'eut pas le temps de dire un mot : Sharon, la première, frappa. Un violent coup de poing dans le ventre.

– S'il te plaît, ne me frappe pas! Je risque d'étouffer. Je viens de faire une crise d'asthme, haleta Chrissie.

Elle chancela, tomba en avant. A peine au sol, Sharon lui décocha un coup de genou en plein visage. Chrissie sentit le cartilage de son nez se briser et sa bouche se remplir de sang. Elle n'y voyait plus rien.

Gloria regardait la scène en jouant avec le soutien-gorge en soie de Chrissie.

– Arrêtez, j'ai mal... j'ai froid, suppliait la petite. Laissez-moi me rhabiller et partir. Je ne reverrai plus jamais Sarah. Je le jure!...

Cindy lui tendit son tee-shirt, puis s'éloigna en compagnie de Sharon. Les deux filles discutèrent quelques secondes, puis Cindy revint à sa voiture. Du coffre, elle extirpa une corde dont elle alla passer une boucle autour du cou de Chrissie. La fillette tenta de hurler, mais s'étouffa toute seule. Cindy et Sharon saisirent chacune une extrémité.

– Tu voulais voir ce que ça fait. Eh bien, vas-y, tire! encouragea Cindy.

– Oh, arrêtez de déconner maintenant, intervint Gloria qui commençait à s'affoler. Ça suffit... Vous allez la tuer! On avait dit qu'on lui flanquerait les jetons, c'est tout...

– Toi, ta gueule! hurla Cindy de sa voix rauque.

Pour Tina, les choses étaient déjà allées trop loin. Réfugiée dans la voiture, elle sanglotait.

La boucle de la corde se resserra autour du cou de Chrissie, qui s'affala, évanouie.

Le corps de l'adolescente à nouveau jeté dans le coffre, la Buick reprit la route. Chrissie revint à elle plusieurs fois, se cognant contre l'abattant. A chaque arrêt, Sharon ou Cindy descendait de la voiture et allait calmer ses cris à coups de démonte-pneu. Sharon n'hésitait pas non plus à se munir d'un couteau.

A quatre heures du matin, Cindy décida de venir

tout près de chez ses parents pour incinérer le corps, là où le voisin faisait brûler des mauvaises herbes. La voiture s'arrêta près du tas de végétaux et les quatre filles la quittèrent. Tina pleurait toujours. Quand Gloria aperçut le contenu du coffre, elle fut prise de vomissements : Chrissie n'était plus qu'un amas de chair rouge et bleu d'où s'échappaient des gémissements imperceptibles. Pendant que Sharon l'extrayait du coffre, Cindy tentait de mettre le feu aux herbes humides, alors que sa mère, alertée par le bruit, apparaissait sur le seuil de sa maison en chemise de nuit.

– Cindy, qu'est-ce que tu fiches à vouloir allumer un feu à cette heure-ci ? Tu es devenue folle ou quoi ?

– Je raccompagne mes copines et j'arrive. Va te recoucher, maman.

La mère n'avait rien vu. Les filles remontèrent dans la voiture et se dirigèrent vers une station-service ouverte la nuit. Cindy et Sharon y emplirent d'essence une bouteille. Un peu plus tard, elles déposèrent le corps de Chrissie dans un fossé, à la lisière d'un bois. Puis, sans même vérifier si la gamine respirait encore, elles l'arrosèrent d'essence, s'éloignèrent de quelques mètres et y mirent le feu en jetant une cigarette allumée. Sans écouter ses amies qui la pressaient de fuir, Sharon revint verser le restant d'essence sur le cadavre et le regarda brûler. Quand elle vit les jambes se redresser sous l'effet de la chaleur et la langue sortir de la bouche, elle comprit que sa rivale était bien morte. Alors seulement, elle rejoignit les autres.

Dans la voiture, Sharon triomphait : elle s'était débarrassée de la « salope » qui lui gâchait la vie.

Avant d'aller se coucher, les quatre filles s'arrêtèrent au McDonald's pour grignoter des hamburgers et siroter un café.

Le samedi 11 janvier à onze heures, les frères Dopey, deux fermiers de la région, appelaient le bureau du shérif d'Emerson. Lors d'une partie de chasse, ils avaient découvert un corps de femme. Le cadavre était dans un tel état qu'ils l'avaient tout d'abord pris pour un mannequin ou un épouvantail : il était comme momifié par les flammes et n'avait plus de visage.

A midi, George Hoffmann, de Saint-Lawrence, signalait à la police du comté la disparition de sa fille Chrissie, âgée de douze ans. Et le soir à neuf heures, John et Mary Jameson entraient dans le bureau du shérif d'Emerson accompagnés de leur fille Tina. Depuis midi, l'heure de son réveil, l'adolescente était prise de crises de nerfs et d'accès de sanglots, entre lesquels elle racontait une histoire sans queue ni tête, où il était question de torture et d'assassinat. Il ne fallut guère de temps aux policiers pour replacer les éléments dans le bon ordre. Avant minuit, les quatre adolescentes étaient sous les verrous.

Le procès de Cindy et Sharon eut lieu deux ans plus tard, au tribunal d'Emerson. Dans l'intervalle, les habitants de la petite ville avaient bâti de multiples hypothèses « rassurantes » : les filles avaient agi sous l'empire de la drogue (et il est un fait que le cannabis pousse dans les collines environnantes); il s'agissait d'un crime satanique perpétré sous l'influence de Cindy, cette fille possédée, toujours de noir vêtue, etc. Mais le déroulement du procès les rappela à la réalité. Il fut établi que le père de Sharon, un alcoolique presque clochardisé, avait l'habitude de faire coucher sa fille dans son lit, ou encore de la coincer dans le garage en compagnie de ses trois petites cousines pour les déshabiller. Cindy aurait elle aussi été victime dans son enfance de sévices sexuels exercés par un voisin et un ancien petit ami.

Saisi d'horreur devant la violence des scènes relatées par les filles, le juge décida que les accusées seraient jugées en tant qu'adultes, et non comme des mineures, pour meurtre avec préméditation et torture. Aux termes de tractations qui peuvent surprendre, mais qui sont la règle dans le fonctionnement de la justice américaine, les deux filles plaidèrent coupables et écopèrent toutes deux de soixante ans de prison. Dans le cas contraire, le juge aurait demandé la chaise électrique. Il l'aurait certainement obtenue.

Selon le jeune avocat général Harvey, nouvellement élu à son poste, il y avait eu, cette nuit-là, « conjonction de deux volontés : Sharon désirait la mort de Chrissie et Cindy voulait tuer quelqu'un ».

Tina et Gloria, toujours après négociations, acceptèrent de témoigner à charge contre les deux autres. Quelques mois plus tard, dans un autre tribunal, elles furent jugées « seulement » pour meurtre et condamnées respectivement à douze et dix-huit ans de prison.

Comme le répète en mâchonnant son cigare le shérif d'Emerson, Rick Latimer, « les jeunes de par chez nous sont plutôt de braves garçons et de gentilles filles. C'est une misère que quelques détraquées aient tout gâché ». Et depuis la fin des procès, les habitants d'Emerson tentent d'oublier que cette nuit d'horreur a bien eu lieu. La vie a repris, tranquille et sans histoires, rythmée par les allées et venues de la jeunesse locale.

Somme toute, de braves garçons... et de gentilles filles.

François Cote

Un professeur au-dessus de tout soupçon

En cette belle matinée de juin 1991, un homme, Isaac Downs, aide une aveugle à faire son jogging. Relié à elle par une cordelette, il court devant la jeune femme qui protège ses yeux derrière un masque de repos.

– Attention! Le chemin tourne à gauche...

Et pour indiquer le début du virage, il imprime un petit coup sec à la cordelette passée au cou de la jeune fille. Tous ceux qui ont aidé un aveugle le savent : pour les guider, il faut être ferme et précis. De ce côté-là, pas de problème, Isaac Downs est ferme et précis. Que son coup sec sur la cordelette ait un peu étranglé Ronnie Sawyer n'est pas le problème.

Le problème, c'est que Ronnie Sawyer n'est pas aveugle, qu'elle déteste faire du jogging et qu'elle a peur, terriblement peur d'Isaac Downs qui, depuis quatorze jours, la retient prisonnière dans un placard et la tourmente avec un froid sadisme.

Dans ce placard où elle est enfermée nue et entravée, Ronnie Sawyer a eu le temps d'imaginer le pire. Mais si elle savait toute la vérité sur Isaac Downs, elle n'aurait pas peur, elle serait terrorisée. En réalité, son tourmenteur est bien pire qu'un allumé du sado-masochisme. Derrière ce masque inquiétant se cache un homme beaucoup plus dangereux. Ou plutôt plusieurs hommes.

Car Isaac Downs, remarquable professeur de littérature anglo-saxonne, est à lui seul plusieurs M. Hyde. Escroc, maniaque sexuel, assassin, sa carrière criminelle ne connaît ni limites ni frontières. Depuis quinze ans, il échappe à toutes les poursuites, et s'il a parfois la malchance de devenir suspect, il fuit et disparaît. Son visage de timide s'efface derrière ses binocles et l'écran de fumée de sa pipe, et il se perd dans la foule, change d'État et recommence...

La carrière d'Isaac Downs, qui fut un enfant sensible et doué, élevé dans un quartier aisé de Fort Worth, au Texas, par des parents qui dirigeaient un studio de photographie, commence en 1966.

A vingt-quatre ans, ce jeune maître-assistant en littérature anglo-saxonne, diplômé de l'Université du Nord-Texas, épouse Dorothy Bigs, fille de pasteur et étudiante en chimie. Le couple part s'installer dans l'Iowa, le temps pour Downs de présenter une thèse sur Shakespeare et d'obtenir son doctorat avec les félicitations du jury. Puis il trouve sans difficulté un poste de professeur au collège de Del Mar, une banlieue ouvrière de 250 000 âmes dans les faubourgs de Corpus Christi, au Texas. Downs y laissera le souvenir d'un enseignant brillant, à l'intelligence pointue, très apprécié de ses collègues et de ses étudiants :

– Je n'aurais manqué son cours pour rien au monde : il nous faisait vivre dans une pièce de Shakespeare, dira l'un d'eux.

Mais au fil des années, et en dépit de sa popularité,

cet anticonformiste-né, enthousiaste et amoureux, voit s'effondrer quelques-uns de ses rêves. Il n'est pas heureux, et le confie à l'un de ses collègues :

– J'en ai assez de me battre pour essayer de convaincre le directeur du Département de littérature et les autres profs de modifier les programmes et les structures. J'ai l'impression de m'adresser à un mur. C'est déprimant.

Il n'y a pas que cela : Downs commence à se plaindre de son salaire de misère, d'autant que plusieurs de ses amis font fortune dans l'immobilier. Pour couronner le tout, son ménage bat sérieusement de l'aile.

1974 est une année capitale, celle du tournant inattendu que va prendre la vie de Downs, le début du dédoublement de sa personnalité qui va, peu à peu, rejeter dans l'ombre l'honnête homme qu'il a été jusque-là.

Apparemment très affecté par son divorce, Downs s'enferme dans un mutisme prolongé vis-à-vis de ses amis, et s'envole de plus en plus souvent pour Chicago. Peut-être pour y suivre une thérapie de groupe osent suggérer certains, en oubliant tout de même que c'est à plus de 2 500 km !

Mais comment imaginer que Downs vient d'entamer en douce une carrière d'escroc ? En effet, un soir qu'il noie ses échecs dans un bar, il fait la connaissance d'un petit truand et s'épanche. Il raconte son besoin de fric, sa volonté de réussir... Séduit par son côté « universitaire insoupçonnable », l'homme lui propose de convoyer de la fausse monnaie... et Downs accepte.

Seulement, on ne s'improvise pas escroc du jour au lendemain. Novice dans le métier, Downs ignore qu'il vaut mieux agir seul pour réussir.

Très naïvement, il propose à un partenaire de poker dans un tripot de Chicago de l'aider à ramener de la fausse monnaie à Corpus Christi. L'homme est en réalité un informateur du FBI qui s'empresse de le dénoncer. Et Downs se fait pincer avec 850 dollars sur lui en faux billets.

Tenant compte du passé irréprochable du professeur et de la modicité de la somme, le tribunal le remet en liberté surveillée, et les agents fédéraux lui accordent un sursis pour enseigner : l'Université de Del Mar ne sera pas mise au courant.

Sa fringale d'argent n'est pas apaisée pour autant, et en 1982, l'immobilier étant toujours florissant, Downs y voit le moyen de s'enrichir légalement. Il quitte alors l'enseignement, obtient sa licence de vendeur à Del Mar, et après quelques affaires fructueuses dans la rénovation, s'installe à Dallas, certain d'y faire fortune. Malheureusement, le rêve s'écroule avec l'effondrement des cours des immeubles dans cette grande ville du Texas.

Et le voilà de nouveau obligé de jouer son ancien personnage, celui de l'homme honnête qui organise des séries de conférences payantes et donne des cours à mi-temps dans les collèges des environs.

Depuis treize ans, Monsieur le Professeur a réussi à se faire oublier des services de police.

C'est le soir de Noël 1987 que tout bascule à nouveau pour lui.

– Allô, le commissariat? Il y a un type qui se balade dans la rue avec un masque de cochon et un flingue. Je viens de l'envoyer promener. Pas question qu'il entre dans mon resto. Si vous pouviez venir faire un tour dans le coin... Je suis au 81, Delmonico Street. Chez Guido.

– OK. Nous avons justement une voiture de patrouille dans le secteur.

Dans les minutes qui suivent, dans la rue quasiment déserte, les policiers interpellent un homme qui s'apprête à entrer dans une épicerie, et trouvent sur lui un calibre .32, une paire de menottes, un masque de cochon et une fausse grenade... avec, en prime, dans la boîte à gants de sa voiture, quelques notes concernant un hold-up et le plan détaillé d'une banque de Dallas mentionnant l'emplacement des caméras de surveillance, etc.

Amené au commissariat, ses papiers ne révèlent rien d'autre que son nom : Isaac Downs. L'homme n'a pas de casier. Après la traditionnelle séance de photos anthropométriques, on l'arrête sur présomption de tentative de cambriolage. Jurant qu'il n'a commis aucun délit – la preuve : il n'a pas un sou sur lui –, il demande qu'on lui commette d'office un avocat. Dans le formulaire qu'il doit remplir, il décline une liste impressionnante de jobs qu'il a exercés récemment : conseiller en diététique, expert en prévention criminelle, formateur pour secrétaires juridiques... Bien que les présomptions qui pèsent sur lui soient lourdes, Downs bénéficie d'une chance exceptionnelle : faisant prévaloir que l'homme au masque de cochon n'a pas menacé le patron de la pizzeria pour lui extorquer de l'argent, le juge l'acquitte. Downs, très laconique, dit :

– Ce fut un vrai cauchemar.

En fait, il mettait méthodiquement au point la psychologie du troisième personnage dans la peau duquel il n'allait pas tarder à se glisser, instable certes, mais à l'émotivité remarquablement contrôlée.

Fin 1989, il rompt avec son amie, quitte brutalement Dallas pour Mesquite, à une vingtaine de kilomètres.

C'est là, le 1er juin 1991, que nous retrouvons celui qui incarne de façon achevée la double personnalité diabolique Dr Jekyll/M. Hyde, en train de faire jogger sur le bas-côté d'une avenue une jolie brune de vingt-quatre ans, Ronnie Swayer, soi-disant aveugle, sous prétexte de lui faire prendre l'air...

La promenade se termine, et avant de rentrer chez lui, ils s'arrêtent au supermarché Kroger pour acheter, entre autres, de l'aseptisant pour le jacuzzi. En arrivant près de la caisse, Ronnie, qui porte toujours son masque, réclame à Downs des bonbons qu'il peut difficilement lui refuser.

Dès qu'elle ne sent plus cette présence oppressante à ses côtés, elle se met à hurler au secours, qu'un maniaque la séquestre... Personne ne fait attention à un homme qui sort tranquillement avec d'autres clients : tous regardent, ahuris, la jeune fille au bord de la crise de nerfs. Le gérant l'emmène dans son bureau et appelle la police.

Au poste de Mesquite, elle raconte une histoire qui paraît abracadabrante aux inspecteurs Earl Carver et Willy Desoto, plus rodés aux affaires de drogue qu'aux kidnappings :

– Cet homme m'a prise en stop à la sortie de Dallas. C'était le 18 mai. Il était charmant, bien élevé, et m'a dit qu'il était professeur d'anglais. Chris Siegel – c'est le nom qu'il m'a donné – m'a invitée à boire un verre chez lui. Tout se passait bien quand soudain, il m'a coincée, m'a déshabillée et enfermée nue dans un placard, enchaînée au mur par des menottes et les pieds entravés. Quelquefois il me filmait en vidéo en se masturbant devant moi, d'autres fois, il me faisait répéter « J'obéirai » pendant au moins une heure, quand il ne me lisait pas des passages d'*Huckleberry Finn*. Jamais il ne m'a violée ou battue. Il voulait seulement me dompter, que je devienne une esclave passive... Parfois, il m'emmenait chez Pizza Hut, près de chez lui, et disait aux gens qu'on venait de m'opérer des yeux. Cet homme est vraiment fou. Il faut me croire.

Bien évidemment, Ronnie porte plainte.

Assez sceptiques, Caver et Desoto commencent à enquêter dans les pizzerias des alentours, et tombent effectivement sur un serveur qui se rappelle très bien avoir préparé une pizza poivron/bacon/anchois à un client qui l'avait commandée par téléphone et était arrivé presque aussitôt après. En attendant que la pizza soit prête, il avait eu le temps d'observer l'homme et sa passagère : elle portait un masque sur les yeux mais semblait trouver cela normal, elle était très calme; la voiture était une Nissan rouge immatriculée 300ZX.

Or, après vérification, il s'avère que ce numéro d'immatriculation n'existe pas au fichier central...

Commençant à croire que Ronnie a peut-être dit vrai, les deux policiers se rendent chez Kruger où la caissière se rappelle aussi ce couple dont la femme avait les yeux bandés. D'ailleurs, l'homme a payé par chèque... Il s'agit d'Isaac Downs, domicilié à Mesquite.

Le 14 juin, Carver et Desoto arrêtent Downs qui n'oppose aucune résistance. S'ils ne trouvent pas la Nissan dans le garage, ils mettent la main sur un butin de choix : chaînes, menottes, armes à feu, vidéos pornos tournées à domicile et autres guides de soumission sexuelle, sans oublier un costume d'employé du gaz.

Tout cet arsenal ne constitue pourtant pas une preuve de la culpabilité de Downs, qui continue de jouer les victimes en prison, après un interrogatoire de plus de six heures.

– C'est vrai que j'ai ramassé cette fille en stop près de Dallas. Avant d'aller chez moi, elle m'a fait arrêter dans un bar où elle a acheté de la drogue. J'admets qu'elle a passé quinze jours chez moi, mais elle était libre de s'en aller quand elle voulait, même si de temps en temps je l'attachais avec des menottes ! Jamais je n'ai eu l'intention de lui faire du mal, jamais ! C'est sa parole contre la mienne, et vous le savez bien.

En quittant son avocat, qui le fait libérer sous caution dans l'attente du procès fixé au 21 juillet, il lui confie, impassible :

– Je suis dans le pétrin, mais je fais confiance à la justice.

Le 26 juin, Downs est de nouveau arrêté, cette fois pour vol de voiture : en allant interroger un de ses amis à Lancaster, près de Dallas, la police repère la fameuse Nissan rouge cachée dans son garage.

– J'ai simplement accepté de lui rendre service en la gardant ici : il avait peur qu'on la lui pique pendant qu'il était en prison.

Or il s'agit d'une voiture volée en 1989 à Fort Worth, dont Downs a falsifié les plaques et les papiers !

Cette fois encore, son avocat le fait libérer sous caution, en lui demandant expressément de ne faire aucune déclaration à la presse, estimant sans doute que le sort de son client n'est plus joué d'avance.

Mais, coup de théâtre, la plaignante, Ronnie Sawyer, se fait arrêter à son tour pour vol de voiture, le 2 juillet, dans un motel de Dallas, et l'avocat de Downs se frotte les mains en découvrant qu'elle n'en est pas à sa première condamnation : cinq ans auparavant, elle a fait deux ans de prison pour possession de drogue, et en 1990, elle a été condamnée à deux ans avec sursis pour vol de voiture! Ronnie n'a rien d'une oie blanche et la crédibilité de ses accusations contre Downs est très compromise. Bien entendu, l'avocat de Downs fait largement diffuser ces révélations dans la presse locale, sûr pour le coup d'obtenir un non-lieu pour son client.

Ce qu'il ignore, malheureusement, c'est que les inspecteurs Carver et Desoto poursuivent leur enquête sur Downs et commencent à accumuler des indices pour le moins troublants.

Pendant le hold-up de la banque de Dallas, la caméra de surveillance a filmé un homme seul, qui ressemble à s'y méprendre au professeur d'anglais au chômage... Mais plus grave encore, sur une des bandes vidéo saisies chez lui, ils visionnent une partie fine à quatre dans le jacuzzi, à laquelle participent Downs et une inconnue, mais aussi Alan Farrel (33 ans) et Laura Boyd (21 ans), dont les corps ont été retrouvés flottant dans le lac Ray Hubbard le 29 août 1988... L'enquête, alors, n'avait pas abouti.

Interrogée par les deux inspecteurs, Karen Hobbs, la femme qui vivait avec Downs en 1988, leur apprend qu'il était alors très nerveux à l'idée que la police le questionne après la découverte des deux cadavres.

Downs, lui, s'en tient toujours à la même version : il ignore tout des circonstances du meurtre de ses amis.

Le 21 juillet, date de l'audience préliminaire du procès, à la surprise de tous et de son avocat en particulier, Downs fait défaut. Le juge, Ted Rogale, fixe à 25 000 dollars l'amende pour non-comparution, qui pourra bien sûr être levée si l'accusé présente une raison valable. L'avocat est perplexe : l'absence de son client est d'autant plus surprenante qu'il a toutes les chances d'être acquitté.

Le lundi suivant, Downs ne se montre pas plus, et le vendredi il va falloir admettre qu'il a bel et bien disparu. La police en aura confirmation le week-end même : l'homme a acheté dans un magasin de Dallas pour 1 500 dollars de matériel de camping et les outils nécessaires pour déblayer un terrain en friche.

– De quoi survivre dans les endroits les plus sauvages. Il peut se terrer n'importe où maintenant, déclare l'un des policiers.

Downs s'est effectivement évaporé dans la nature.

Le 22 avril 1993, deux adjoints du bureau du shérif du comté de LeFlore en Oklahoma, Brad O'Neill et Andy Ward, repèrent devant le foyer éducatif de Spatt une Toyota blanche abandonnée que leur a signalée un gardien de la prison voisine. Alors qu'ils patientent en attendant que le Central vérifie le numéro d'immatriculation, un homme se gare près d'eux et se présente : Stuart Malkovich.

Le Central rappelle : la Toyota est une voiture volée qu'il va falloir remorquer jusqu'au bureau du shérif. En entendant ça, Malkovich sort un revolver et le braque sur O'Neill ; Ward tente de calmer le jeu et O'Neill en profite pour tirer sur l'homme, trois fois. Malkovich riposte, manque sa cible, puis s'écroule.

On le transporte à l'hôpital de St. Edward, près de Fort Smith en Arkansas et l'on découvre que son gilet pare-balles a sauvé Malkovich d'une mort certaine.

Plus intrigués, les deux policiers finissent par trouver le mobile home de Malkovich, planqué à quelques kilomètres de LeFlore, sur un terrain vague inaccessible, sinon en camion ou en 4 × 4. Une pancarte les accueille ainsi : « Croyez-vous trouver là-dedans quelque chose qui vaille de risquer votre vie ? » Le butin est impressionnant : fausses plaques de voiture, matériel sophistiqué pour falsifier les permis de conduire, sachets d'héroïne, armes, sans oublier un guide : *Comment disparaître dans la nature sans laisser de traces*. A première vue, on peut se demander si Malkovich ne dirige pas un réseau de voitures volées. Mais cette hypothèse s'effondre quand le FBI accole un nom aux empreintes de l'homme gardé sous surveillance à l'hôpital : Isaac Downs.

A Dallas, son avocat apprend la nouvelle avec consternation, découvrant un peu tard qu'il ne savait rien de ce client qui lui avait écrit s'être enfui de peur de ne pas être jugé équitablement, faute de pouvoir s'offrir les services d'un avocat réputé.

Transféré dans le quartier de haute surveillance de la prison de LeFlore, Downs raconte avec une satisfaction évidente son épopée de fugitif à un journaliste de Dallas, sans oublier de décerner la palme à sa nouvelle prison :

– C'est la plus formidable de toutes : ils m'ont offert du T-bone steak avec de la purée !

A la question « Comment avez-vous pu manquer O'Neill de si près ? L'avez-vous fait exprès ? », il répond : « Je ne pouvais pas le tuer, j'en étais incapable. »

Downs est aujourd'hui en prison, poursuivi pour cinq chefs d'inculpation, si l'on ajoute le fait qu'il a tiré sur un policier et qu'il possédait de la drogue. Mais en payant une caution de 2 millions de dollars, il pourrait sortir, car, faute de preuves, il est toujours innocent des deux crimes autrement plus graves qui lui sont imputés : le cambriolage de la banque de Dallas et le double meurtre de Alan Farrel et Laura Boyd.

Françoise Quet

Maman est partie

De ce matin de février 1968, année de ses neuf ans, Jeanne Lambert devait se souvenir toute sa vie. Il faisait froid dans la maison de Madison, près d'Atlanta en Georgie, où elle vivait avec ses parents, Claudine et Robert « Shorty » Lambert, et ses trois frères et sœur. Comme chaque jour d'école Jeanne se réveilla un peu avant huit heures. Elle enfila ses pantoufles et s'enveloppa dans sa grosse robe de chambre. En descendant les escaliers en bois dont les marches craquaient sous ses pas, elle entendit sa mère préparer le petit déjeuner. Mais dans la cuisine, une surprise l'attendait. La jeune femme qui se tenait devant le grille-pain portait le peignoir bleu et blanc de sa mère, mais ce n'était pas elle. Il s'agissait de Victoria Remsen, une amie de la famille que les enfants appelaient tante Vicky.

Jeanne resta quelques secondes plantée devant Victoria qui ne disait rien et tentait de sourire.

– Où est maman ?

– Elle est partie au Canada voir ta grand-mère qui est malade. Elle va revenir dans quelques jours.

– Pourquoi elle ne nous a pas dit au revoir ? demanda Jeanne les yeux emplis de larmes.

– Parce qu'elle est partie très tôt ce matin. Elle n'a pas voulu vous réveiller.

Avant la fin de la phrase, Jeanne était ressortie de la cuisine et gravissait les escaliers vers la chambre de son frère Bernie, de trois ans son aîné.

– Bernie, Bernie... Maman est partie... sans nous dire au revoir.

L'après-midi, Bernie vit son père revenir à la maison avec deux valises contenant des vêtements de Claudine.

– Maman est revenue ? demanda-t-il.

– Non. Elle ne reviendra pas tout de suite.

– Pourquoi ramènes-tu ses affaires ?

– Elle était trop chargée. Finalement, elle n'a pas pris tout ce qu'elle avait préparé.

Dans les jours qui suivirent, Claudine ne donna aucun signe de vie. Pas de lettre ni même de coup de téléphone.

– Pourquoi est-ce qu'on n'appelle pas maman chez grand-mère ? demandaient régulièrement Bernie et Jeanne à leur père.

– Grand-mère est malade. Il ne faut pas la déranger.

– Quand est-ce que maman va revenir ?

– Quand grand-mère ira mieux.

De semaine en semaine, Shorty Lambert répondait à ses enfants que leur grand-mère était toujours malade et que Claudine restait à ses côtés. Un mois après le départ de sa femme, il décida d'emménager dans une nouvelle maison du même quartier. Victoria s'installa avec eux. Désormais, elle partageait officiellement la chambre de Shorty.

Puis un jour, Bernie obtint de Victoria une réponse inédite à l'éternelle question du retour de sa mère :

– Ta maman est partie. Elle ne reviendra pas.

Dès le retour de son père du travail, Bernie lui demanda ce qui se passait.

– Bernie, j'en ai assez d'entendre toujours la même question, répliqua Shorty, l'air mauvais. Votre mère ne reviendra pas. Elle est partie parce qu'elle ne nous aime plus. Un point, c'est tout. Votre nouvelle maman, c'est Victoria. Et tiens-le-toi pour dit !

Bernie revint à la charge deux ou trois fois, puis il comprit qu'il ne recueillerait en guise de réponse que les cris de colère de son père.

En septembre de la même année, Shorty Lambert et sa famille déménagèrent de nouveau pour Atlanta. Les enfants, sur ordre de leur père, appelaient désormais Victoria « maman ». Mais, dans la chaleur du petit lit qu'ils partageaient les soirs de gros cafard, Jeanne et Bernie évoquaient en silence l'autre maman, la vraie, et les moments de bonheur qu'ils avaient vécus auprès d'elle.

Leur enfance s'était écoulée dans la ville de Sutton au Québec. La famille Lambert habitait une petite maison au bord d'un lac. Le couple était uni, même si Lambert menait de drôles d'affaires : sous couvert d'un garage, il vendait des voitures volées et trafiquait des faux papiers d'identité. En 1967, Shorty Lambert était parti chercher du travail en Floride, puis en Georgie. Au bout de quelques mois, il avait fait venir sa famille et l'avait installée dans une grande maison avec jardin. Claudine ne parlait que le français et ne voyait pas grand monde en dehors de ses enfants.

Dès cette époque, Victoria Remsen était devenue une familière des lieux. Shorty l'avait rencontrée en Floride et elle l'avait bientôt rejoint en Georgie. Les enfants l'aimaient bien car elle leur offrait toujours beaucoup de cadeaux et les emmenait en promenade dans sa grande voiture blanche décapotable. Shorty aussi appréciait beaucoup Victoria. Et Bernie, en revenant des scouts, avait plusieurs fois remarqué la voiture de son père garée devant la maison de la jeune femme. Le petit Martin, né en 1962, avait même fait un jour cette remarque amusée :

– Maman, tu aurais dû être là cet après-midi. Papa et tante Vicky jouaient ensemble dans la chambre. Papa était monté sur tante Vicky. C'était marrant.

– Allons, Martin, tais-toi. Arrête d'inventer des bêtises! avait sèchement coupé Shorty.

Claudine s'était contentée de jeter un regard noir à son mari, sans rien dire.

Quelques jours plus tard, Bernie avait entendu Claudine échanger quelques mots avec sa grand-mère canadienne :

– Tu sais, maman, disait-elle, la vie n'est pas drôle ici. Shorty est souvent absent car il travaille beaucoup. Et comme dans le quartier personne ne parle français, je me sens très isolée.

Un mois après cet épisode, Claudine Martinaud-Lambert disparaissait sans même embrasser ses enfants, dont la plus jeune n'avait que huit mois.

Après le départ de Claudine et l'intronisation de Victoria Remsen comme nouvelle maman, la vie des enfants devint un enfer. La compagne de Shorty s'ingéniait à les tourmenter. Elle leur confisquait leurs vêtements préférés, leur imposait des boissons qu'ils n'aimaient pas, leur interdisait certains jeux parfaitement innocents. Pour tout arranger, Victoria et Shorty se mirent à boire. Ils se battaient fréquemment, avant de s'en prendre aux enfants.

Les déménagements se succédaient à raison d'un tous les six mois. A la fin de l'année 1970, la famille partit habiter Las Vegas dans le Nevada. C'est là qu'un soir, Jeanne, âgée de douze ans, entendit une phrase qui lui glaça le sang. Son père répondait à un appel téléphonique de la mère de Claudine :

– Non, Claudine n'est pas là... Si, si, elle va très bien. Elle est allée faire un tour avec les enfants.

Sans attendre la suite, Jeanne rejoignit sa chambre. Elle avait peur. A tel point qu'elle garda ce qu'elle avait entendu pour elle et n'en parla pas à Bernie.

Peu après, Shorty changea une nouvelle fois de travail. Cette fois-ci, il choisit de revenir à son point de départ, au Québec, pas très loin de Sutton.

Bernie avait maintenant quinze ans. Dès leur arrivée au Canada, il appela sa grand-mère et lui rendit visite en cachette de son père. La vieille dame lui révéla qu'elle n'avait jamais été malade et que Claudine n'était jamais revenue au Canada depuis le départ de la famille Lambert en 1967. Par la suite, Bernie prit l'habitude d'aller voir sa grand-mère deux ou trois fois par mois. Quand Lambert s'en aperçut, il entra dans une colère noire et décida d'envoyer Bernie vivre chez sa grand-mère paternelle, à plusieurs centaines de kilomètres de là. Lui-même et ses autres enfants devaient reprendre le chemin du Nevada un peu plus tard.

C'était une erreur de laisser Bernie seul au Canada. Le jeune garçon en profita pour révéler l'histoire de la disparition de sa mère à un journal local. Celui-ci en tira un article à sensation de trois pages en couleurs : « Qu'est-il arrivé à cette mère de quatre enfants ? Est-elle morte ou vivante ? Notre grande enquête ». Grande enquête, mais faible résultat.

Par la suite, Bernie alla trouver la police de Sutton, pour lui confier ses doutes. En vain. Bernie fut simplement informé par les enquêteurs qu'il était trop jeune pour porter plainte. L'adolescent demanda alors à ses grands-parents maternels de signer la plainte avec lui. Mais il se heurta à un refus. Incroyable ! Les propres parents de Claudine, privés de nouvelles de leur fille depuis près de cinq ans, se contentaient des explications changeantes et contradictoires de Lambert. Comme s'ils ne pouvaient pas regarder la vérité en face. Il faut dire que Shorty était un bonimenteur de premier ordre. Aux doutes des amis et des proches de Claudine, il répondait par une nouvelle histoire dont chacun, excepté Bernie, faisait mine de se satisfaire. Même Jeanne, pourtant sérieusement ébranlée par les mensonges caractérisés de son père, ne voulait pas se rendre à l'évidence. Le refus était si fort que la petite dernière, Christine, née en 1967, n'apprit qu'à l'âge de seize ans, et par hasard, que Victoria Remsen n'était pas sa vraie maman.

Il fallut attendre encore dix ans pour qu'à l'issue d'une longue prise de conscience, Jeanne Lambert surmonte son aveuglement. Ce fut l'obstination de Bernie qui le lui permit.

En 1981, Jeanne, après avoir réussi de solides études, travaillait chez un concessionnaire automobile de Winchester près de Vegas, pas loin de chez son père. Son frère aîné vivait à Sutton, au Québec, et ne voyait plus jamais Shorty avec lequel il avait rompu tous les ponts. Lors d'une visite de Jeanne dans la ville de leur enfance, Bernie lui montra les articles de presse datant de 1972 :

– Je crois que papa à tué maman, commenta-t-il.

Et il vida son sac sans ménagement. Tout y passa : les valises de Claudine que Shorty avait rapportées à la maison, les versions changeantes produites par leur père, les déclarations de leur grand-mère qui n'avait jamais revu sa fille depuis son départ pour la Georgie en 1967.

– Maman ne nous aurait jamais laissés comme ça. Elle nous aimait trop, souligna Bernie.

Encore une fois, Jeanne refusa d'affronter la réalité.

– Ce n'est pas possible. Il doit y avoir une autre explication. Papa n'a pas pu faire ça.

Bernie l'observait avec un regard attristé. Il savait que sa sœur s'était rapprochée de leur père, et pas seulement géographiquement : Shorty la conseillait dans son travail, lui donnait des coups de main pour sa voiture et son appartement.

Jeanne repartit de chez son frère ébranlée, mais pas convaincue de ce qu'il suggérait. Quand elle rapporta les propos de Bernie à son père, il ne fit que rire et balayer de la main cette idée incongrue. Jeanne se contenta de cette réponse.

La jeune fille se maria en 1988 (son père lui donna le bras jusqu'à l'autel). C'est à cette époque qu'elle décida de déposer auprès des autorités américaines une demande de « carte verte » pour être autorisée à résider en permanence aux États-Unis. Elle avait en effet conservé la nationalité canadienne. A cette occasion, son père l'accompagna chez un avocat.

– Où vit votre mère ? demanda l'homme de loi à la jeune fille en remplissant son dossier.

– Nous avons divorcé au Canada, coupa Shorty avant que sa fille ne réponde.

Jeanne en resta bouche bée. Pourquoi son père

inventait-il cette histoire de divorce ? La nuit suivante, la jeune femme dormit très mal, et ce doute vint s'ajouter aux autres dans sa mémoire.

Quelques mois plus tard, Jeanne annonça à son père sa prochaine opération d'une tumeur au sein.

– Tu as raison de ne pas laisser traîner ce problème. Ta mère est morte d'un cancer qui a débuté comme ça.

– Quoi ? Mais tu ne me l'avais jamais dit.

– Mais si. Tu devais être trop jeune. Tu n'as pas fait attention.

Cette fois-ci, Jeanne comprit que Shorty mentait. Il avait sans doute oublié de faire part à sa fille de sa énième version de la disparition de Claudine. Personne n'est à l'abri d'un oubli. Mentir, c'est un métier. A temps complet.

Au début de 1990, Jeanne, en accord avec Bernie, décida de tester son père. Elle ne se sentait pas le courage de l'affronter directement et préféra lui passer un coup de fil.

– Papa, j'ai reçu un appel d'un policier qui m'a posé des questions à propos de maman.

– Oui. Et alors ?

– Papa, qu'est-il arrivé à maman ?

– Elle est partie.

– Partie ?

– Oui. Elle est partie. Comme ça. Sans prévenir.

– Qu'est-ce que je dois répondre au policier, alors ?

– Rien. Je ne me cache pas. S'il veut me voir, il saura où me trouver.

Le jour même, en quelques heures, Shorty Lambert disparut sans laisser d'adresse.

Désormais, Jeanne savait. Trois jours plus tard, elle contacta la police de Winchester et raconta son histoire. Mais les enquêtes menées à la suite de ses révélations n'aboutirent à rien. Alors, avec l'aide de Bernie, elle écrivit une longue lettre à une émission de télévision consacrée aux mystères non résolus. Son courrier demeura sans réponse. Jeanne en serait peut-être restée là si elle n'avait rencontré par hasard un autre policier, plus malin ou plus chanceux que ses prédécesseurs.

En février 1991, vingt-trois ans après la disparition de Claudine, l'enquêteur Jean Prouvost de la police du comté de Lincoln, au nord de Las Vegas, pénétra dans les bureaux des services municipaux de Winchester et demanda à voir Jeanne Lambert-Bromberg qui y travaillait comme comptable. Prouvost était chargé de mener des investigations sur une affaire purement locale, et la jeune femme était censée lui apporter son concours pour cette enquête. Le policier, un grand type costaud et moustachu, élégant mais sans affectation, frappa à la porte du bureau et se présenta à la jeune femme en tendant sa carte de visite :

– Mon nom est Jean Prouvost. Je suis canadien-français.

– J'avais deviné. Je suis également canadienne. J'ai passé mon enfance au Québec, répondit Jeanne avec une sorte de frisson.

Car Prouvost, bien que s'exprimant dans un anglais parfait, avait conservé ce léger accent québécois qui rappelait à Jeanne celui de sa mère quand elle tentait de parler la langue américaine. La jeune femme ne fut pas loin d'interpréter alors comme un signe du ciel l'arrivée de ce compatriote au prénom si proche du sien.

Après plusieurs semaines de travail en commun, des relations de confiance se tissèrent entre Jeanne et Prouvost. Un matin, surmontant son appréhension, Jeanne se décida à lui parler du cas de sa mère :

– Jean, j'ai une question à vous poser. Ma mère a disparu un jour, lorsque j'avais neuf ans. Je n'ai jamais su ce qu'elle était devenue. Est-il possible de retrouver la trace de quelqu'un au bout de vingt-trois ans ?

– Difficile à dire. Ça dépend de la personnalité de celui ou celle que l'on recherche, répondit Prouvost un peu distraitement en continuant à consulter un dossier.

– Pourrions-nous déjeuner ensemble pour prendre le temps d'en parler ? insista Jeanne d'une voix nerveuse.

Cette fois-ci, Prouvost remarqua l'émotion de son interlocutrice et leva le nez de ses papiers.

– Oui, bien sûr. Quand vous voudrez.

Le 12 avril 1991, un vendredi à midi, Jeanne Lambert-Bromberg et l'enquêteur Prouvost se retrouvèrent dans un restaurant de Winchester. Jeanne avait apporté différents documents, des lettres, des articles de journaux canadiens datant de 1972 et les résumés des événements établis avec son frère selon leurs souvenirs communs. Toutes les étapes de la vie de leur famille y étaient détaillées et les différentes versions de la disparition de Claudine fournies par Shorty classées par ordre chronologique.

Sur l'invitation de Prouvost, Jeanne raconta toute l'histoire.

– Êtes-vous sûre que votre mère ne s'est pas tout simplement enfuie pour vivre une autre vie ? demanda le policier une fois qu'elle eut terminé.

Peut-être s'est-elle remariée au Canada ou aux États-Unis ?

– Si c'était le cas pourquoi papa aurait-il trouvé d'autres explications que celle-ci ?

– Par orgueil.

– Ma mère aurait donné signe de vie à ses parents ou elle aurait cherché à nous revoir. Nous étions très unis. Comme... comme une mère et ses enfants.

Sans rien en laisser paraître, Prouvost analysa la personnalité de Jeanne et réfléchit. Elle n'avait pas l'air folle, ni paranoïaque. Elle semblait seulement engagée dans une quête désespérée de la vérité.

– Alors pourquoi personne ne s'est-il inquiété de l'absence de votre mère ? reprit-il.

– C'est un mystère aussi grand que celui de sa disparition. Je ne peux vous l'expliquer. Je ne sais même pas comment j'ai réussi à en finir avec ma volonté de ne pas comprendre.

– Je vois. Puis-je emporter ces documents ? J'ai besoin de les lire à tête reposée.

Jeanne et Prouvost se quittèrent sans même avoir touché au contenu de leurs assiettes. Sur le trajet vers son bureau, le policier réfléchit. Cela faisait vingt ans qu'il exerçait ce métier. Il avait déjà rencontré ce genre de cas : une femme qui en a marre d'être trompée ou battue, et qui fiche le camp un beau matin en abandonnant ses enfants. Cela paraît toujours inconcevable. Jusqu'au jour où ça se produit.

Ce n'est qu'après avoir relu tout le dossier que le Canadien rejeta cette première hypothèse et conclut qu'il y avait effectivement quelque chose de pas clair dans cette affaire.

Le 15 avril au matin, en arrivant à son bureau, Prouvost déplia une carte de la Georgie et repéra la ville de Madison. Puis il appela les renseignements téléphoniques et obtint les numéros de trois services : la police de Madison, celle du comté de Morgan et la police d'État géorgienne. Lors de ces premiers appels, il prit la précaution de préciser :

– S'il vous plaît, ne raccrochez pas. Je ne suis pas fou. Je recherche simplement la trace d'un événement qui s'est produit il y a vingt-trois ans. Votre service possède-t-il un fichier des personnes disparues en 1968 et pourriez-vous le consulter pour moi ?

Dans un premier temps, Prouvost ne recueillit que des réponses négatives. Puis, le capitaine Bob Cranshaw, de la police de Georgie, lui fit une suggestion :

– Il y a un type qui pourrait peut-être vous aider. Il travaille à la Brigade criminelle du comté de Morgan, dans le département médical. Il s'appelle Al Gleason. Vous pouvez l'appeler de ma part.

Une bonne idée que celle de Cranshaw. Car le domaine de Gleason n'était pas celui des personnes disparues, mais celui des corps non identifiés. Il possédait un fichier de tous les cas recensés dans le comté depuis 1957 : trois cents dossiers. Pendant que Prouvost lui expliquait par téléphone le but de ses recherches, Gleason prenait des notes silencieusement.

– OK, je vous rappelle, lâcha-t-il, laconique.

Dès qu'il eut raccroché, Gleason se leva de son fauteuil et s'approcha d'un gros meuble à rouleaux situé en face de son bureau. Il saisit le classeur « 1966-1970 » et alla se rasseoir pour le feuilleter. En dix minutes, il sortit du classeur les dossiers de trois cadavres découverts autour de février 1968. Les deux premiers étaient des hommes. Le troisième, le dossier 68-500, concernait une femme d'une trentaine d'années, brune aux yeux marron, mesurant un mètre soixante-dix pour soixante-cinq kilos. Son corps avait été découvert au fond d'un fossé par deux garçons venus s'entraîner au tir, dans un champ situé à environ quinze kilomètres de Madison. Au moment de sa mort, la jeune femme était habillée d'une jupe verte. Le corps, qui avait été enroulé dans un dessus-de-lit bleu, comportait une cicatrice au-dessous du nombril. La dentition de la victime était partiellement composée d'un dentier. L'inconnue était morte d'une fracture du crâne, causée par des coups administrés à l'aide d'un « objet contondant ». Il s'agissait sans aucun doute possible d'un meurtre.

Les articles de presse joints au dossier apprirent à Gleason que l'affaire avait fait pas mal de bruit en son temps. Des appels à témoins avaient été lancés et un portrait reconstitué de la victime, dont le cadavre était en partie décomposé, largement diffusé. Mais les témoignages reçus n'avaient rien donné. Pas plus que l'enquête demandée à la police montée du Canada (pays où avait été fabriquée la jupe de la jeune femme) qui n'avait reçu aucun avis de disparition.

Informé du contenu du dossier, Prouvost appela successivement Jeanne et Bernie. Sans les mettre au courant de l'existence du cas 68-500, et avec un luxe de précautions, il vérifia auprès d'eux si les détails qu'il venait de recueillir correspondaient aux signes distinctifs de Claudine Lambert.

– Votre mère avait-elle été opérée, demanda-t-il à Bernie.

– Laissez-moi réfléchir... Oui, je crois qu'après la naissance de Christine, maman a subi une ligature des trompes pour ne plus avoir d'enfants.

– Avait-elle un problème de dents ?

– Je me souviens qu'elle enlevait ses dents le soir. Elle les brossait et les mettait dans un verre.

Le 16 avril 1991, quatre jours après que Jeanne eut révélé l'histoire à Prouvost, la police d'État de Georgie était en mesure d'établir l'identification présumée du corps de « la Canadienne » ainsi qu'avait été surnommée l'inconnue à l'époque de l'affaire. L'identification définitive allait intervenir un peu plus tard, lorsqu'un cousin canadien de la victime reconnut le cadavre de Claudine Martinaud-Lambert grâce aux clichés d'autopsie. La police avait retrouvé Claudine. Encore fallait-il découvrir ce qui lui était arrivé.

Au début de mai 1991, la police d'État et celle du comté de Morgan mirent sur l'affaire deux de leurs meilleurs limiers : le commandant Trenton et le shérif Goodhope. Tous deux, âgés d'un peu plus de quarante-cinq ans, avaient souvent travaillé ensemble. En 1968, jeunes flics frais émoulus de l'école et de l'université, ils avaient été mêlés à l'affaire de « la Canadienne ». Goodhope avait même été le premier policier présent sur les lieux lors de la découverte du cadavre.

Le 14 mai 1991, à Winchester, Trenton et Goodhope firent la connaissance de Prouvost. Les trois policiers se rendirent ensuite chez Victoria Remsen qui habitait toujours la région. Elle ne vivait plus avec Shorty depuis 1985. Sans grande conviction, « tante Vicky » commença par nier.

– Je ne sais pas de quoi vous voulez parler. Je n'en sais pas plus au sujet de Claudine que les enfants.

Prouvost intervint d'un ton très calme.

– Madame, est-ce que ce ne serait pas plus simple de tout nous dire et de prendre une sorte de nouveau départ.

Victoria Remsen regarda les trois hommes en soupirant.

– Oui, ce serait mieux. Je vais vous expliquer.

Elle baissa la tête, la releva et poursuivit :

– Un jour de février 1968, Shorty m'a appelée et m'a demandé de venir chez lui pour garder la maison et les enfants. Claudine était là, avec ses valises bouclées. Elle devait repartir au Canada voir sa mère. Ils sont partis tous les deux et je n'ai revu Shorty que le lendemain après-midi. Un soir, quelques semaines après, je regardais la télé avec lui quand nous avons vu un appel à témoins visant à identifier le corps d'une femme découvert dans le comté. Shorty a dit : « Ça y est. Ils l'ont trouvée. » « Qui ça ? » je lui ai demandé. « Claudine. Et si tu en parles à qui que ce soit, tu finiras comme elle. »

A la mi-juin, le grand jury du comté de Morgan inculpa Robert « Shorty » Lambert du meurtre de sa femme, perpétré vingt-trois ans plus tôt, et lança un mandat d'arrêt contre lui. En quelques jours, grâce au fichier des permis de conduire, Lambert fut repéré à Smithfield, en Caroline du Nord, un État de la côte Est des États-Unis.

Trenton et Goodhope allèrent le cueillir à son garage à la fin du mois de juin, et le trouvèrent en train de travailler sur une Mercedes.

– Nous enquêtons sur la disparition de Claudine Martinaud-Lambert, annonça Goodhope après les présentations.

– Ah oui, Claudine. J'ai été marié avec elle dans les années soixante. Nous avons eu quatre gosses. Nous habitions à Madison en Georgie. Et puis un jour, elle a mis les voiles. Pfuit. Comme ça. Je crois qu'elle vit au Canada avec sa mère.

Les deux flics échangèrent discrètement un regard

admiratif. Shorty semblait plutôt décontracté. Ils lui montrèrent alors les photos d'autopsie du corps de sa femme.

– Elle a été trouvée morte pas loin de Madison en février 1968.

– Qu'est-ce que j'ai à voir là-dedans? demanda Shorty sans se démonter.

– Vous êtes inculpé du meurtre de votre femme. Vous êtes en état d'arrestation, expliqua le shérif en lui passant les menottes.

Le procès de Shorty Lambert eut lieu en août et septembre 1992, et constitua pour Jeanne Bromberg un supplice aussi pénible que l'enterrement de sa mère. En plus long. Car Jeanne entretenait à l'égard de son père des sentiments contradictoires : alors qu'elle ne ressentait que de l'horreur à la pensée de l'atrocité qu'il avait commise, elle ne pouvait s'empêcher d'éprouver un certain amour pour lui. Durant les audiences, Jeanne craqua plusieurs fois, et refusa dans un premier temps de témoigner. Puis elle s'exécuta à regret. Paradoxalement, son attitude hésitante ne donna que plus de force à son témoignage et convainquit les jurés de la culpabilité de Lambert.

A l'énoncé du verdict, trente ans de prison, Jeanne comprit immédiatement que son calvaire était loin d'être terminé. A cet instant seulement, elle prit conscience que son père allait finir ses jours en prison à cause d'elle.

La jeune femme était sans doute prête à ce qu'éclate l'horrible vérité, mais sûrement pas à en assumer les conséquences.

François Cote

Pas de lasagnes pour l'avocat

Dans le quartier de Fairview Avenue à Detroit, la capitale de l'automobile, les Trent avaient gagné le respect du voisinage en accueillant sous leur toit Ella Krazyk, une orpheline de seize ans dont les parents étaient morts dans un accident de chemin de fer. Pourtant, les revenus du ménage n'étaient guère élevés. Machiniste, Bob Trent ne pouvait offrir à sa famille qu'un appartement modeste et une vie sans éclat. Bob et sa femme Alice avaient le même âge, vingt-huit ans, et leur fille Sally était âgée de neuf ans. Le quartier admira une si belle grandeur d'âme chez des gens qui n'avaient pas encore atteint la trentaine.

Ella Krazyk se dépensait sans compter pour témoigner sa gratitude. Délivrant Alice des soins du ménage, de la cuisine, s'occupant de Sally, elle permit ainsi à celle qui l'avait recueillie de dénicher un job à mi-temps qui améliora les revenus des Trent.

L'orpheline était une jolie adolescente aux formes pleines, plutôt délurée, mais vêtue avec discrétion et sobriété. Sa tenue plus que convenable n'empêchait pas quelques langues de vipère de remarquer qu'après tout elle et Bob Trent n'avaient que douze ans de différence mais on ne les écoutait pas, tant les Trent inspiraient de sympathie.

Un après-midi de septembre, la police et les pompiers surgirent en trombe dans Fairview Avenue. Les voisins apprirent qu'Alice Trent avait été victime d'une grave intoxication provoquée par une fuite de gaz. Un accident, expliqua son mari. Transportée à l'hôpital, la jeune femme y resta deux semaines et sa chambre vit l'incessant défilé des habitants du quartier, venus réconforter celle dont ils pensaient tant de bien.

Cependant, une des langues de vipère avait cru entendre murmurer par un policier le mot « suicide ». Bientôt, quelques-uns soupçonnèrent une liaison entre Bob Trent et l'orpheline, qu'Alice aurait découverte. Éperdue de chagrin et de désespoir, elle aurait voulu mettre fin à ses jours.

Si c'était le cas, elle n'en dit mot lorsqu'elle ressortit de l'hôpital. Et la vie reprit son cours, paisible et monotone, dans Fairview Avenue.

Pas pour longtemps. Tôt, le matin du 15 octobre, la police débarqua à nouveau devant l'immeuble des Trent. Les voitures de patrouille précédaient une ambulance. L'escouade policière était conduite par le sergent-détective Carl Snyder de la Brigade criminelle.

Sur la moquette du salon gisait Alice Trent. Un filet de sang s'écoulait du trou qu'elle avait à la tempe droite. Ses yeux étaient vitreux et sa bouche restait ouverte sur des lèvres déjà violacées. Alice était morte.

Près de sa cuisse droite reposait un revolver Smith & Wesson de calibre 22 Long Rifle.

Bob Trent raconta à Carl Snyder qu'il se rasait

dans la salle de bains lorsqu'il avait entendu le coup de feu. L'arme lui était inconnue et il ne comprenait pas le geste de désespoir de son épouse qui avait placé sur le buffet un message ne laissant aucun doute sur ses intentions :

Au revoir, mes chéris. Il m'est impossible de continuer. Je vous aime à la folie. Maman.

Sur ces entrefaites le coroner arriva et étudia la position du corps gisant sur le dos.

– Pas de doute, conclut-il, c'est un suicide.

– Peut-être, fit, laconique, Snyder, un vieux routier ennemi des apparences souvent trompeuses.

Sa perplexité augmenta lorsque le laboratoire lui apprit qu'il n'y avait aucune empreinte sur le Smith & Wesson. Par ailleurs, ses hommes découvrirent que l'orpheline Ella Krazyk avait mystérieusement disparu. Snyder interrogea Bob Trent :

– Où est-elle ?

– Elle a trouvé un emploi bien rémunéré chez un couple aisé, répondit le machiniste avec calme. Voici son adresse.

– Quand vous a-t-elle quittés ?

– Avant-hier.

Questionnée, l'adolescente fut incapable de fournir une explication cohérente au suicide d'Alice et Snyder eut la désagréable impression qu'elle se faisait plus stupide qu'elle n'était en réalité. Il commença à avoir des soupçons, d'autant que l'absence d'empreintes digitales sur le Smith & Wesson demeurait inexpliquée.

Malgré le rapport qu'il remit, hostile à la thèse du suicide, sa théorie ne fut pas retenue par le grand jury lors de l'enquête sur la mort de la jeune femme. Au contraire, l'assurance du coroner emporta l'adhésion générale et le grand jury conclut à un suicide.

Contrarié, Carl Snyder s'en alla trouver son supérieur hiérarchique et obtint l'autorisation de fouiller l'appartement de Fairview Avenue, ce qu'il n'avait pu faire puisque Bob Trent n'était pas accusé de manœuvres criminelles. Cette autorisation était illégale mais le supérieur de Snyder avait confiance dans le professionnalisme et la discrétion de son subordonné.

Bob Trent était parti quelques jours à Racine, dans l'État du Wisconsin, chez sa sœur, pour lui laisser en garde sa fille Sally. Snyder en profita pour procéder à une fouille en règle. Ses efforts furent couronnés de succès. Derrière une commode, il découvrit un carnet à couverture noire. Il s'agissait du journal secret d'Alice Trent. Jour après jour, elle avait consigné ses angoisses, ses doutes, ses certitudes sur l'infidélité de son mari, son désespoir causé par l'ingratitude d'Ella Krazyk, complice de l'adultère. Alice Trent terminait par ces phrases : *J'ai réussi à chasser Ella. Bob va-t-il me le pardonner ?*

Convaincu par ces mots, Snyder remit le carnet en place, quitta les lieux et rendit compte à son chef. Le lendemain, le juge leur délivra un mandat de perquisition qui leur permit de se saisir officiellement du document. A deux experts graphologues, ils soumirent les pages du carnet et le message trouvé sur le buffet après la mort d'Alice Trent. Les hommes de l'art émirent des avis convergents :

– Deux personnes différentes ont écrit ces lignes, déclara le premier.

– Il est absolument impossible que les scripteurs soient la même femme, conclut le second, aussi catégorique que le premier.

Amenée dans les locaux de la Brigade criminelle,

Ella Krazyk nia farouchement être l'auteur du message et avoir été la maîtresse de Bob Trent. Après des heures d'interrogatoire, Snyder laissa tomber :

– Nous sommes obligés de vous garder. Vous passerez la nuit ici. Si vous avez besoin d'affaires de toilette ou d'autre chose, dressez-moi une liste. Nous irons vous les chercher.

L'adolescente s'exécuta et, avec le spécimen de son écriture, le policier courut chez les graphologues. Cette fois encore, ils ne se contredirent pas. Pour eux, Ella Krazyk avait rédigé le message mais n'était pas l'auteur des lignes dans le carnet.

– Vous avez tué votre bienfaitrice, martela Snyder quand Ella Krazyk, après une nuit agitée en cellule, fut ramenée dans son bureau. Et c'est vous qui avez écrit ce message, l'expertise le prouve !

L'adolescente éclata en sanglots.

– Je ne l'ai pas tuée ! hoqueta-t-elle. D'abord, je n'étais pas là quand elle est morte. J'ai juste écrit ce que l'on m'a dit d'écrire.

– Bob Trent vous a dicté ce message ?

– Oui.

– Vous étiez sa maîtresse ?

– Oui.

Entre deux sanglots, Ella se lança dans un récit chaotique de ses amours avec celui qui l'avait recueillie, de leurs brèves étreintes durant les absences d'Alice et de Sally, des soupçons que nourrissait l'épouse trompée et qui, au fil des semaines, se transformaient en certitudes. Chaque jour apportait son lot de querelles à son sujet entre les époux Trent. Bientôt, Bob se lassa de ces incessantes disputes et s'ouvrit à Ella de ses projets : se débarrasser de sa femme. Il demanda à Ella de commencer à imiter l'écriture d'Alice. Elle lui obéit. Au bout de quelques mois, elle parvint à un résultat plus qu'acceptable dont se satisfit son amant. Alors, Bob Trent lui avait dicté l'ultime message censé avoir été laissé par Alice.

En ce qui concernait la mort d'Alice proprement dite, elle ne savait rien et était incapable d'expliquer l'absence d'empreintes digitales sur le Smith & Wesson.

A son retour de Racine, Bob Trent fut littéralement kidnappé par les policiers et confronté aux pages du carnet à couverture noire et aux aveux d'Ella Krazyk. Imperturbable, l'intéressé nia avec la dernière énergie, stigmatisant à la fois les élucubrations de son épouse et les mensonges d'Ella, dont il n'avait jamais fait sa maîtresse, jura-t-il.

– J'aimais ma femme, clama-t-il avec d'incontestables accents de sincérité. Pourquoi l'aurais-je tuée ? Ella m'était indifférente, aussi bien sur le plan physique que sentimental. Je n'ai jamais couché avec elle. Elle ment. C'est une enfant, et vous avez dû vous acharner sur elle pour lui arracher cette fable ! Quant aux querelles qu'évoque le journal d'Alice, c'est vrai, elles ont existé, mais pas au sujet d'Ella, c'étaient des disputes banales, comme en connaissent tous les ménages, à propos de tout et de rien !

La confrontation entre Bob Trent et Ella Krazyk ne permit à Carl Snyder d'enregistrer aucun progrès car les protagonistes demeurèrent sur leurs positions respectives.

Traduits devant le grand jury, l'un et l'autre furent inculpés de conspiration dans l'intention de commettre un meurtre, d'assassinat dans le cas de Bob et de complicité d'assassinat dans celui d'Ella.

Le machiniste avait la chance de compter de nombreux amis qui s'indignaient de le voir accusé d'un crime aussi horrible. Ils se cotisèrent pour qu'il puisse s'offrir le concours d'un éminent avocat. Son patron, qui tenait Bob en très haute estime, lui suggéra le nom d'Anthony Giardello, un spécialiste des affaires criminelles. D'origine toscane, cet avocat était connu pour se livrer à des orgies de lasagnes, de scampi fritti et de chianti qui expliquaient sa morphologie en forme de barrique. En réalité, sa couperose masquait un cerveau subtil, rusé, et une imagination fertile. Son habileté manœuvrière au cours d'un procès d'assises lui avait valu la réputation d'être le meilleur avocat de Detroit.

Après deux journées passées à interroger Bob, il acquit la conviction que ce dernier était innocent et il accepta de le défendre.

– L'affaire sera difficile à mener, mais je vais vous sortir de ce guêpier, jura-t-il avec une belle assurance. Cette fille ment pour des raisons que nous ignorons.

– Voyez-la et essayez de savoir pourquoi, plaida Bob.

– Impossible. La loi m'interdit de la rencontrer puisque votre thèse n'est pas la sienne. Malgré tout, ayez confiance. Nous gagnerons.

Le procès s'ouvrit dix mois plus tard. Sentant son arsenal bien garni, le district attorney arborait une mine fort réjouie. A la barre défilèrent les témoins de l'accusation : les graphologues vinrent exposer leurs convictions, Ella Krazyk renouvela ses aveux, les policiers décrivirent leur enquête et leurs découvertes. Le coroner, qui précédemment en tenait pour la thèse du suicide et avait témoigné dans ce sens devant le premier grand jury, avait dans l'intervalle changé d'avis et, à présent, appuyait de toute son autorité scientifique le combat livré par le district attorney.

– Sur quoi se fonde votre conviction ? questionna avec aigreur Anthony Giardello.

– La position du corps. Il gisait sur le dos, ce qui prouve le meurtre. Quand une personne se suicide, elle tombe sur le ventre.

– C'est le contraire, fulmina l'avocat.

– Absolument pas, protesta le coroner. Vous vous trompez.

– Je suis sûr de moi. J'ai assisté à de nombreux procès criminels, et je suis moi-même un expert en armes à feu.

– Maître, le nombre de procès criminels auxquels vous avez assisté ne leur confère aucune valeur scientifique. Vous êtes avocat, je suis médecin. Donc, j'en sais plus que vous en la matière.

La polémique s'éternisant, le juge rappela Carl Snyder et les autres policiers. Tous se rangèrent, comme il fallait s'y attendre, dans le camp du coroner. Le district attorney triomphait et, furieux, Anthony Giardello appela Bob Trent à la barre dans l'espoir que son audition, par l'émotion qu'elle soulèverait et par les accents de sincérité qui l'émailleraient, sèmerait le doute dans leur esprit. Hélas pour l'éminent avocat, la prestation de son client fut médiocre, si bien qu'il ne fallut au jury que deux heures de délibérations pour apporter un verdict de culpabilité. D'un ton solennel, le juge condamna Bob Trent à passer le restant de ses jours au pénitencier de l'État.

– Heureusement que l'État du Michigan a aboli la peine capitale, lui souffla Giardello à l'oreille. Ainsi disposons-nous d'un peu de temps. Comptez sur moi, je prouverai votre innocence. Je n'accepte pas cette défaite. Coroner et policiers se sont trompés. J'en apporterai la preuve.

Quatre mois plus tard, l'avocat sollicita officiellement une audience à huis clos devant le juge qui avait prononcé la sentence, en présentant les éléments nouveaux qu'il avait réunis. A sa demande y assistaient le chef de la police, son adjoint, le coroner, Carl Snyder et son équipe de détectives.

Un profond scepticisme régnait dans la salle lorsque, avec son brio habituel, le ténor du Barreau se lança dans l'explication de sa démarche, plutôt rare dans un prétoire.

– Je vais prouver ceci. Si un candidat au suicide tient son arme à feu dans une certaine position sur la tempe, le cerveau est atteint de telle façon que le corps tombe sur le dos.

De sa poche il tira un revolver.

– Voici un Smith & Wesson identique à celui utilisé par Alice Trent.

– Vous n'allez pas vous tirer une balle dans la tête pour prouver votre théorie ? s'effraya le juge.

– Certainement pas, Votre Honneur, je tiens trop à la vie. Permettez-moi de vous exposer mes intentions. J'ai amené avec moi un photographe et un professeur de médecine à l'Université de Detroit. Le photographe prendra des clichés de la position du Smith & Wesson sur ma tempe droite. Quant au professeur de médecine, il attestera que cette position induit une trajectoire de balle dont l'itinéraire à travers le cerveau entraîne obligatoirement une chute du cadavre sur le dos. Les documents photographiques et les témoignages recueillis légalement devant vous, Votre Honneur, entreront dans ma requête en vue d'une révision du procès de Bob Trent devant la Cour suprême de notre État.

Le juge grimaça. Il était mauvais pour sa carrière que la Cour suprême du Michigan reconnût innocent un homme qu'il avait condamné à la prison à vie. Néanmoins, devant l'aréopage de policiers et de témoins, il ne pouvait se dérober.

– J'attends votre démonstration, acquiesça-t-il sèchement.

Anthony Giardello fit basculer le barillet du Smith & Wesson et en vida les cartouches. De la paume de la main il remit le barillet en place et abaissa le chien avant de placer l'arme sur sa tempe droite pendant que le photographe opérait avec frénésie.

– Maître, êtes-vous sûr que cette arme est vide ? s'alarma le juge.

– Tout à fait sûr, Votre Honneur. De succulentes lasagnes m'attendent pour mon déjeuner et pour rien au monde je ne voudrais les manquer.

Le professeur de médecine vint examiner de près la position de l'arme sur la tempe. Le photographe ne chômait pas. L'avocat pressa la détente, l'œil réjoui à l'idée du bon tour qu'il jouait à ceux qui avaient obtenu la condamnation de son client.

La détonation fit trembler les lambris de la salle d'audience. La balle traversa le crâne d'Anthony Giardello et s'en alla arracher un copeau de pierre au buste d'Abraham Lincoln.

Le ténor du Barreau avait tout simplement oublié d'extraire la dernière cartouche du barillet.

Cependant, le plus étonnant fut qu'il tomba sur le ventre et non sur le dos comme il voulait le prouver, démontrant ainsi que sa théorie était fausse. Par la même occasion, il apportait de l'eau au moulin de ceux qui avaient condamné Bob Trent. Dans les sphères policières et judiciaires, on rit sous cape de cette mésaventure, même si on déplora la mort de ce grand avocat. Quant au professeur de médecine, il démissionna promptement de son poste et s'en fut enseigner au Canada.

Les annales et les journaux retinrent essentiellement de cet épisode dramatique qu'Anthony Giardello était le premier avocat américain à avoir perdu la vie pour sauver un client.

A ce jour, personne d'autre ne l'a imité.

Après cette tragédie, on oublia Bob Trent qui, en prison, se conduisit comme un prisonnier modèle. Il ne pouvait plus compter sur Anthony Giardello pour le sortir du trou. Cependant sa fille Sally grandissait. Avec une foi touchante, elle était persuadée de l'innocence de son père. Dès qu'elle eut dix-huit ans, elle se consacra à sa réhabilitation. Bientôt elle se maria et son époux, acquis à sa cause, lui fournit une aide financière efficace, soutenu par sa famille et ses amis.

Dans un premier temps, ils retrouvèrent Ella Krazyk. Bénéficiant de larges circonstances atténuantes en raison de son jeune âge, elle avait écopé de trois ans de prison. Au tiers de sa peine, elle était sortie en liberté conditionnelle. Mariée à un Canadien, elle vivait au Saskatchewan. Elle admit qu'elle avait accusé injustement Bob Trent par dépit parce qu'il ne lui prêtait nulle attention et repoussait ses avances. Elle n'avait, bien entendu, jamais écrit le message découvert sur le buffet. Devant deux avocats assermentés, elle signa une déposition dans ce sens, d'autant plus facilement qu'elle ne risquait pas d'être extradée aux États-Unis pour un simple faux témoignage dont le délai de prescription était de toute façon dépassé. Onze années s'étaient en effet écoulées depuis sa condamnation.

Grâce aux efforts de Sally et de son mari, les experts du FBI attestèrent que l'écriture sur le message trouvé sur le buffet et celle des pages du carnet à couverture noire étaient de la même main, en l'occurrence celle d'Alice Trent.

Devant ces éléments nouveaux, l'État du Michigan accorda à Bob Trent un procès en révision à l'issue duquel il fut acquitté.

Personne, cependant, n'avait répondu à cette question : par quel miracle le corps d'Alice Trent était-il tombé sur le dos ?

Serge Jacquemard

Un si gentil petit couple

Les rues de Saint-Hippolyte, d'ordinaire si calmes, bruissaient de cris et de rires en cette fin de matinée du 18 juin 1992. Tandis que les cloches de l'église ponctuaient la célébration de l'office qui venait d'unir Marisa Cooks et Kevin Porter, les invités quittaient la place du pittoresque village des Laurentides et se dirigeaient vers l'auberge des Cèdres où avait lieu le déjeuner. Un cocher en habit vint ranger sa calèche devant l'église et les jeunes mariés y montèrent. La blonde Marisa, ravissante dans son tailleur blanc, paraissait plus jeune que ses vingt-trois ans. Kevin, de cinq ans son aîné, athlétique, le teint hâlé, portait avec élégance un costume croisé en lin crème et affichait un irrésistible sourire. Comme la calèche s'éloignait en direction de l'auberge, une vieille Québécoise murmura en regardant les jeunes gens enlacés :

– C'est un bien gentil petit couple!

Kevin et Marisa s'étaient rencontrés à Québec, dans le cadre d'un congrès d'électronique. Il y représentait une importante société montréalaise de composants et la jeune femme assistait l'un des conférenciers. D'aspect délicat, presque fragile, Marisa Cooks savait néanmoins comment parvenir à ses fins. D'entrée, elle fut séduite par la classe de Kevin. Le soir même, elle écrivit dans son journal : « Je viens de rencontrer l'homme de ma vie et je serai sa femme. » Elle commença d'abord par devenir sa maîtresse. Chaque vendredi, ils se retrouvaient pour le week-end dans un charmant petit motel, à la sortie de Thetford-Mines, à égale distance de Québec et de Sherbrooke où ils demeuraient respectivement l'un et l'autre.

Depuis trois ans, cette partie du Québec était terrorisée par un mystérieux criminel cagoulé de noir que les journalistes avaient baptisé le « violeur de brunes » parce que toutes ses victimes avaient les cheveux foncés.

La psychose était telle que pendant cette période les coiffeurs n'avaient jamais autant pratiqué de décolorations sur leurs clientes ! La gendarmerie royale du Canada mit en place, à Sherbrooke, une brigade spéciale de 60 policiers sous l'autorité du lieutenant Gelinas où pendant des mois, les enquêteurs accomplirent un travail de fourmis. Entre 1989 et 1992, le « violeur de brunes » avait agressé dans les Cantons de l'Est une vingtaine de femmes, sans compter celles qui avaient refusé de porter plainte...

L'homme suivait toujours le même scénario. Il se postait sur le parking d'un centre commercial, assommait sa victime quand elle rejoignait sa voiture et la jetait à l'arrière de son propre véhicule. Dans un endroit isolé, en dehors de la ville, il lui faisait alors subir des sévices sexuels et la torturait des heures avant de l'abandonner. Comme le violeur agissait non loin de la frontière américaine, l'état limitrophe du Vermont créa lui aussi une brigade, travaillant en étroite collaboration avec ses homologues québécois.

Cet acharnement finit par porter ses fruits quand l'une des victimes accepta d'établir un portrait-robot. Traînée par son agresseur au bord du lac Memphremegog elle avait profité de l'arrivée de pêcheurs pour lui arracher son masque et s'enfuir. On interrogea une centaine d'hommes de la région ressemblant plus ou moins au violeur. Kevin Porter était parmi eux. Comme aux autres, on lui fit une prise de sang dans le but de réaliser une empreinte génétique pour la comparer à quelques fragments de peau trouvés sous les ongles d'une des femmes violées.

Le vendredi suivant, Kevin raconta à Marisa les détails de son interpellation par la police. Et, s'amusant à prendre un air terrifiant, il gronda :

– Tu as de la chance d'être blonde!

Si l'on pouvait relever quelques similitudes physiques, le profil psychologique du violeur ne correspondait en rien à celui de Porter, que son entourage décrivait comme un citoyen modèle.

Gilles Layer, originaire de Megog, comme lui, le connaissait depuis l'enfance. Ensemble ils avaient obtenu leur diplôme à l'université McGill de Montréal. Quand on vint l'interroger, ses réponses furent sans ambiguïté :

– Pour moi, dit-il, Kevin est un homme attachant, spirituel et généreux, qui n'a nullement besoin de violer les femmes pour les séduire...

Comme pour tous les autres suspects, les policiers procédèrent à une enquête de voisinage. On leur décrivit Kevin Porter comme un homme charmant et un sportif accompli. Le sergent Bertrand Caron se rendit à l'université. Il avait fait partie de l'équipe de hockey et son coach ne tarissait pas d'éloges à son égard. Le livre d'or de la promotion 1982 de McGill fit sourire le policier. Alors que les autres diplômés le dédicaçaient à l'attention des générations futures, évoquant leur avenir et leurs ambitions au seuil du monde des affaires, Kevin lui, avait écrit non sans humour : « Quand je serai riche et célèbre, j'irai vivre en Californie pour regarder les filles bronzer sur les plages ! »

Les filles, c'est vrai, lui tombaient toutes dans les bras. A tel point que ses amis n'en crurent pas leurs oreilles quand ils apprirent que le « tombeur » de leur promotion était amoureux fou de Marisa Cooks et qu'en plus, il avait l'intention de l'épouser !...

La compagnie qui employait Kevin lui proposa un poste au siège, à Montréal. Marisa et lui s'installèrent quelque temps dans un bel appartement de l'avenue Bernard à Outremont, l'un des quartiers résidentiels de la ville. Mais ils le quittèrent au début du mois de juin pour emménager à Saint-Hippolyte dans les Laurentides, à une heure du centre par l'autoroute. Kevin y avait acheté une superbe maison de bois de style québécois, prolongée d'une immense véranda, face au lac. Leurs voisins immédiats, Jeanne et Jean-Pierre Karsenti, étaient des gens charmants. Ils se lièrent d'amitié et les invitèrent à leur mariage le 18 juin suivant.

Nul ne pouvait savoir quelle union vénéneuse consacrait ce mariage. Il est vrai que le « violeur de brunes » avait trouvé la femme idéale participant de bonne grâce aux jeux pervers de son amant, allant même jusqu'à les anticiper. N'était-il pas logique qu'il veuille en faire la femme de sa vie ?

Il possédait dans le parc du Mont-Tremblant, au beau milieu des Laurentides, une cabane en rondins qu'un oncle chasseur lui avait léguée. Ils la baptisèrent le « Jardin secret ». C'est là, dans la tiédeur d'un soir d'été, qu'il fit à la jeune femme le panégyrique de ses crimes, évoquant le bonheur indicible que lui procurait un viol, un vrai, et le besoin qu'il ressentait d'en partager un jour le plaisir jusqu'à son extrême limite.

Cet aboutissement auquel il la préparait depuis des mois la fascinait. Ils décidèrent de ne pas provoquer la rencontre avec « l'élue » mais de laisser agir le hasard.

L'occasion se présenta à un bien curieux moment de leur existence, ce qu'ils considérèrent comme un signe du destin.

Le 17 juin 1992, le couple quittait Montréal pour se rendre dans les Laurentides. Dédaignant la voie express ils empruntèrent la route 17. C'est Marisa qui, la première, repéra la toute jeune fille brune en short blanc et débardeur fuchsia, qui tendait le pouce à la sortie de l'intersection qui mène à l'aéroport de Mirabel. Après un regard en direction de sa compagne, l'homme freina et se gara sur le bas-côté. Caroline Trenton, quatorze ans, se rendait au lac Alouette pour y passer le week-end avec des amis.

A la sortie de Saint-Jérôme, le violeur obliqua à droite dans un chemin creux et stoppa devant une ferme abandonnée, à l'abri d'un petit bois. D'une voix changée, presque métallique, il ordonna à Caroline de sortir de la voiture. Et comme elle refusait, soudain apeurée, il la tira brutalement par les cheveux.

Il lui enserra les poignets dans une paire de menottes et la suspendit à un gros crochet fixé au mur pendant que sa complice lui arrachait son short et son débardeur. C'est elle qui eut l'idée de la raser. L'adolescente eut beau hurler et supplier, ses bourreaux n'eurent de cesse de la besogner, la frappant sauvagement lorsqu'elle refusait de leur obéir...

En début d'après-midi, Caroline succomba aux mauvais traitements. Pendant qu'il détachait le corps, Marisa retourna en ville acheter un sac de ciment et louer une tronçonneuse. Quand la voiture démarra, il cria :

– Rapporte quelque chose à manger!

Vers 21 heures, à l'abri d'un bouquet d'érables, au bord du lac brûlé, le « violeur de brunes » coupa le moteur de la Ford blanche. Sur l'autre rive, les contours de Sainte-Agathe-des-Monts s'estompaient peu à peu dans la nuit.

Sa complice ouvrit la malle arrière et tous deux en tirèrent, non sans peine, des blocs de ciment qu'ils jetèrent dans le lac. Puis, tranquillement, ils remontèrent en voiture et rejoignirent leur maison.

12 juillet 1992. Les cris joyeux d'une bande d'enfants rebondissaient à la surface du lac brûlé. A tour de rôle, ils s'élançaient et plongeaient en riant d'un promontoire quand soudain, l'un d'eux s'effondra en hurlant sur la berge, en proie à une crise de nerfs. Il s'était trouvé nez à nez avec un étrange « rocher » d'où dépassait un coude humain.

La police retira de l'eau huit blocs de ciment renfermant des membres. Le rapport du médecin légiste leur apprit qu'il s'agissait du corps d'une jeune fille nue et rasée. La mort remontait à trois semaines environ. Elle avait été provoquée par une accumulation de coups violents. Ce fait divers ignoble fit grand bruit dans tout le pays. Les enquêteurs redoutaient que ce crime ne soit l'œuvre d'un « serial killer ».

Leur instinct ne les avait malheureusement pas trompés. Le 2 septembre 1992 près de Saint-Jovite, un village situé entre Sainte-Agathe-des-Monts et Labelle, un cantonnier fit à son tour une macabre découverte dans un fossé envahi par les herbes au bord d'un chemin. C'était, là encore, le cadavre mutilé et nu d'une très jeune fille. On l'avait entièrement rasée elle aussi, sans prendre la moindre précaution, laissant des traces sanguinolentes sur son crâne et son pubis.

Comme la première, la gamine était montée en toute confiance dans la Ford. Cette fois, ils l'avaient assommée et emmenée au « Jardin secret ». Là, au beau milieu de la forêt, ils se sentaient protégés. Pendant 9 jours, l'adolescente devint un jouet entre leurs mains. Au gré de leur humeur, elle dut se prêter à toutes leurs perversités. Le soir, ils l'entravaient, la bâillonnaient et la laissaient nue sur le lit. Et chaque jour une nouvelle séance de torture commençait. Une nuit, malgré l'état d'extrême faiblesse dans lequel elle se trouvait, elle tenta une fois de plus de résister aux assauts de son bourreau.

Ivre de rage, il la frappa au foie de toutes ses forces. Le lendemain matin, le couple la retrouva morte, après une nuit d'agonie et 11 jours de calvaire. Le meurtrier enroula le corps meurtri dans une toile cirée et le déposa dans le coffre de sa voiture. Le soir même, il prenait la route de Montréal. Un peu avant Saint-Jovite, il engagea la Ford dans un chemin désert. Après avoir roulé une centaine de mètres, il fit discrètement glisser le paquet dans le fossé, abandonnant sa victime sans le savoir, à moins de trois cents mètres du domicile de ses parents.

Après la découverte du corps, la police fit paraître une photo dans la presse locale et, parallèlement, la compara aux différents avis de recherche, ce qui permit de l'identifier rapidement. Elle se nommait Barbara Simard et était âgée de quinze ans. Elle avait quitté le domicile de ses parents le 20 août à 9 heures du matin, pour se rendre au centre équestre, comme chaque semaine.

Elle n'y était jamais arrivée.

Rose rentrait d'un séjour de deux semaines de vacances chez sa tante lorsque, en descendant du car, son regard accrocha la photo de Barbara à la une d'un journal. Elle lut l'article et se précipita au commissariat pour y déposer. Elle était probablement l'une des dernières à l'avoir vue vivante ce 20 août...

Elles s'étaient rendues en ville toutes les deux ce matin-là. Comme Barbara était en retard, elle avait décidé de rejoindre le club hippique en « faisant du pouce », ajoutant qu'il y aurait bien un type sympa pour la prendre. Rose attendait le bus quand elle la vit, assise à l'arrière d'une petite voiture blanche arrêtée à un feu rouge. Elle eut le temps de noter la présence d'une femme blonde à l'avant et « d'un homme beau et bronzé » au volant.

Le témoignage de Rose était capital car, si elle n'avait fait qu'entrevoir la passagère, elle put en revanche fournir aux enquêteurs une description extrêmement précise du conducteur de la voiture. Le lendemain, le portrait-robot de ce dernier paraissait dans les journaux.

Il faisait doux ce matin-là et une brume de chaleur recouvrait le lac L'Achigan. Kevin et Marisa Porter prenaient leur petit déjeuner sur la terrasse quand la sonnerie de la porte d'entrée retentit. Sans attendre la réponse, Jean-Pierre Karsenti, leur voisin, se précipita en brandissant *Montréal-Matin* :

– Eh ! Regarde ce portrait, mon vieux, ça te ressemble comme deux gouttes d'eau, tu ne trouves pas ?

Reposant sa tasse de thé, Kevin prit le journal et parcourut l'article des yeux. Puis, il regarda la photo quelques secondes et, tendant le quotidien à Marisa, il dit mi-figue mi-raisin :

– Décidément j'ai un sosie...

Puis éclatant de rire, il ajouta :

– C'est vrai qu'il a un peu mon sourire de play-boy mais j'ai un alibi votre honneur. Depuis mon mariage, je ne quitte pas ma petite femme !

Il n'y eut plus d'autres crimes du même style jusqu'à la fin de l'année. A Noël, les Karsenti restèrent à Saint-Hippolyte. Quant aux Porter ils allèrent passer les fêtes à Québec, dans la famille de Marisa.

Le 23 février 1993, Jeanne Karsenti pénétra dans l'immeuble de la gendarmerie royale du Canada à Montréal, et demanda à parler au policier chargé d'enquêter sur les deux meurtres des Laurentides. Le sergent Cockran la fit entrer dans son bureau, lui offrit un café et l'invita à s'installer près de lui. Ils parlèrent de la neige qui s'abattait sur la région et d'autres petites choses sans importance... Le policier sentait que sa visiteuse avait des révélations à lui faire : il ne tenait pas à la brusquer. Dans cette enquête qui piétinait, il ne fallait négliger aucune piste. Enfin, au bout de dix minutes elle se mit à parler, d'une voix mal assurée. C'était au sujet des Porter, ses voisins. Tout avait commencé à leur retour de Québec, en plein milieu des fêtes de Noël.

Ce couple, d'ordinaire épanoui et gai s'était fermé en l'espace de quelques jours au monde extérieur. Marisa regardait son mari comme un étranger ; quant à Kevin, il était devenu irascible et soupçonneux jusqu'à la paranoïa. En quelques semaines, les choses s'étaient très vite dégradées. Kevin se mit à contrôler les faits et gestes de sa femme, lui interdisant de voir Jeanne et Jean-Pierre Karsenti. Il prit des congés pour mieux la surveiller. Il se mit à la battre, faisant preuve à son égard d'une incroyable cruauté.

Un jour, poursuivit Jeanne Karsenti, Oscar, le lézard que Marisa avait trouvé au bord du lac et apprivoisé, mordit Kevin au doigt. Fou de rage, il empoigna l'animal et l'embrocha de part en part. Puis, il le fit rôtir sur le barbecue et força sa femme à le manger...

Au début du mois de février, Kevin avait franchi un pas de trop. Au cours d'un de ses accès de rage dont il était devenu coutumier, il avait asséné un coup violent sur la tête de sa femme avec une lampe torche. Marisa avait été transportée d'urgence à l'hôpital du comté. Sous la violence du choc, son œil droit était en partie sorti de son orbite. Elle avait porté plainte et Kevin venait d'être condamné à trois mois de prison avec sursis.

– Hier, continua Jeanne Karsenti, Marisa m'a fait venir à l'hôpital et m'a dit : « Il n'arrête pas de me menacer. Si je rentre à la maison il va me tuer. Alors, je préfère tout dire à la police et négocier avec le procureur. »

Le sergent Cockran sursauta.

– Dire quoi à la police, madame ?

Jeanne Karsenti tritura ses gants quelques secondes avant de répondre :

– Elle est prête à témoigner au sujet des meurtres en échange d'une remise de peine.

Le soir même, Marisa Porter quitta l'hôpital sous la protection de deux hommes de la GRC et le domicile de Kevin Porter fut placé sous surveillance.

Ainsi qu'elle l'avait souhaité, dans le bureau du sergent Cockran l'adjoint du procureur était présent. Quand son avocat lui fit signe qu'elle pouvait parler, elle commença froidement sa déposition, répondant dans les moindres détails aux questions des policiers. Sur ses indications, les enquêteurs se remirent au travail. Ils passèrent au peigne fin la Ford Escort de Kevin, le « Jardin secret » au Mont-Tremblant et la ferme abandonnée de Saint-Jérome. Avec un sang-froid ahurissant, Marisa leur apprit qu'elle portait des gants, le soir du 17 juin 1992, quand ils avaient immergé les membres de Caroline Trenton.

– Vous comprenez, je me mariais le lendemain et je craignais de m'écorcher les mains avec le ciment!

Un policier lui demanda ce qui s'était passé à Noël pour que le comportement de Kevin change à ce point.

– Il s'en est pris à ma petite sœur et je ne l'ai pas supporté. Voilà pourquoi je vous raconte tout cela.

Il s'était effectivement passé quelque chose d'important dans la petite maison de pierres grises des Cooks, non loin des Plaines d'Abraham. Le jour de Noël, dans le courant de l'après-midi, les parents de Marisa se trouvaient au premier étage. Le « gendre idéal », comme ils nommaient affectueusement Kevin, terminait la décoration du sapin dans le salon en compagnie de Marisa et de Jill, leur fille cadette. Soudain, ils entendirent un hurlement suivi d'un bruit de chaise renversée.

Aux policiers appelés sur les lieux, Kevin expliqua

que la fillette, par jeu, lui avait pris son verre pour le boire. Il s'était précipité pour le reprendre et Jill se serait sauvée en riant, mais une chaise lui aurait fait perdre l'équilibre. C'est alors qu'elle serait tombée et que sa tête aurait heurté le coin de la cheminée... Le médecin légiste conclut à une mort accidentelle et les Porter repartirent pour Montréal quelques jours plus tard. Marisa fournit une tout autre version des faits aux hommes du sergent Cockran.

Elle affirma que ce jour-là, Kevin était éméché et qu'il avait insisté pour faire boire la petite. Ce fut un verre, puis deux. Il lui caressa tout d'abord les épaules, comme par jeu, puis soudain la coinça sur le canapé du salon et commença à pratiquer sur elle des attouchements qui n'avaient plus rien de fraternel...! Et comme elle résistait, il s'énerva. Son visage prit alors cette expression de folie meurtrière que Marisa connaissait bien. Il poursuivit Jill à travers la pièce en l'invectivant, malgré les protestations véhémentes de sa femme. Il la rattrapa finalement près de la cheminée et la frappa du poing sur la tête pour l'empêcher de crier et d'alerter ses parents. Mais elle s'écroula sur le bord de la cheminée et cessa de vivre. Se tournant vers elle, Kevin planta son regard dans celui de Marisa et gronda :

– C'est un accident. Tu parles aux flics et je te tue!

Elle le connaissait suffisamment pour ne pas prendre ses menaces à la légère.

Les révélations se succédèrent toute la nuit et le jour suivant. Le 25 février 1993, le téléphone sonna dans le bureau du capitaine Gelinas à la GRC de Sherbrooke. Son correspondant, un certain sergent Cockran de Montréal, informa le capitaine qu'il connaissait l'identité du « violeur de brunes ».

– Nous allons l'arrêter demain matin. Si vous voulez envoyer un membre de votre équipe, il sera le bienvenu !

La boucle était bouclée.

Le 26 février 1993, au petit matin, une dizaine de policiers cernent la maison de bois au bord du lac L'Achigan. Planté dans la neige jusqu'aux genoux, comme les autres, le sergent Caron de la police de Sherbrooke murmure :

– Quand je pense que l'année dernière je l'avais en face de moi, cette ordure, et que je ne l'ai pas cru coupable !

A 7 h 30, le sergent Cockran donne le signal. Silencieusement, les policiers, l'arme au poing, pénètrent dans la maison.

Lorsque Kevin Porter sort de la cuisine, portant le plateau de son petit déjeuner, ils lui bondissent dessus et le ceinturent sans qu'il oppose la moindre résistance.

Devant le juge, puis confronté à sa femme, il niera tout en bloc mais aucune de ses affirmations ne sera prise en compte car cette fois, les policiers ont en main un dossier solide et des preuves irréfutables. Ils tiennent enfin leur « violeur de brunes » et le double assassin des Laurentides.

Le procès de Marisa Porter eut lieu le 6 mai 1993. Au cours de ces dix jours, certains moments furent à la limite du supportable. Quand l'accusée, d'une voix détachée, raconta sans omettre le plus petit détail les sévices infligés à Caroline Trenton, la première victime, les visages se figèrent dans la salle d'audience et on perçut çà et là quelques sanglots. Et lorsque, quelques jours plus tard, elle évoquera la dislocation des membres et le bruit effrayant de la scie, un journaliste écrira :

« Je n'ai pas honte de le dire, j'ai pleuré devant autant de cynisme et d'abjection. Et je n'étais pas le seul à avoir la nausée. »

Après 4 heures de délibérations, les jurés de Montréal condamnèrent Marisa Porter à douze ans de prison pour complicité de meurtre. Elle purge sa peine dans un pénitencier pour femmes de l'Ontario.

Kevin Porter sera jugé plus tard car les charges qui pèsent sur lui sont doubles. D'une part, une juridiction des Cantons de l'Est l'accuse de 42 délits de sévices sexuels aggravés de violence sur 20 femmes. D'autre part il devra répondre de deux meurtres au premier degré aggravés de sévices sexuels et de violence commis dans les Laurentides. Celui d'une jeune fille de quatorze ans, Caroline Trenton, torturée et tuée en juin 1992, et celui de Barbara Simard qui venait de fêter ses quinze ans, torturée et assassinée, elle aussi, en septembre de la même année.

Il est probable aussi, que le ministère public lui imputera la mort de Jill Cooks, sa jeune belle-sœur de treize ans, survenue le 24 décembre 1992 dans des circonstances pour le moins douteuses. Le procureur a d'ailleurs diligenté un complément d'enquête et le coroner a ordonné l'exhumation du corps de la fillette et son autopsie.

« Le bien gentil petit couple » était arrivé à la fin de son parcours sanglant.

Bernard Loubat

L'équipée sanglante

Columbia, État de Caroline du Nord, juillet 1991.

En pénétrant sur le parking du supermarché où il compte acheter de quoi se confectionner quelques sandwiches, Charles William Merritt, vingt et un ans, cherche des yeux une place libre pour y garer la voiture de son père, un « van » (camionnette aménagée) de couleur marron glacé. Il est déjà 20 h 15, et Charles a l'intention de rentrer chez lui rapidement, de dîner sur le pouce et de s'atteler au plus tôt à la préparation d'une interrogation de physique prévue à la fac pour le lendemain matin. Charles n'a pas eu le temps de réviser autant qu'il l'aurait souhaité, car, chaque jour de la semaine de 18 à 20 heures, il fait le coursier pour financer ses études.

Alors qu'il s'apprête à ouvrir la portière pour descendre du van, il jette machinalement un regard dans le rétroviseur. Ce qu'il y aperçoit lui fait monter un juron aux lèvres : un jeune Noir, de son âge ou un peu plus vieux, s'approche de lui, un revolver à la main. Charles enfonce le taquet de verrouillage de la portière avant gauche et rejoint d'un bond l'arrière de la camionnette, dont les flancs aveuglés ne comportent pas de vitres. Une demi-seconde plus tard, Merritt se souvient que la portière avant droite n'est pas verrouillée. Mais il est déjà trop tard, un deuxième type, noir lui aussi, vient de l'ouvrir et de se glisser sur le siège du passager. Il ouvre l'autre portière à son acolyte armé, lui prend le revolver des mains, puis se glisse à l'arrière en direction de Charles, un drôle de sourire aux lèvres. L'étudiant se tasse contre les portes arrière qu'il sait verrouillées de l'extérieur.

– Oh, les gars, qu'est-ce que vous voulez ? demande l'étudiant pris de panique. J'ai un peu d'argent sur moi, je vous donne tout et on en reste là. D'accord ?

– On s'en fout de ton pognon, crache celui des agresseurs qui tient le revolver. On veut ta bagnole.

– Ouais, et on va aussi t'apprendre à vouloir nous b..., ajoute l'autre.

Malgré la pénombre, Charles distingue une lueur bizarre dans le regard des deux Noirs. Manifestement, ils ont bu ou ont pris de la drogue.

– Démarre, je vais m'occuper de lui, lance l'un d'eux à l'adresse de son copain.

Le conducteur s'exécute. Charles hurle des protestations :

– Prenez la voiture, prenez tout mon argent, mais laissez-moi partir. Je ne dirai rien, je le jure.

En guise de réponse, le garçon reçoit plusieurs coups de crosse sur le visage et sur le crâne. Il tente de se protéger, de s'enfuir. Le combat est vain. Son adversaire est moins corpulent que lui, mais il est armé et possède l'avantage d'avoir donné les premiers coups décisifs. En outre, il bloque de son corps la portière latérale coulissante, seule issue possible.

Tandis que le véhicule se dirige vers la sortie du

parking, le conducteur voit venir en face de lui une Volkswagen Coccinelle de couleur crème. La conductrice a passé la tête hors de l'habitacle; elle sourit et agite la main en regardant en direction du van. Le braqueur comprend que la jeune fille connaît le propriétaire de la camionnette et veut le saluer.

– Qu'est-ce que vous faites dans la voiture de mon père ? demande Susan, la sœur de Charles lorsqu'elle est parvenue au niveau de la camionnette. Qui êtes-vous ?

– Laisse tomber, lance le braqueur. Dis à ton vieux qu'il n'aura pas sa bagnole ce soir.

Et il démarre en trombe. A son passage, Susan Merritt croit entendre des cris et des coups sourds contre les parois du van. Le temps de faire demi-tour sur le parking encombré du supermarché et elle perd toute trace du van marron qui s'est fondu dans la circulation.

Au bout de quelques minutes, Charles Merritt s'évanouit sous la violence des coups. Il est blessé au nez et à l'oreille et son visage baigne dans le sang.

Les deux garçons qui l'ont agressé sont à peine plus âgés que lui : Louis Onslow, celui qui conduit, a vingt-cinq ans; Ralf Beaver, qui s'acharne encore sur le corps sans connaissance de Charles, vingt-trois. Ils sont en vadrouille dans la ville de Columbia depuis le début de la journée. Ils ont bu sans interruption des dizaines de boîtes de bière, puis se sont mis à la recherche d'un véhicule pour continuer leurs beuveries dans les bars d'Orangeburg, une ville située à une soixantaine de kilomètres au sud.

Environ une demi-heure après la scène du parking, la camionnette, toujours conduite par Onslow, stoppe dans la campagne.

– Qu'est-ce que tu fais ? Pourquoi tu t'arrêtes ? demande Beaver.

– On va se débarrasser de lui. Je ne veux pas le traîner toute la nuit.

Le corps de Charles Merritt est tiré hors du van par la portière latérale. Au contact de l'air frais, le garçon reprend connaissance et émet quelques râles. Lorsqu'il ouvre les yeux, il aperçoit l'arme pointée sur lui. Beaver la tient d'une main tremblante.

– Vas-y, tire ! Descends cette pauvre cloche ! hurle Onslow.

Charles tente de parler, mais ses lèvres ne lui obéissent pas. Il rampe vers Beaver et son bras vient mollement frapper le pied du garçon. Sous les cris d'encouragement de son ami, Beaver tire une balle. Elle atteint Charles Merritt à la base du cou et le tue instantanément.

Les deux braqueurs remontent en voiture, laissant le cadavre là où il est, sur une butte herbeuse au milieu d'un sous-bois. Ils reprennent la route au hasard et roulent pendant plus de deux heures, ne s'arrêtant que pour se ravitailler en bière dans les stations-service de la région. Au fur et à mesure de leur errance, les braqueurs se rendent compte que cette fois-ci ils ont dépassé le stade des petits larcins pour lesquels ils ont déjà été condamnés. L'affolement les gagne et l'alcool ne suffit plus à entretenir l'euphorie qui leur a tout d'abord masqué la gravité de la situation.

Vers minuit, la voiture s'engage dans un petit chemin et s'arrête à l'abri des regards. Les deux garçons sont complètement ivres mais assez lucides pour conclure que la jeune fille qui les a croisés au supermarché a certainement donné l'alerte et le signalement du van.

– Il faut changer de voiture, décide Onslow. On va se barrer de la région. Le temps que les choses se tassent.

– Où veux-tu trouver une bagnole ?

– On va prendre la direction de la Georgie par la nationale. Il y a toujours un peu de circulation. On fera la même chose que pour celle-là.

Les deux fuyards prennent la route nationale en direction de Savannah. Vers minuit et demi, en pleine campagne, ils croient repérer la victime idéale : un homme d'une quarantaine d'années au volant d'un break Buick chargé de matériel de pêche. Beaveer, qui a repris le volant, talonne la voiture et lance des appels de phares répétés. Le propriétaire du break ralentit, s'arrête sur le bas-côté et descend sa vitre. Beaver sort du van et s'approche du conducteur, longeant le véhicule par la gauche.

– Hé, mon pote, tu connais une station-service pas trop loin ? demande-t-il. J'ai l'impression que je vais bientôt être à sec.

Comme il réfléchit un instant, le pêcheur aperçoit Onslow, qui s'est avancé discrètement jusqu'à la portière avant droite, en profitant de l'obscurité. Le pêcheur jette un œil apeuré au revolver. Sans réfléchir, il écrase l'accélérateur et la lourde voiture à boîte automatique s'arrache de l'accotement en soulevant un nuage de poussière. Onslow n'a pas le temps de tirer. Il s'accroche à la poignée de la portière et se fait traîner sur quelques mètres. Puis il lâche prise.

L'homme à la Buick roule pleins gaz pendant une dizaine de minutes. Quand il se sait hors de danger, il s'arrête près d'un groupe d'habitations pour téléphoner au bureau du shérif de la circonscription de Ridgeland, dont dépend le secteur. En quelques minutes, shérifs et policiers des comtés mitoyens reçoivent des avis de recherche relatifs à deux jeunes Noirs armés circulant dans un van marron.

A 1 h 10, l'agent Rickshaw de la police d'Allendale repère le van. Pour éviter de se faire prendre après leur braquage manqué, les tueurs ont quitté la Nationale 95 et obliqué vers le nord. Rickshaw enclenche sirène et gyrophare et prend la camionnette en chasse. Tout en conduisant, il pose son revolver de service sur le siège voisin, à portée de main. Au bout de quatre cents mètres, le van ralentit et s'engage sur l'accotement. Avant que le véhicule ait terminé sa course, l'agent voit deux silhouettes s'éjecter par les portières et s'évanouir dans l'obscurité environnante. Le van, en roue libre, s'échoue contre le talus.

Le policier connaît bien les lieux et comprend que les fuyards ne s'en sortiront pas en pleine nuit. Ils se trouvent dans une espèce de ravin dont les points de sortie sont peu nombreux et difficiles d'accès. Il lance un appel radio pour obtenir du renfort. Dix minutes plus tard, plusieurs de ses collègues le rejoignent et rangent leurs voitures au bord du ravin. Les rampes de projecteurs dont sont équipés les véhicules de police parcourent la dépression de leurs pinceaux lumineux. Beaver et Onslow sont rapidement repérés. Le premier a jeté l'arme le plus loin possible dès qu'il a compris qu'il était coincé. Ils n'opposent aucune résistance et sont conduits menottes aux poignets au quartier général de la police d'Allendale. Ils déclinent leurs identités puis, d'un commun accord, décident de ne plus répondre aux questions posées.

En consultant le fichier des cartes grises, les agents découvrent l'identité du propriétaire du véhicule et téléphonent chez le père de Charles Merritt. Celui-ci leur apprend que son fils a disparu et leur relate ce que sa fille Susan a vu sur le parking du supermarché de Columbia. Mais la jeune fille ne pourrait reconnaître le conducteur qu'elle a aperçu trop furtivement et alors qu'elle était sous le coup de la surprise. Elle peut seulement affirmer qu'il s'agissait d'un homme de couleur. Conscients que les deux hommes qu'ils viennent d'arrêter sont peut-être des braqueurs-kidnappeurs, les policiers d'Allendale préviennent leurs collègues de Columbia.

Tôt dans la matinée, deux détectives de Columbia arrivent à Allendale. En se relayant avec leurs collègues locaux, ils interrogent les deux braqueurs et parviennent progressivement à leur tirer les vers du nez. Ils étaient pourtant convenus de rester muets, mais leur détermination se délie progressivement devant la tactique d'usure employée par les enquêteurs. Beaver, le plus jeune, craque le premier et indique où se trouve le cadavre de Charles Merritt. Selon les premières versions qu'il a fournies des événements, lui et Onslow seraient tombés par hasard sur la camionnette. Ils se seraient emparés du véhicule en négligeant le cadavre qui gisait près de là et dont ils ignoraient la présence.

– Donc, toi et ton copain, vous ne seriez pour rien dans la mort du jeune Merritt ? avance l'un des détectives d'une voix posée.

– Non, monsieur, répond Beaver. On se promenait, on a vu le van avec un type mort ou évanoui à côté et on s'est dit qu'on allait faire un tour avec le van.

– Vers quelle heure l'avez-vous trouvé ?

– Neuf heures environ.

– Il me faut des précisions sur l'endroit où est le corps. C'est à quelle distance de Columbia ? Trente kilomètres ?

– Oui, à peu près.

– Je ne connais pas bien le secteur, continue le policier, mais l'endroit dont tu me parles doit être assez isolé. Ça expliquerait que personne n'ait rien entendu quand Merritt a été tué.

Le jeune homme ne répond pas, redoutant un piège. Le détective se lève :

– Je vais prévenir mes collègues pour que quelqu'un aille retrouver le corps de Charles.

Comme Beaver se détend, le policier revient à la charge :

– Dis-moi, mon gars, comment se fait-il que toi et ton copain, vous vous trouviez en rase campagne à neuf heures du soir ? Vous étiez venus là à pied ?

Beaver cherche ses mots, bafouille :

– Oui, enfin non. Un copain nous a déposés en voiture dans l'après-midi et...

Mais le détective a déjà quitté la pièce en refermant la porte à clé derrière lui. Beaver comprend qu'il s'est fait avoir.

Les interrogatoires se poursuivent toute la matinée et une partie de l'après-midi. Beaver et Onslow dessoûlent progressivement, se fatiguent et s'énervent. Ils lâchent peu à peu les éléments nécessaires aux policiers pour reconstituer l'enchaînement des événements. Beaver indique également l'endroit où le revolver – qui appartient au grand-père de Beaver – a été jeté. Cela permet à un agent qui ratisse les environs du ravin où a eu lieu l'arrestation de retrouver l'arme. Les analyses balistiques confirmeront qu'elle a bien tiré le projectile qui a tué Charles Merritt.

Les enquêteurs progressent à l'aide de quelques ruses classiques : ils indiquent à l'un des complices que l'autre a avoué et lui a tout mis sur le dos. Vers

18 heures le lendemain du meurtre, les policiers disposent de deux récits à peu près concordants et conformes à la réalité. Un seul point demeure obscur : d'après les deux garçons, le coup de feu mortel aurait été tiré alors que la victime tentait de l'ôter des mains de Beaver. Or les policiers unanimes ont plutôt le sentiment que Merritt a été abattu sans résistance de sa part, mais les versions de l'assassinat données par Beaver et Onslow ne varieront plus sur ce point. En revanche, plusieurs désaccords subsisteront entre eux : chacun prétend que c'est l'autre qui a eu l'idée de voler la voiture et d'éliminer Merritt. Beaver maintient en outre que Onslow l'a poussé à tirer la balle mortelle, ce que nie son complice.

Beaver sera jugé treize mois après les faits dans un tribunal de Caroline du Nord. D'après la législation en vigueur dans cet État, les procès susceptibles de se conclure par des peines capitales se déroulent en deux phases : en premier lieu, il est demandé à l'inculpé s'il plaide coupable ou non coupable ; dans un deuxième temps, si l'avocat général décide de le poursuivre pour meurtre « au premier degré » (le plus grave), les juges et les jurés discutent de l'opportunité d'appliquer ou non la peine de mort.

Lors du procès, au cours duquel est diffusé l'enregistrement de ses aveux, Beaver s'effondre.

– Je pense surtout aux proches de Charles Merritt, gémit-il. Je demande à Dieu d'aider cette famille brisée par ma faute. Je prie toutes les nuits pour cela.

Puis le procureur met à jour les contradictions de ses dépositions, l'incertitude qui règne encore quant aux circonstances exactes dans lesquelles le coup de feu mortel a été tiré.

– Nous étions complètement ivres. Je ne me souviens pas, je ne suis pas sûr, plaide Beaver, tout en admettant que l'arme était dans sa main.

A l'issue de la première phase, les deux avocats du garçon se concertent. Ils décident que leur client doit plaider coupable pour les chefs d'inculpation de vol à main armée, kidnapping et meurtre au premier degré. Leur calcul est le suivant : si Beaver admet sa culpabilité, il sera difficile au ministère public de demander la peine de mort en l'absence de preuves de préméditation. Leur stratégie s'avère payante : le jury – neuf femmes, trois hommes – décide que Beaver mérite la prison à vie.

Le procès d'Onslow a lieu à un mois de distance dans le même tribunal. Il plaide également coupable sur les trois mêmes chefs d'inculpation que Beaver : attaque à main armée, kidnapping et meurtre. En échange, le ministère public réduira la troisième charge à un meurtre au deuxième degré. Mais en raison de l'influence qu'il semble avoir eu sur Beaver, Onslow sera aussi condamné à la peine perpétuelle, plus quarante années.

François Cote

La femme de mon pote

Minneapolis, État du Minnesota, janvier 1992, Quartier Général du MPD (Minneapolis Police Department).

La jeune femme doit avoir dans les vingt-cinq ans. C'est une petite rousse un peu potelée, bien roulée, sans plus. Mais il faut bien le reconnaître : depuis dix ans qu'il travaille dans le service des personnes portées disparues, le détective-sergent Clark Garfield, un célibataire de trente-trois ans, n'a pas l'impression d'avoir vu défiler que des sosies de Cindy Crawford. Allez savoir pourquoi, mais les types qui sortent chercher des cigarettes et ne reviennent jamais sont rarement mariés à Miss Amérique.

La rouquine s'appelle Jill Shelby et vient déclarer la disparition de son mari Tom.

– Quand avez-vous vu votre mari pour la dernière fois ? interroge Garfield en prenant des notes.

– Le 18 janvier au matin, lorsqu'il est parti à son travail, répond Jill Shelby.

– Vous avez remarqué quelque chose de spécial ?

– Non, rien. Il devait rentrer le soir après le boulot, comme d'habitude.

– Et il n'est pas revenu, c'est ça ? Dites-moi, vous ne devez pas être d'un naturel inquiet ? Nous sommes le 29. Pourquoi n'êtes-vous pas venue nous voir avant ?

– Eh bien..., hésite la jeune femme. C'est à cause de Harry Melstone, un collègue de mon mari. D'abord, il m'a téléphoné le 18 vers 19 heures pour me dire que Tom serait en retard. Ils venaient de se séparer et Tom en avait au maximum pour une demi-heure de trajet jusqu'à la maison. Mais il n'est pas rentré. Au début, j'ai cru qu'il s'était arrêté pour boire un coup chez un copain, alors je me suis couchée. Le lendemain, j'ai vu qu'il n'était pas là.

– Et pourquoi n'avez-vous pas appelé la police ce matin-là ?

– Justement... J'allais vous le dire. C'est à cause de Harry. Je l'ai appelé à nouveau pour lui demander s'il avait eu des nouvelles de mon mari. Quand il a su que Tom n'était pas rentré, il m'a dit qu'il avait dû partir en virée avec une bande de copains qu'il fréquentait depuis quelque temps. Des gens qui faisaient pas mal la fête et fumaient souvent de la marijuana. Harry m'a dit que Tom avait certainement forcé un peu sur le joint et qu'il devait avoir le réveil pénible.

– Vous les connaissez, ces gens ?

– Non, Tom ne m'en a jamais parlé. Mais il a beaucoup d'amis.

– Ça lui arrivait souvent de rentrer tard ?

– Non. En tout cas, pas sans prévenir. Il faut que je vous dise, nous avons un petit garçon de dix-huit mois.

– Que vous n'ayez pas alerté la police le lendemain, je veux bien, mais pourquoi avoir attendu presque dix jours ?

– Je ne sais pas... Je me disais que Tom ne serait pas content quand il reviendrait. Et Harry m'a conseillé de patienter un peu.

Garfield élargit le champ de ses questions, et la jeune femme lui raconte sa vie de couple avec Tom Shelby, technicien pour un institut d'études géologiques.

– Cinq ans de vie commune sans problème, conclut la jeune femme, en montrant une photo de la famille prise à Noël 1991.

Garfield prend tout en note, puis il pose une dernière question :

– Comment était habillé votre mari la dernière fois que vous l'avez vu ?

– Il portait un jean, un gros pull noir en laine, et une parka de l'armée kaki avec une capuche doublée de fourrure parce qu'il travaillait souvent en plein air. Il avait aussi une casquette bleu marine.

Garfield relève l'adresse de la jeune femme. Elle vit dans une banlieue de Minneapolis que Garfield connaît bien : son adjoint direct, le détective Goodrich, y habite également. Puis le sergent raccompagne Jill Shelby jusqu'à la sortie du quartier général de la police, situé au cœur de la capitale d'État.

Immédiatement après, il envoie un rapport au CNIC (Centre national d'information sur le crime). Cet organisme est une banque de données informatisée installée à Washington. Il regroupe les fiches de seize millions d'individus recherchés ou portés disparus. Garfield expédie également le rapport au Bureau du Procureur du comté.

Le lendemain, Harry Melstone, le collègue de travail de Tom Shelby, est convoqué au QG de la police. En fin d'après-midi, l'homme qui s'assoit en face de Garfield et Goodrich semble très détendu. Il est grand, dix centimètres de plus que Garfield qui n'est pourtant pas petit, avec un physique de camionneur, une barbe, des cheveux courts sur le dessus de la tête et longs sur la nuque. Il adopte une position décontractée, le bras gauche négligemment passé par-dessus l'accoudoir du fauteuil, et commence à faire tournoyer sa casquette sur son index droit.

– Nous sommes en charge de l'enquête sur la disparition de Tom Shelby, annonce Garfield. Comme vous êtes la dernière personne à l'avoir vu, nous comptons sur votre collaboration.

– Je ne vois pas ce que je peux faire pour vous aider, répond Melstone en haussant les épaules. Tom est parti de chez moi vers 18 h 45. J'ai appelé sa femme pour lui dire qu'il venait de me quitter et aurait un peu de retard. C'est tout.

– Vous le connaissiez bien ?

– Oui, plutôt. C'était même un de mes meilleurs amis depuis longtemps. Nous travaillions ensemble à l'institut de géologie.

– Puisque vous étiez très proches, il vous a peut-être fait part de quelque chose à propos de sa vie privée.

– Non, mais j'ai effectivement un doute sur un truc de ce genre.

– C'est-à-dire ?

– Je pense qu'il y a une histoire de femme. Récemment, il s'était acoquiné avec une bande de types un peu louches, des gars qui tiraient sur le pétard... La nana devait faire partie du groupe.

– Vous l'avez vue ? Vous connaissez son nom... son adresse ?

– Non, pas du tout. C'est juste des petits morceaux que j'ai recollés à partir de choses bizarres dans son comportement.

– Que faisiez-vous ensemble le jour où il a disparu ?

– Nous revenions d'une mission au nord de l'État pour des relevés géologiques. Nous sommes d'abord repassés aux bureaux de l'institut. Et puis j'ai demandé à Tom de me suivre en voiture jusque chez Chevrolet car le camion de l'institut avait un problème. J'ai laissé le bahut dans ce garage. Ensuite, Tom m'a déposé chez moi et il est reparti. J'ai appelé sa femme pour lui dire que Tom arrivait.

– Quelle heure était-il quand il vous a déposé ? demande Goodrich.

– Je vous l'ai dit : sept heures moins le quart, à peu près. Depuis, je n'ai pas eu de nouvelles.

L'entretien prend fin et les deux policiers se retrouvent dans le bureau.

– Qu'en penses-tu ? demande Garfield.

– Il me semble clair. Et vachement relax. Je suis plutôt convaincu.

– Ouais. Même chose pour moi. Il avait vraiment l'air trop *cool* pour nous mener en bateau. Bon, allez, assez bossé pour aujourd'hui. Je ferai d'autres vérifications demain.

Le lendemain, Goodrich arrive au QG vers 9 heures. Garfield est déjà là, en train de siroter un café au distributeur.

– Tu ne devineras jamais ce que je viens de voir. Je suis passé devant chez Jill Shelby pour voir à quoi sa maison ressemblait. De toute façon, c'est sur mon chemin. Une camionnette était arrêtée devant la baraque, avec des meubles et des affaires sur le plateau. Je suis repassé une deuxième fois, et j'ai aperçu Melstone en train de décharger des valises dans la maison. Il avait l'air d'emménager chez Jill.

– P...! Il est gonflé, celui-là, s'écrie Garfield. Il ne perd pas de temps.

Dans les jours qui suivent, Garfield et Goodrich questionnent à nouveau le fichier du CNIC, mais en vain. Ils vérifient auprès du garage Chevrolet l'emploi du temps de Shelby et Melstone le soir du 18 janvier : les employés confirment les dires de Melstone. Seul élément notable, le sergent reçoit un coup de fil d'un détective de la police de Crystal, la ville de banlieue où travaille Jill Shelby.

– Clawson à l'appareil. Je viens de recevoir un appel anonyme d'un collègue de Jill Shelby. Je crois que tu es chargé de l'enquête sur la disparition de son mari.

– Exact.

– Le type m'a dit qu'à son avis Shelby a été victime d'un mauvais tour car Jill serait la maîtresse d'un ami de son mari.

– On est au courant. Le gars s'appelle Melstone, c'est ça ?

– Ouais, c'est le nom que le type a donné.

– Okay, merci de ton appel.

L'hiver passe, et toujours pas de nouvelles de Shelby. Garfield et Goodrich gardent le dossier sous le coude, car ils ont quelques doutes sur l'affaire. Mais pas de preuves qu'il s'agit d'autre chose que d'une « banale » disparition.

Une nuit d'avril 1992, à 4 heures du matin, le téléphone sonne chez Garfield. Le sergent reconnaît la voix de l'officier de permanence nocturne au QG.

– J'ai du nouveau pour toi sur l'affaire Shelby. La police de Saint Cloud (ville située au nord de Minneapolis, également dans l'État du Minnesota) vient d'appeler. Ils ont trouvé une voiture abandonnée, sans ses plaques d'immatriculation qui ont été arrachées. En interrogeant le CNIC, les collègues ont eu le choc de leur vie : la voiture appartient à Tom Shelby.

– C'est bon, je fonce à Saint Cloud. Pas la peine de réveiller Goodrich. Laisse-lui un mot sur son bureau pour lui indiquer ce qui se passe. Dis-lui de prendre mes appels et que je le contacterai dans la matinée.

Garfield s'habille en vitesse, saute dans sa Pontiac et file à Saint Cloud, ville distante d'une petite centaine de kilomètres, en grillant allègrement les limitations de vitesse. Quand il arrive, le jour est en train de se lever. Il se rend au commissariat où l'attendent deux jeunes flics en tenue. Les agents le conduisent à la voiture où officient déjà les techniciens de la police de Saint Cloud.

La Ford de Shelby a été abandonnée sur le parking d'un immeuble d'habitation un peu décrépi dont le propriétaire, intrigué, a averti la police. Un coup d'œil suffit à Garfield pour voir que l'intérieur du coffre est maculé de taches de sang.

– Vous avez trouvé le groupe sanguin ? demande Garfield à l'un des techniciens.

– On l'aura dans une heure, sergent.

– A part ça, rien de particulier ?

– Pour le moment, non. Pas de traces de lutte, ni de poudre dans l'habitacle.

– Je retourne au commissariat de Saint Cloud. Vous me transmettrez votre rapport là-bas.

Garfield regagne le commissariat en compagnie des deux agents qui lui trouvent un bureau, un téléphone et du café. Il est 7 heures et Garfield, dans son excitation, ne ressent aucune fatigue malgré sa nuit de sommeil écourtée. Il décroche le téléphone et appelle Goodrich chez lui. L'épouse de son adjoint lui annonce qu'il est en train de se raser et va le prévenir.

– Que se passe-t-il ? demande Goodrich en prenant la communication.

– Pose ton coupe-chou, je m'en voudrais que tu sois défiguré. Écoute ça : on a trouvé la bagnole de Tom Shelby abandonnée à Saint Cloud. Je suis sur place. Il y a des taches de sang comak dans le coffre.

– Bigre !

– Comme tu dis. Voilà ce que tu vas faire : téléphone au bureau du proc et demande l'autorisation d'alpaguer Melstone. Ensuite, rapplique avec lui en vitesse. Je suis au commissariat central. Je t'attends.

Une demi-heure plus tard, Goodrich, accompagné de deux policiers du MPD, procède à l'arrestation de Melstone chez lui, c'est-à-dire chez Jill Shelby. Le technicien-géologue ouvre la porte en personne.

– Nous voudrions vous interroger à propos de la disparition de Tom Shelby, explique Goodrich. Je dois vous lire vos droits constitutionnels : à partir de maintenant, tout ce que vous direz pourra...

– Ça va, vous fatiguez pas, coupe Melstone. Je viens avec vous. Je ne veux pas d'avocat. De toute façon, je ferai tout mon possible pour vous aider.

Une heure et demie plus tard, les quatre hommes sont au commissariat de Saint Cloud. Sur-le-champ, Garfield emmène Melstone à la voiture.

– Bon, je vais vous expliquer, déclare Harry Melstone, confronté aux taches de sang séché. Tom est mort. Le jour où c'est arrivé, nous sommes bien passés chez Chevrolet où j'ai laissé le camion. Mais ensuite j'ai demandé à Tom s'il voulait bien me donner son avis sur le système de chauffage de ma voiture qui fonctionnait mal. Nous sommes retournés chez moi, et Tom a garé sa voiture à côté de ma camionnette *pick-up* dans le garage. Il a soulevé le capot et m'a dit que le problème venait de la bobine. Il m'a conseillé de la remplacer moi-même. Il suffisait que je regarde comment était montée celle de sa voiture, il a dit. Quand je me suis penché sur le moteur, il a sorti un couteau et a appuyé la lame contre mes côtes.

– Pour quoi faire ? demanda Garfield.

– Il pensait que j'avais une liaison avec sa femme et voulait que j'avoue.

– C'était vrai ?

– Oui.

– Vous avez avoué ?

– Non. Je me suis défendu. Pendant la bagarre, alors que je repoussais son bras pour éloigner la lame, nous sommes tombés et Tom s'est planté le couteau dans la gorge.

– Tout seul ?

– Oui... enfin, non... je ne sais pas. Je voulais le désarmer et c'est tout. Ce n'est pas moi qui tenais le couteau.

– Et ensuite ?

– J'ai appelé Jill pour lui dire que Tom serait un peu en retard. Nous avons discuté cinq minutes.

– Et vous ne lui avez rien dit ?

– Non, rien du tout. Je ne voulais pas qu'elle s'inquiète. Je désirais gagner du temps pour réfléchir à ce que je pouvais faire.

– Qu'avez-vous fait du corps ?

– Je l'ai mis dans le coffre de la Ford de Tom, je suis allé jusqu'à la rivière et je l'ai jeté dans le Mississippi, avec le couteau.

– Pourquoi vous n'avez pas appelé la police ?

– Je n'étais pas sûr de pouvoir convaincre les flics que c'était un accident. Il aurait fallu avouer que j'avais une liaison avec Jill.

– Tandis qu'emménager chez elle au bout de quelques semaines, c'était plus élégant, grince Garfield.

– Et surtout très discret, ajoute Goodrich.

Melstone ne répond pas. Il a l'air abattu du type qui sait que de gros ennuis l'attendent, mais il ne cède pas à la panique. A certains moments, Garfield croit même apercevoir dans son regard une certaine dose de défi. Melstone semble conscient du fait qu'à défaut de cadavre, il est difficile de contredire sa version!

– A quel endroit exact avez-vous jeté le cadavre? reprend Garfield.

– Je n'en sais rien. Il faisait nuit et c'était un endroit où je n'étais jamais allé.

– Êtes-vous sûr qu'il est bien tombé dans l'eau?

– Oui, j'étais un peu en surplomb et j'ai entendu un bruit d'éclaboussures.

Le soir même, le procureur confirme la mise en détention de Melstone et son inculpation pour meurtre. Il demande à voir Garfield et ne lui cache pas que la situation est délicate :

– Résumons-nous, sergent. Nous n'avons ni cadavre ni arme du crime et pas non plus de témoignage ou d'élément de preuve permettant d'infirmer les dires de Melstone. Que donnent les analyses sur la voiture?

– Pas grand-chose, monsieur le procureur. Le sang qui imbibe le coffre est du groupe A+, mais il n'existe aucun document établissant le groupe sanguin de Shelby. Nous ne sommes donc pas plus avancés.

– Pensez-vous que la femme de Shelby soit dans le coup?

– Rien ne permet de l'affirmer.

– Que proposez-vous ?

– Je ne suis pas encore allé chez Melstone. Je trouverai peut-être quelque chose dans le garage.

Le jour suivant, Garfield et Goodrich sont à pied d'œuvre pour passer la maison et le garage de Melstone au peigne fin. La demeure est l'endroit idéal pour un crime : un bâtiment à deux étages dans le style Tudor, situé en haut d'une colline, au milieu d'un petit parc. Melstone l'occupait seul, en échange d'une surveillance de la propriété. La fouille s'engage plutôt mal : alors que la police examine en général les lieux d'un crime dans les heures qui le suivent, les deux policiers ont plus de deux mois de retard. Ils trouvent un garage ouvert aux quatre vents, rempli de feuilles mortes.

C'est pourtant là que les deux détectives tombent sur un indice propre à réorienter leur enquête. En déplaçant une pile de rondins de bois de chauffage, les deux policiers découvrent une douille de balle calibre 9 mm, sans doute éjectée sur le tas de bois par une arme automatique. Malgré la poussière apportée par le vent, Garfield repère également de nombreuses taches de sang sur des vieux journaux et sur un pan de mur.

L'examen des instruments de travail de Melstone, dans les locaux techniques de l'institut de géologie, apporte un indice d'importance : en passant la main sous le siège de son camion, Goodrich découvre un pistolet automatique 9 mm de type Smith & Wesson 659. Les services scientifiques relèveront sur l'arme les empreintes de Melstone, ainsi que des traces de sang à l'extrémité du canon, signe qu'un coup a été tiré à bout portant ou à bout touchant. La thèse de la lutte au couteau en prend un sérieux coup, quoique rien ne prouve que la balle ait été tirée sur Tom Shelby. Car le sang trouvé sur le canon, brûlé par la chaleur du canon, n'a pas « parlé ».

Bien que sa conviction profonde soit établie, Garfield demeure insatisfait car les éléments recueillis sont encore insuffisants pour confondre Melstone. Ce dernier le sait bien et, depuis sa prison, il continue à soutenir sa version des faits. Après une brève phase de découragement, Garfield se jure de faire la lumière sur tous les détails de cette affaire. La raison de son obstination : il n'en revient toujours pas de l'air désinvolte qu'affichait Melstone dans son bureau, lors de sa première visite.

– Pour le moment, je ne vois qu'une seule erreur dans le comportement de Melstone, explique le sergent à son adjoint. C'est de s'être foutu de notre gueule à ce point-là, et plusieurs fois de suite. Mais maintenant, je ne vais plus le lâcher.

Malgré la détermination du sergent, l'enquête reste désespérément bloquée à ce stade. Pourtant, alors que d'autres investigations lui sont confiées, Garfield ne peut s'empêcher de revenir voir la Ford de Shelby, garée dans un parking de la police. Il demeure persuadé que la solution est là. Sur ses indications, les techniciens ont analysé la poussière des tapis, la boue incrustée dans les reliefs des pneus, etc. Les sièges et les garnitures ont été démontés ; le châssis et les carters ont été examinés par-dessous grâce à un pont élévateur. Rien de tout cela n'a permis de mettre à mal la version de Melstone.

Sur le point de laisser tomber, Garfield décide d'effectuer une dernière visite au garage. Comme il l'a fait des dizaines de fois, il s'accroupit devant la calandre de la voiture et observe la carrosserie d'un air songeur. Puis ses mains se posent à plat sur le capot et son menton vient s'appuyer sur elles. Il passe ainsi plusieurs minutes à méditer, les yeux dans le vague. Son regard se pose enfin sur le trou dans lequel vient s'enclencher le bras – démonté pour les besoins de la fouille – de l'essuie-glace côté conducteur, puis sur celui situé face au siège du passager. Le premier est légèrement plus large que le second, et de forme un peu ovale. Le cœur battant, Garfield se redresse et s'approche du pare-brise. Pas de doute, les deux trous n'ont pas la même forme. Du poste de téléphone le plus proche, il mande d'urgence un expert en balistique du MPD. En attendant, le sergent démonte la grille horizontale d'évacuation de l'eau de pluie située à la base du pare-brise et, à l'aide d'une torche électrique, il observe la paroi située derrière la base de l'essuie-glace. Le type de la balistique arrive quelques instants plus tard, muni d'une trousse en cuir.

– Voilà certainement la trace de balle que nous recherchions, annonce Garfield.

– Chapeau, sergent. Les gars du service ont passé plus de cinquante heures sur cette bagnole et tous pensaient que l'on ne pourrait rien en tirer de plus. Pour la balle, ce sera du gâteau de la récupérer, elle s'est fichée dans du revêtement isolant. Elle doit être à peine abîmée. Je suis certain qu'elle va nous en apprendre beaucoup.

Deux jours plus tard, les analyses confirment que la balle a bien été tirée par le Smith & Wesson 9 mm découvert dans le camion de Melstone. Elles révèlent également la présence d'un morceau de fibre de tissu synthétique bleu, provenant sans doute de la casquette de Shelby. Remis au travail par Garfield, les techniciens définissent la trajectoire de la balle d'après son angle de pénétration. En ciblant leurs nouvelles recherches dans l'axe de cette trajectoire, ils relèvent sur le moteur quelques éclaboussures de sang et de matière cervicale.

Le procureur, informé des dernières découvertes, convoque à nouveau Garfield.

– Bien joué, sergent, se réjouit le magistrat. La thèse du couteau ne tient plus. Il ne vous reste plus qu'à retrouver le cadavre. Que donnent les avis que nous avons lancés dans les États voisins ?

– Rien. Aucun cadavre non identifié ne correspond au signalement de Shelby.

– Avez-vous fouillé le jardin de Melstone ?

– Non, je ne pense pas qu'il aurait commis l'erreur de l'enterrer à côté de chez lui.

– On ne sait jamais. J'ai un collègue procureur dans le Wisconsin qui dispose de chiens spécialement dressés pour ça. Je vais l'appeler pour lui demander de nous prêter une équipe.

Pendant trois journées, la truffe au ras du sol, des chiens de la police de l'État voisin parcourent le parc de la maison de Melstone dans tous les sens, ainsi que les champs et chemins environnants. Par acquit de conscience, Garfield demande également de procéder à une fouille du petit jardin entourant la villa des parents de Melstone, située dans la commune mitoyenne. Mais les chiens, qui repèrent habituellement les cadavres grâce aux gaz qu'ils dégagent lors de leur décomposition, ne découvrent absolument rien.

Pendant des semaines, Garfield se consacre à ses autres dossiers tout en continuant à gamberger sur le cas Melstone. En lisant un article consacré aux identifications d'enfants naturels par des tests génétiques, il est soudain pris d'une inspiration et appelle le patron des services scientifiques du MPD, le docteur Guilford :

– Comment va, sergent ? interroge le médecin. Et où en êtes-vous de votre affaire Melstone ? Vous savez que vous avez donné un sacré boulot à mes gars.

– Justement, j'ai encore une faveur à vous demander à ce sujet, doc. Nous avons trouvé de la matière cervicale appartenant vraisemblablement à Shelby sur le moteur de la voiture. Si nous faisons effectuer des tests génétiques sur ces prélèvements et sur des échantillons sanguins provenant de la famille de Shelby, pourrons-nous obtenir un résultat probant ?

– Ce n'est pas certain, mais ça vaut le coup d'essayer.

La mère et les frères et sœurs de Shelby se prêtent volontiers aux prises de sang nécessaires. Malheureusement, le père Shelby est décédé en 1986.

Une semaine plus tard, la réponse de Guilford tombe, décevante : les tests ne permettent pas d'établir de façon irréfutable une concordance entre les tissus prélevés sur le moteur et les échantillons de sang de la famille Shelby.

– Je suis personnellement persuadé que les tissus proviennent de Tom Shelby, explique le docteur Guilford au sergent. Mais la probabilité est encore trop faible pour tenir devant un tribunal. Il manque quelques points de similitude. Avec des tests sur le sang du père Shelby, nous aurions pu les trouver.

– Est-ce que des prélèvements sur son cadavre pourraient nous fournir les éléments manquants ?

– Oui, sans doute.

– Je vais demander l'autorisation d'exhumer le corps au procureur et à la famille.

Après que Garfield a recueilli l'accord de la famille Shelby, le procureur ordonne l'exhumation. Dix centimètres de chaque fémur sont prélevés, puis la tombe est refermée. Les échantillons congelés sont envoyés au laboratoire. Cette fois-ci, les données sont suffisantes et les concordances incontestables : Shelby a bien été tué près de sa voiture, par une balle sortant du pistolet de Melstone.

Lors du procès, les jurés n'auront besoin que de quarante minutes pour rendre leur sentence : cinquante années de prison pour meurtre prémédité. Jill Shelby ne sera pas inquiétée, l'enquête ayant établi de façon formelle qu'elle ignorait que Melstone était l'assassin de son mari.

François Cote

De la suite dans les idées

Los Angeles, 8 janvier 1991, 4 heures du matin.

La nuit a été calme pour Lisa Coolidge, l'infirmière-chef de permanence au département des urgences de l'hôpital de Beverly Hills, le quartier huppé de la Cité des Anges. Depuis qu'elle a pris son service, la veille au soir, Lisa n'a été sollicitée que pour deux accidents de la circulation tout à fait mineurs. Mais une Mercedes grise vient de stopper devant l'entrée du service. Un homme d'une quarantaine d'années, grand, moustachu et bien habillé, en sort précipitamment et fait le tour de sa voiture. Tandis que Lisa se lève derrière son bureau, l'homme ouvre la portière droite et extrait de la Mercedes une femme qui semble avoir perdu connaissance. Pourtant son corps est parcouru de soubresauts. De sa bouche entrouverte s'écoule un filet de bile verte. Portant la femme dans ses bras, l'homme se dirige vers les portes vitrées qui s'ouvrent automatiquement devant lui.

– Ma femme est malade, explique-t-il à Lisa qui vient à sa rencontre. Elle a vomi toute la nuit, et j'ai l'impression qu'elle va de plus en plus mal. Il faut faire quelque chose. Vite, s'il vous plaît.

– Portez-la jusqu'à la salle de réanimation, répond l'infirmière en se rapprochant du téléphone. C'est la première pièce à gauche dans le couloir. J'appelle le médecin de garde.

Une minute plus tard, un jeune médecin pénètre dans la salle de réanimation, accompagné de deux infirmières.

– Docteur Buchanan, lance-t-il à l'adresse de l'homme, qui a déposé le corps sur une table métallique et l'y maintient. Il s'agit de votre femme ?

– Oui. Helen Ross-Bancroft. Mon nom est Robert Bancroft.

Sur les indications du médecin, les deux infirmières se mettent au travail : l'une immobilise le corps d'Helen pendant que l'autre prend sa tension.

– Que s'est-il passé ? demande Buchanan à Bancroft.

– Ma femme a été prise de vomissements il y a environ deux heures. Depuis, elle a rendu presque sans interruption. Et ça n'a pas eu l'air de la soulager, alors je l'ai amenée ici.

– Vous savez ce qu'elle a mangé ce soir ?

– Une mousse à la pêche que j'ai goûtée aussi. Avant, je crois qu'elle a mangé un T-bone steak avec des frites.

– Vous vous sentez bien ?

– Pas de problème.

La tension d'Helen Ross, déjà très faible, chute graduellement durant les heures qui suivent malgré plusieurs injections effectuées sur les ordres du médecin. Jusqu'à midi, ce dernier multiplie les tests et analyses pour déterminer la cause du problème d'Helen. Sans succès. Il est ensuite relayé par ses collègues.

Robert Bancroft exige de demeurer en permanence auprès de sa femme, qui reprend connaissance pendant de courtes périodes. Dès 9 heures du matin, il est rejoint par les parents d'Helen, Sam et Elizabeth Ross.

L'équipe de médecins envisage successivement plusieurs hypothèses. D'abord, une infection bactérienne bien que tous les symptômes ne soient pas réunis (Helen n'a pas de fièvre). On lui administre pourtant des antibiotiques puissants, sans que cela améliore son état. Puis Robert avance l'hypothèse d'une intoxication alimentaire due au déjeuner de la veille. Pour aider les médecins, il retourne en vitesse dans le duplex occupé par son épouse à Beverly Hills, empaquette des échantillons de tous les aliments contenus dans le réfrigérateur, puis les rapporte à l'hôpital. Les analyses de cette nourriture ne révèlent rien de probant.

A plusieurs reprises, les médecins interrogent la famille d'Helen. Ils apprennent qu'elle a été plusieurs fois sujette à des crises de vomissements, ce que son mari semble ignorer. La cause de ces crises n'a jamais été déterminée.

Durant la journée du 9 janvier et la nuit du 9 au 10, le personnel de l'hôpital observe avec compassion le mari et la famille d'Helen faire les cent pas dans le couloir. La douleur est présente sur le visage des parents et des frères et sœurs de la mourante. Mais il y a aussi autre chose dans leur comportement : comme un secret entretenu envers Robert, ou peut-être de la défiance. Il faut dire que ce dernier se précipite au chevet de sa femme dès qu'elle ouvre les yeux. Or les infirmières sentent qu'Elizabeth et Sam aimeraient bien parler seuls avec leur fille. Une réaction d'autant plus légitime de la part des Ross que Robert et Helen vivaient séparés depuis plusieurs mois.

Le 10 au matin, profitant d'un moment d'assoupissement de Robert qui n'a pas dormi depuis deux nuits, Sam Ross appelle le docteur Richard Berenson. Le praticien est un de ses amis personnels, ainsi que le médecin de la famille. En quelques minutes, ce dernier rejoint Sam dans la salle où Helen lutte contre la mort. Les poumons de la malade ne pouvant plus fonctionner normalement, elle a été placée sous respirateur artificiel. Son visage a pris un teint cireux. Lors d'un de ses derniers accès de conscience, le seul hors de la présence de Robert, elle murmure quelques bribes de phrases à l'oreille du médecin, d'une voix si faible que Sam n'en perçoit que les derniers mots :

– Ne me laissez pas mourir...

Lorsque Sam se penche sur sa fille pour lui parler, elle est déjà retombée dans une sorte de coma agité.

– Qu'est-ce qu'elle a dit ? demande Sam Ross.

– Quelque chose de très grave, répond Berenson. Je dois faire quelques vérifications avant de t'en parler.

– Pas la peine, Rick. Ce salopard de Robert a essayé de la tuer. Nous le savons tous. J'aurai sa peau.

L'état de la malade se dégrade lentement jusqu'au 12 janvier, date à laquelle elle plonge dans un coma total et irréversible. Le 14 janvier à l'aube, après consultation de la famille, le système d'assistance médicale qui assurait toutes les fonctions vitales d'Helen est déconnecté, ce qui provoque la mort de la patiente.

Université de Californie Los Angeles (UCLA), octobre 1979.

Pour la sixième fois depuis une demi-heure, Robert Bancroft se retourne et regarde la jeune fille brune assise à trois rangs derrière lui. La cérémonie de remise des récompenses aux diplômés des universités n'est pas le lieu idéal pour flirter, et pourtant Helen Ross lui sourit à chaque fois que leurs regards se croisent. Les jeunes gens, âgés tous deux de vingt-cinq ans, ne se sont adressé la parole que trois ou quatre fois durant leur dernière année d'architecture, car ils font partie de groupes de travail différents. Mais après la fin des cours, au printemps précédent, ils se sont rencontrés chez des amis communs et ont sympathisé.

Certes, excepté leurs études d'archi, Helen et Robert n'ont pas grand-chose en commun : elle est la fille d'un des promoteurs les plus en vue de Los Angeles; lui n'a réussi à terminer ses études que grâce à une bourse et à des petits boulots effectués le soir et le week-end. Mais Helen est sensible à la prestance sportive et à la ténacité intellectuelle du jeune homme. Pour ce dernier, Helen représente très exactement le modèle de femme qu'il espérait rencontrer à la fac ou dans son futur travail : belle, cultivée et distinguée. Très distinguée même. A tel point que Robert s'est payé des cours de maintien par correspondance. Cela a bien amusé Peter, son copain de chambre et coéquipier de l'équipe universitaire de football. N'empêche que le premier soir où il a mis les pieds chez les parents d'Helen, ces lectures lui ont rendu de fiers services : il a tout naturellement refusé l'adjonction d'un cube de glace dans son verre de whisky pur malt et a insisté pour allumer un cigare avec une allumette. La grande classe.

A la fin de l'année 1979, Helen et Robert se voient tous les jours et préparent ensemble quelques certificats complémentaires. C'est en bachotant qu'ils contractent l'habitude de calquer leur écriture l'un sur l'autre. Cela leur permet de diviser par deux la charge de travail pour certains devoirs d'architecture particulièrement ardus.

En mai 1980, ils se fiancent. Leur mariage sera célébré en décembre.

Dès avant ses fiançailles, Robert Bancroft se rend compte qu'il ne sera jamais totalement à l'aise dans cette haute société californienne. Un milieu dans lequel les hommes font confectionner leurs costumes en Angleterre, et roulent dans des voitures européennes hors de prix alors que les bonnes vieilles américaines offrent plus de confort pour moins cher. Robert parviendra pourtant à calquer ses manières et ses habitudes sur celles des parents et amis d'Helen : complets de fabrication italienne et anglaise, coupé Mercedes et même, à l'issue d'un contrat particulièrement juteux, une splendide Porsche 911 gris métallisé qu'il devra revendre au bout de quelques mois.

Cependant, en dépit de tous ses efforts pour se fondre dans ce milieu, Robert a parfois l'impression que des regards condescendants s'échangent dans son dos. Sans doute se trompe-t-il, car l'entourage des Ross l'a adopté de bonne grâce. Sam Ross et ses amis promoteurs ne se privent pas de solliciter ses services pour des missions d'études architecturales qu'il réalise le soir, après ses heures de travail. Ces « extras » permettent à Robert d'améliorer son salaire qui, bien que confortable, est loin d'égaler celui d'Helen.

Grâce à un très bon ami de son père, la jeune femme a intégré en 1980 un gros cabinet d'architecture dont elle est devenue associée au bout de deux ans. Robert doit se contenter d'une poste d'architecte salarié dans un cabinet de moindre importance. Mais il s'efforce avec succès de ne rien laisser paraître de sa frustration et joue avec naturel son rôle de gendre reconnaissant.

En 1985, Robert parvient à décrocher un nouveau job, plus intéressant et très bien payé. Avec la naissance de la petite Joy, un an plus tard, le couple semble s'épanouir. Et pourtant, le feu couve.

En 1988, le marché de l'immobilier s'effondre. Robert voit ses revenus diminuer brutalement. L'appartement que Helen et Robert occupent dans le quartier de Beverly Hills est devenu trop petit pour le couple et leur fille. Le manque d'espace se fait encore plus cruellement sentir lorsque naît leur deuxième enfant. La location de l'appartement leur coûte déjà les yeux de la tête ; il est impossible d'en prendre un plus grand, à moins de déménager pour un quartier plus abordable, mais moins chic. Une solution parfaitement envisageable !

Comme Helen et Robert passent de plus en plus de temps à la maison pour cause de manque de travail, l'ambiance devient vite irrespirable. Alors que son travail ne l'exige pas, Robert prend bientôt l'habitude de rester très tard à son bureau. C'est là qu'un soir il engage la conversation avec une jeune architecte fraîchement diplômée comme lui de UCLA, qui fait des heures supplémentaires pour compenser sa relative inexpérience. Mary Ann Waldron, âgée de vingt-cinq ans, est blonde, à la fois réservée et sexy. Ses beaux cheveux coupés au carré lui descendent sur les épaules et encadrent un visage aux traits parfaits. La jeune fille pratiquait le tennis trois fois par semaine avec un partenaire qui vient de déménager pour la côte Est. Robert propose de le remplacer et, après quelques matches, une idylle se noue entre les deux architectes. Très vite leur relation devient passionnelle. Robert se met à faire des projets d'avenir avec Mary Ann. Helen ne tarde pas à s'apercevoir du changement qui se produit chez son mari. Ne l'aurait-elle pas vu que Robert se charge de le lui faire comprendre : il reste de plus en plus tard « au bureau », ne prenant même plus la peine d'inventer des excuses plausibles.

Réalisant que son mari lui échappe au profit d'une autre, Helen choisit pourtant de ne rien dire. Elle aime Robert et se morfond de le voir saccager leur couple et l'avenir de leurs deux filles (dont la plus jeune n'est âgée que de quelques mois). Elle espère cependant que son mari se lassera de son aventure et reviendra. Malheureusement pour elle, il n'en sera rien : Robert quitte le domicile familial à l'été 1989. A partir de ce moment, il ne se montre plus à l'appartement de Beverly Hills que pour des visites épisodiques dont Helen, anéantie par cette séparation, ne comprend pas très bien l'objet.

En proie à une véritable dépression, Helen est suivie par le médecin de famille, le docteur Berenson.

– Je n'arrive pas à imaginer pourquoi Robert continue à venir te voir, lui dit le médecin lors d'une longue conversation.

– Moi non plus. Il ne s'occupe presque pas des filles.

– Que fait-il alors ?

– Il reste assis sur le canapé, et nous buvons un verre du vin qu'il a apporté ou nous mangeons des gâteaux qu'il a choisis pour moi. Il se souvient de ceux que je préfère.

– Il fait donc attention à toi.

– Non, à part ça, absolument pas. Nous parlons de la pluie et du beau temps, ou de son boulot. Puis il s'en va. Chaque fois, j'espère qu'il va m'annoncer quelque chose, de positif ou de négatif pour moi. Mais non. Rien.

En juillet 1990, en rentrant à la maison, Helen découvre sur le pas de la porte une bouteille de vin français accompagnée d'un petit mot de Robert. Touchée par cette attention, elle range la bouteille dont la capsule est légèrement déchirée. Dans la soirée, elle l'ouvre, verse un peu de vin dans un grand verre à dégustation, et en boit une gorgée. Elle avale quelques centilitres, puis recrache le reste violemment car le vin a un horrible goût amer. La faible quantité ingurgitée déclenche chez elle de forts vomissements qui perdurent jusqu'au matin. Helen ne sort du lit qu'à midi, après avoir repris des forces. En rangeant la maison, elle tombe sur la bouteille encore ouverte. Elle la rebouche et la dépose sur le plus haut rayon d'un placard. Tel est le caractère d'Helen : il s'agit d'un cadeau de Robert, et, même si le vin est tourné, elle ne peut se résoudre à le jeter.

Dans l'après-midi, Robert téléphone à l'appartement. Il paraît comme surpris en entendant le son de sa voix.

– Que se passe-t-il ? demande-t-il après quelques secondes. Tu n'as pas l'air très bien.

– J'ai été malade cette nuit, répond Helen. Je ne sais pas d'où ça vient. Peut être est-ce à cause du vin que tu as apporté. Il avait un drôle de goût. En tous cas, je te remercie. C'était gentil.

– Tu parles de remerciements. Tu me dis que mon cadeau t'a rendue malade.

– Non... enfin... je ne suis pas sûre que ce soit le vin. Et je t'ai dit que je te remerciais. Sincèrement.

Robert raccroche rageusement le téléphone.

Quelques jours plus tard, il propose à Helen d'aller au cinéma. Avant le début du film, il part chercher du pop-corn et deux Coca-Cola. Il tend un verre à Helen qui remarque qu'un peu de poudre blanche flotte à la surface du liquide. La jeune femme n'y fait guère attention, mais, à la première gorgée, elle se rend compte que le soda a lui aussi un insupportable goût amer et le recrache dans le verre.

– Décidément, quelles manières! s'exclame Robert. Tu te fais des idées! Finis-le, ce verre!...

Helen refuse et, devant le regard qu'il lui jette, elle est pour la première fois en proie au soupçon. Ce n'est pas l'idée claire et nette que Robert cherche à la tuer, mais plutôt le sentiment confus et inconscient que le danger rôde.

Depuis le printemps 1990, Robert a pris sa décision : il aime Mary Ann et lui a d'ores et déjà promis de refaire sa vie avec elle. Il a tout d'abord songé à demander le divorce, mais s'est ravisé : il ne veut pas avoir à partager les biens du couple, à verser une pension pour les enfants. Il veut tout. Pour cela une seule solution : supprimer Helen. Et plus son projet progresse, plus il y trouve de justifications. Après tout, c'est lui le pauvre gars qui a réussi à la force du poignet, en se tapant des boulots ingrats et sous-payés, pendant qu'Helen, née avec une cuillère en argent dans la bouche, obtenait tout sans effort.

Pour se débarrasser de sa femme, Robert s'est procuré une bonne dose d'insecticide à fourmis, une poudre blanche au goût malheureusement amer. Ses deux premières tentatives (la bouteille de vin et le verre de Coca) ont échoué à cause de cette saveur désastreuse. Il décide alors de placer quelques doses de poudre dans des gélules qui ne s'ouvrent qu'une fois dans l'estomac. Le docteur Berenson a justement prescrit à Helen, affaiblie par la dépression, des vitamines en gélules. Lors d'une visite à l'appartement, il s'enferme dans la salle de bains et remplace le contenu de quelques-unes des gélules par de la poudre insecticide. Puis il insiste pour que sa femme prenne scrupuleusement ses vitamines, car il la trouve « de plus en plus faible ».

Dès la première gélule empoisonnée, Helen est

prise de violentes contractions de l'estomac et vomit toute la journée. Mais elle survit, au grand désespoir de Robert.

L'architecte décide alors de changer de produit et, au nom de la société dans laquelle il travaille, commande de l'arsenic à un laboratoire du Nevada. En novembre 1990, comme l'arsenic pur tarde à lui parvenir, il se procure un échantillon d'un pesticide en contenant et, à deux reprises, verse du produit dans la nourriture d'Helen. Les deux tentatives se soldent comme à l'habitude par des crises de vomissements. Mais Helen est toujours vivante.

Les amis de la jeune femme commencent à lui faire remarquer qu'elle est malade chaque fois qu'elle voit Robert, et seulement dans ces moments-là. Mais Helen refuse de les entendre. D'après elle, les visites de son mari ont pour but de garder le contact avec sa famille. Une famille qui se ressoudera peut-être un jour.

A Noël 1990, Robert propose à Helen d'aller avec les fillettes voir sa famille à lui, à Reno. Il a appelé plusieurs fois le laboratoire où on lui a assuré que l'arsenic serait livré vers le 20 décembre. Mais le 24 au matin, jour du départ, le colis n'est toujours pas là. Robert est donc obligé de supporter Helen pendant les trois jours du voyage et, comble de la frustration, sans pouvoir tenter une seule fois de la tuer. Ce n'est pas l'envie qui lui manque, mais les moyens.

Son exaspération atteint son summum lorsqu'il s'aperçoit que l'arsenic a été livré à la réception de son bureau la veille de son départ pour Reno. L'hôtesse a simplement oublié de l'en informer.

Le 8 janvier 1991 vers 22 heures, Robert se rend à l'appartement, bien décidé à en finir. Tout en discutant avec Helen, il attend que les enfants soient couchés, puis sert dans des assiettes deux parts du dessert aux pêches qu'il a apporté. La part destinée à Helen est saupoudrée d'arsenic. L'entremets est si savoureux que la jeune femme en reprend deux fois.

Les crampes d'estomac commencent un quart d'heure après la dernière bouchée. Robert pense quitter l'appartement en laissant Helen agoniser. Puis il réfléchit : elle risque de trouver la force d'ameuter le voisinage, de réveiller les filles, ou de téléphoner.

Helen est dans la salle de bains, couchée à plat ventre dans la baignoire. En prise à des spasmes d'une violence insoutenable, elle ne peut se lever, ni prononcer un mot. Pendant de longues minutes, Robert l'observe rendre toutes ses entrailles, sans intervenir.

A une heure et demie, il estime qu'Helen n'a plus aucune chance de s'en sortir. Il l'enroule dans un dessus-de-lit, la porte jusqu'à sa voiture et la conduit à l'hôpital de Beverly Hills. Après trois jours de souffrances et deux jours de coma, Helen Ross-Bancroft s'éteint.

14 janvier 1991 au soir, bureau du procureur du comté de Los Angeles.

Sam Ross est au bord de l'épuisement. Il vient de passer quatre jours au chevet de sa fille, presque sans dormir. Avant de se laisser aller au sommeil, il a tenu à confier à son vieil ami James Price, procureur du comté, ses soupçons quant aux causes réelles de la mort de sa fille. Price l'écoute attentivement, lui promet de mettre un de ses meilleurs enquêteurs sur l'affaire et tente de trouver quelques mots de réconfort en le raccompagnant à un taxi.

L'homme que Price désigne pour l'enquête est un

détective d'une quarantaine d'années, d'origine mexicaine, nommé Torres. C'est un flic consciencieux et un travailleur acharné. Dans la journée, le procureur ordonne une autopsie du cadavre d'Helen. Des mèches de cheveux sont envoyées pour analyses à l'Université de Médecine de Los Angeles. Les tests révèlent des traces d'arsenic. Cette substance est un métal lourd que le système sanguin élimine en quelques jours, mais elle reste fixée indéfiniment dans les ongles et les cheveux. Mieux, l'étude au microscope électronique démontre qu'Helen a successivement absorbé de faibles doses de poison en novembre, d'autres fin décembre 1990, et enfin une dose mortelle le 9 janvier 1991.

Les résultats en main, Torres avertit le procureur Price qui le convoque immédiatement dans son bureau en compagnie de Sam Ross.

– Sam, votre fille est morte d'un empoisonnement à l'arsenic, annonce le magistrat d'une voix douce.

– Je le savais, rugit Sam Ross en se levant de son fauteuil. Je vous avais dit que ce salaud de Robert l'a tuée.

– Un instant, Sam, reprend le procureur. Nous savons qu'elle a été empoisonnée, certes. Encore faut-il prouver que c'est par lui.

– Mais, c'est évident. Vous le savez comme moi.

– Excusez-moi, intervient poliment le détective. Si vous n'y voyez pas d'inconvénient, je désirerais le coincer à coup sûr, en réunissant des preuves. Car pour le moment nous ne possédons que des indices. Il faut le laisser faire des erreurs. Tous les meurtriers finissent par en commettre.

– Croyez-moi, Sam, ajoute le procureur. C'est la bonne solution. Et il ne faut pas que votre gendre se doute qu'il est soupçonné. Essayez de lui donner le change pendant quelques temps.

Sam Ross retombe dans son fauteuil, lourdement.

– Monsieur Ross, au stade où nous en sommes, avec de bons avocats, il pourrait s'en tirer, explique Torres. Accordez-moi le temps de le confondre sans aucun doute possible. J'ai besoin de quelques semaines, au maximum de quelques mois.

– D'accord, je ne veux pas que cette ordure ait une seule chance de passer au travers, concède Sam Ross. Prenez tout le temps dont vous aurez besoin.

Dès le lendemain, Torres se met patiemment au travail. Après une surveillance discrète de l'architecte, Torres s'aperçoit rapidement que Robert fréquente une séduisante jeune femme blonde et passe trois à quatre nuits par semaine en sa compagnie à l'appartement de Berverly Hills. En faisant le tour des laboratoires pharmaceutiques de douze États voisins, Torres retrouve la trace d'une commande d'arsenic au nom d'un cabinet d'architectes de Los Angeles, celui où travaille Robert Bancroft.

Un mois et demi après la mort d'Helen, Torres rend visite à Robert à son domicile. Il choisit le moment où Robert s'attend le moins à sa venue : le lendemain de son retour de vacances au Mexique avec Mary Ann. Robert répond à l'interrogatoire du détective avec un trop grand calme. Or les policiers savent qu'il y a certaines questions qui troublent nécessairement la personne interrogée.

Jusqu'à cet entretien, Robert était serein, persuadé d'avoir berné la police et toute sa belle-famille. Mais après la visite du policier, il commence à s'affoler. Les visites de Mary Ann à Beverly Hills cessent immédiatement. Puis Robert prétend avoir retrouvé une lettre de la main d'Helen, lettre dans laquelle la jeune femme explique qu'elle a choisi de se donner la mort.

Le détective Torres boucle son dossier au mois de

mai 1991 et soumet au procureur une demande de mise en détention de Robert. Un an plus tard, le procès a lieu. Comme on pouvait s'y attendre, Robert Bancroft, qui a hérité de la fortune d'Helen (plus d'un million de dollars), loue les services des meilleurs avocats. Par leur talent, les défenseurs réussissent pendant un temps à faire pencher les membres du jury en faveur de Robert. Ce dernier est présenté comme un petit gars pauvre, arrivé à force de travail et victime d'une machination ourdie par la famille Ross. Mais un expert-graphologue requis par le détective Torres prouve, diapositives à l'appui, que la lettre dans laquelle Helen annonce son suicide a été écrite par Robert. Un ex-condisciple du couple à UCLA. vient confirmer à la barre que Robert et Helen avaient développé la faculté d'imiter parfaitement l'écriture de l'autre. Cette fois-ci, Bancroft est cuit. Le verdict sera la prison à vie.

François Cote

Les bons comptes font les bons assassins

Il est 9 h 30 du matin, le 23 mai 1990, lorsque Virginia Willard, quatorze ans, franchit le seuil de la propriété de ses parents, une villa cossue entourée d'une vaste pelouse. Dans ce quartier chic de la banlieue de Trenton, dans l'État du New Jersey, au sud de New York, presque toutes les maisons sont bâties sur le même modèle : deux niveaux, une véranda, une piscine, un garage pour deux ou trois voitures. En empruntant le petit sentier qui traverse le gazon et mène à la porte d'entrée, Virginia compose mentalement son menu de midi : une salade verte et une pizza sortie du congélateur. La jeune fille déjeune rarement chez elle, mais aujourd'hui un de ses professeurs de lycée est absent et les cours ont été supprimés jusqu'à 15 heures. Virginia a donc décidé de revenir pour prendre son repas tranquillement.

En tournant sa clé dans la serrure, elle constate que la porte a été simplement tirée. Chaque matin de la semaine, sa petite sœur Angela, douze ans, part la dernière car ses cours débutent plus tard. Mais elle n'oublie jamais de donner un tour de clé.

En pénétrant dans le hall d'entrée, la jeune fille lance un appel :

– C’est Virginia. Il y a quelqu’un ?

Pas de réponse. Virginia se dirige vers la cuisine. Les restes du petit déjeuner d’Angela encombrent la table. Ce n’est pas non plus le genre de sa petite sœur de partir sans ranger. Virginia monte alors au premier étage. Elle passe le seuil de la chambre d’Angela et s’arrête, comme pétrifiée. Elle porte sa main à sa bouche et se met à trembler. Un gémissement faible, aigu et continu sort de sa bouche tandis que les larmes montent à ses yeux. Virginia retraverse le couloir, descend les escaliers et sans que sa plainte d’effroi s’interrompe, court vers la villa des Benson, les voisins les plus proches. Mr. Benson, un médecin à la retraite, est en train de tondre son gazon lorsqu’il voit arriver la jeune fille.

– Virginia, que se passe-t-il ? demande-t-il.

Virginia ne peut que balbutier quelques mots parmi lesquels Benson distingue à grand-peine « ma sœur »... « chambre »... « du sang partout ».

Benson appelle sa femme, lui confie l’adolescente, et court vers la demeure des Willard. Il entre par la porte ouverte, grimpe les escaliers et pénètre dans la chambre d’Angela.

Durant ses trente ans d’exercice, Benson a vu des blessures horribles : accidents de la route, amputations, brûlures, etc., mais jamais un tel spectacle ne s’est présenté à lui. Angela gît au pied de son lit, morte, dans une mare de sang. Son corps, juste vêtu d’un T-shirt est tailladé d’un nombre insensé de coups de couteau. Des dizaines, estime le médecin. Après s’être assuré par acquit de conscience que la gamine ne respire plus, Benson retourne chez lui et appelle le bureau du shérif.

Une voiture banalisée de la police du comté, conduite par le détective Jane Hartman, stoppe devant le portail des Willard exactement six minutes après l'appel, immédiatement suivie par une équipe de médecine légale. Miss Hartman, une jeune femme d'une trentaine d'années, grande, énergique et sportive, se présente au docteur Benson et lui serre la main avec une vigueur surprenante. Sur le point de la mettre en garde devant l'horreur de la scène qui l'attend au premier étage de la maison, Benson se retient : Jane Hartman semble assez solide pour se passer de ses conseils.

Après avoir jeté un regard à la chambre, le détective laisse les techniciens de l'identité du comté faire leur travail et se met à la recherche d'indices, secondé par des policiers arrivés en renfort. Puis la jeune femme se fait conduire auprès de Virginia et l'interroge avec précision, mais aussi avec une grande douceur.

Les résultats des relevés effectués par les techniciens s'avèrent décevants : les portes ne comportent aucune trace d'effraction et, plus inquiétant, le meurtrier a pulvérisé du déodorant en aérosol sur toutes les surfaces qu'il a pu toucher. Aucune empreinte n'a été relevée. L'enquête menée dans les minutes qui suivent la découverte du corps auprès des habitants du quartier ne fournit pas d'information utilisable. Aucun individu suspect, aucune voiture n'ont été repérés entre 8 h 15 et 8 h 45, intervalle pendant lequel Angela a été tuée.

L'autopsie de la petite fille révèle que son corps a été lardé d'environ quatre-vingts coups de couteau à cran d'arrêt. La violence des coups portés (certains l'ont été largement après la mort d'Angela) révèle que l'assassin possédait une force supérieure à la moyenne. La pointe de la lame s'est même brisée contre les vertèbres cervicales de la victime.

L'après-midi même, le détective Hartman se rend à l'école et interroge les plus proches amis d'Angela, dont elle a obtenu la liste par Virginia. Un seul des élèves rencontrés retient son attention : Jimmy Powell, un garçon de quatorze ans, qui en paraît trois ou quatre de plus à cause de sa taille élevée. Sa famille vit à quelques centaines de mètres des Willard. Jimmy a l'habitude de passer de temps en temps chez Angela pour regarder la télé ou jouer à des jeux électroniques. Pendant son interrogatoire, sa voix vacille fréquemment et il tripote avec nervosité un stylo entre ses doigts. Jane Hartman remarque à cette occasion que les mains du garçon portent plusieurs pansements. A la fin de la conversation, le détective consulte le secrétariat qui lui apprend que Jimmy a manqué les deux premières heures de cours du matin. A l'infirmerie du lycée, la responsable lui confirme qu'elle a appliqué des pansements sur les mains de Jimmy le matin même. Le garçon semblait s'être entaillé les paumes et les doigts avec un objet coupant.

Le soir venu, Jane Hartman et ses collègues en charge de l'enquête rendent compte de leurs avancées à leur chef. Il ressort des recherches effectuées par la famille d'Angela que rien ne manque dans la maison, si ce n'est la tirelire de l'adolescente et son contenu, quelques dizaines de dollars. Après le rapport de Jane Hartman, le jeune Jimmy Powell est clairement désigné comme suspect numéro un. Mais, vu la gravité des faits et l'âge du garçon, il est décidé que d'autres vérifications auront lieu le lendemain, en préalable à une éventuelle arrestation.

La matinée du 24 mai apporte un nouvel élément important. Martin Weckl, dix-neuf ans, un garçon du quartier où vit la famille Willard, demande spontanément à être entendu. Deux policiers vont chercher le jeune homme chez ses parents et l'emmènent au quartier général de la police du comté. Jane Hartman le fait asseoir dans son bureau.

– Je dois vous dire ce que j'ai sur le cœur à propos de cette affaire car ça commence à sentir le roussi pour moi dans le quartier, explique-t-il.

– Quelle affaire ? demande le détective.

– La mort d'Angela Willard, vous le savez très bien. On commence à dire que Jimmy Powell serait dans le coup, et comme je suis son ami, je ne voudrais pas que la police croie que j'y suis aussi. C'est pour ça que je voulais vous voir.

– Parle librement, Martin. Pour le moment, je considère que tu es un simple témoin.

– Eh bien voilà : Jimmy me devait vingt dollars pour une dette de jeu et... il me devait aussi trente dollars pour des revues que je lui avais prêtées.

– Des revues de quel genre ?

– Des magazines pornos, répond Martin en baissant la tête. Je les lui avait confiées et il les avait revendues sans me le dire. Je lui ai donc demandé de me rembourser cinquante dollars en tout. Nous avions rendez-vous hier matin avant le début de ses cours, pour qu'il me donne l'argent. Il n'est jamais venu.

Après quelques secondes de silence, Jane Hartman demande la présence d'un collègue et avise Martin Weckl de ses droits constitutionnels. Puis son témoignage est enregistré sur magnétophone.

Pendant ce temps-là, et depuis le début de la matinée, deux policiers en civil suivent en voiture les faits et gestes de Jimmy Powell. En sortant d'une cafétéria, celui-ci les repère et vient les trouver :

– Pourquoi me suivez-vous, les gars ? Et pourquoi est-ce que vous gardez chez vous Martin Weckl ? On dirait que vous me soupçonnez de quelque chose. A propos, dites à vos collègues que s'ils trouvent mes empreintes digitales chez les Willard, c'est normal. J'allais souvent écouter de la musique dans la chambre d'Angela. J'ai dû toucher à peu près tous les objets qui s'y trouvent.

Les deux détectives serrent les mâchoires devant la provocation et démarrent sans répondre. Au quartier général, le détective Hartman est au téléphone avec le procureur, en train de lui demander un mandat d'arrêt contre Jimmy Powell. Après l'avoir obtenu, accompagnée de ses deux collègues, elle se rend au domicile des parents de Jimmy. Le jeune garçon est absent mais les policiers se livrent à une perquisition en règle de sa chambre. Jane Hartman remarque en premier lieu une feuille blanche épinglée au-dessus d'un petit bureau : trois dessins pornographiques y figurent. Les policiers trouvent aussi des revues porno et, au sous-sol, des vêtements baignant dans de l'eau de Javel. Parmi les papiers de Jimmy, le détective Hartman découvre une note manuscrite confuse. Elle est adressée aux parents d'Angela et commence par ces mots : « Je suis l'assassin d'Angela. Ce n'est pas la peine de chercher des empreintes digitales car je portais des gants. Vous ne me retrouverez jamais... »

Lorsque Jimmy passe la porte de chez lui, il est arrêté et emmené au commissariat où il passe des aveux complets.

La bataille juridique autour du cas de Jimmy durera trois ans. Ses avocats tenteront de plaider la folie. « Un individu sain d'esprit ne donne pas soixante-seize coups de couteau pour une tirelire contenant quatre-vingt-trois dollars », plaidera l'un d'entre eux. Le jury ne les suivra pas sur cette voie. Jimmy Powell sera jugé comme un adulte et condamné à la prison à vie. Non qu'il lui soit trouvé des circonstances atténuantes, mais parce que la peine de mort n'est pas en vigueur dans cet État.

François Cote

Des roses pour Mrs. Puente

Julie Meyers consulta l'agenda posé sur son bureau afin de vérifier l'heure exacte de son rendez-vous avec Mrs. Puente. Dans une heure. Elle était un peu nerveuse à l'idée de la rencontrer. Ce qu'elle en avait entendu dire paraissait trop beau pour être vrai, et le sort de son protégé préféré dépendait de cette rencontre...

La petite femme rondelette, qui avec ses cheveux blonds coupés court paraissait plus jeune que ses quarante-deux ans, avait tardivement découvert sa vocation : consacrer le trop de temps libre qui lui restait depuis son divorce aux défavorisés et aux sans-logis de sa ville. Et il y en avait, à Sacramento. Elle avait commencé à travailler comme bénévole à Detox, le centre d'accueil pour alcooliques, et très vite son enthousiasme, son dévouement et son sens pratique lui avaient valu un poste à temps plein.

L'essentiel de sa tâche consistait à placer les pensionnaires du centre dans des foyers d'accueil adaptés à leurs besoins, à permettre à ces laissés-pour-compte de la vie de vivre dans un milieu moins déprimant que l'énorme bâtiment de ciment gris qui abritait une centaine d'hommes et de femmes entassés dans des dortoirs surchargés. Mais il était difficile de caser ses protégés, souvent infirmes, âgés, brisés par la vie dans les rues de Sacramento.

Dorothea Puente, la femme que Julie devait rencontrer cet après-midi, était propriétaire d'une pension de famille dans le quartier résidentiel de la ville. Elle lui avait été vivement recommandée par Sonia Richter, une collègue assistante sociale, qui avait confié une personne en difficulté aux bons soins de Dorothea, et qui avait été enchantée des résultats.

D'après Sonia, Mrs. Puente était une vieille dame charmante, dévouée et efficace, qui se consacrait à ses pensionnaires comme s'ils étaient ses propres enfants.

Il était si rare de trouver des gens qui acceptaient les cas difficiles avec autant de bonne volonté, et qui n'agissaient pas uniquement pour des raisons financières, que Julie avait aussitôt décidé d'entrer en contact avec cette Mrs. Puente.

Julie Meyers avait effectivement un cas particulier à confier à la vieille dame. Il s'agissait de celui de Bert Montoya, pensionnaire de Detox depuis bientôt deux ans. Le petit homme trapu, aux cheveux trop longs et à la barbe broussailleuse, arrivé un soir d'hiver au centre, résistait à tous les efforts pour l'orienter vers d'autres foyers. Car s'il n'avait ni logis ni papiers, sa présence à Detox était néanmoins injustifiée : Bert n'avait pas de problèmes avec l'alcool. Son trouble était d'ordre psychologique : il souffrait de crises de schizophrénie et d'hallucinations. Bert entendait des voix, et ces voix étaient tout sauf bienveillantes. Il était venu se réfugier à Detox, et l'équipe l'avait en quelque sorte adopté. Gentil et serviable, il aidait en cuisine, s'occupait du jardin et nettoyait les voitures... Bref, il s'était progressivement intégré à la vie du centre et, de simple pensionnaire, il était presque devenu un membre de l'équipe. Mais cette situation ne pouvait pas durer indéfiniment, et Julie était décidée à lui trouver un foyer qui lui procurerait toute l'affection et l'attention dont il avait besoin.

La pension de Dorothea Puente paraissait parfaite.

Dans sa voiture, que Bert avait amoureusement astiquée pendant la matinée, Julie se rendit à l'adresse que Sonia lui avait indiquée. La maison de Dorothea Puente était de style victorien, en bois peint en blanc, entourée d'un grand jardin soigneusement entretenu. La petite dame âgée, menue, aux cheveux blancs, qui vint ouvrir lorsque Julie sonna au portail, tenait justement un sécateur à la main.

– Je m'excuse, je suis en train de jardiner. Ce sont mes rosiers qui m'inquiètent. Mais entrez donc, je vous en prie. Je suis Dorothea Puente, et vous devez être... dit-elle en ouvrant le portail.

– Julie Meyers, de Detox, se présenta Julie, déjà sous le charme de la délicieuse vieille dame.

Sa bonne impression se confirma lorsque Mrs. Puente lui fit faire le tour de son établissement. Les meubles étaient simples, mais propres et bien entretenus, il y avait des livres et des postes de télévision même dans les chambres des locataires. La grande salle à manger commune, avec son immense table dressée pour une dizaine de personnes, dégageait une atmosphère conviviale, presque familiale. Et Julie fut conquise lorsqu'elle huma la bonne odeur qui s'échappait des marmites dans lesquelles mijotait le dîner des pensionnaires. Un véritable havre de paix qui, elle en était sûre, allait devenir le nouveau foyer de Bert.

En prenant le thé dans le jardin, Dorothea Puente expliqua à Julie ce qui l'avait poussée à ouvrir cette pension pour les sans-abri. A soixante-dix ans, elle disposait d'une modeste fortune, mais n'avait personne dans sa vie pour la partager. Comme elle avait une formation médicale – Julie n'avait pas bien compris de quel genre, mais cela devait effectivement être un atout – elle avait décidé de s'occuper des cas désespérés, « ces âmes perdues dont personne ne veut », comme elle le disait.

Julie lui exposa le cas de Bert sans lui cacher les troubles psychologiques dont il était atteint. Dorothea n'en sembla que plus désireuse d'en faire son protégé. Il ne restait donc qu'à faire venir Bert pour le lui présenter, car Julie était persuadée d'avoir trouvé l'endroit idéal pour son client préféré.

Lorsque Julie revint la semaine suivante, accompagnée de Bert, elle sut qu'elle ne s'était pas trompée. Bert semblait littéralement envoûté. Il ne montra aucune trace de sa timidité habituelle, mais semblait au contraire fou de joie. Il fut donc convenu que Bert viendrait s'installer définitivement le surlendemain, le temps pour Julie de s'occuper des formalités administratives. Il y avait bien longtemps qu'elle n'avait eu le cœur si léger : pour une fois elle avait réussi à changer le cours d'une vie qui paraissait définitivement brisée.

Bert s'installa comme prévu. Julie avait obtenu des services sociaux de la mairie que le processus de l'attribution d'une pension d'invalidité soit accéléré. A la demande de Dorothea, celle-ci serait versée directement sur le compte de la vieille dame. Cette démarche n'avait d'ailleurs rien de surprenant, car il n'était pas rare que les personnes bénéficiant d'une pension au même titre que Bert préfèrent la confier à leur tuteur ou à leur famille d'accueil, se dégageant ainsi des responsabilités. Dorothea avait par ailleurs expliqué à Julie qu'elle faisait de même avec tous ses locataires et que cette procédure avait un avantage important : les pensionnaires pouvaient ainsi oublier qu'ils payaient pour loger chez elle, et avaient vraiment l'impression de vivre en famille.

Tout se passa pour le mieux. Lorsque, au bout de deux semaines, Julie rendit visite à Bert, il paraissait heureux, épanoui, quasiment métamorphosé : ses cheveux étaient propres, sa barbe taillée, il portait un nouveau costume que Dorothea avait acheté pour lui, se tenait droit et avait arrêté de marmonner des choses inintelligibles. Julie nota de plus que ses tics nerveux avaient presque complètement disparu et qu'il semblait plus détendu que jamais. Sa plus grande fierté était *sa* chambre avec *son* poste de télévision – un grand privilège pour cet homme qui ne connaissait que la rue ou les dortoirs de Detox. En outre, il s'était visiblement beaucoup attaché à Dorothea et lui rendait tous les petits services dont il était capable.

De retour à Detox, Julie eut tellement envie de partager son soulagement qu'elle appela Sonia Richter pour la remercier de son bon conseil. Ce ne fut pas Sonia qui décrocha, mais Rebecca, sa collègue. Elle aussi connaissait Bert, et Julie se lança avec enthousiasme dans la description du tableau qu'elle venait de quitter. Elle ne remarqua qu'au bout de quelques minutes que Rebecca ne répondait guère à sa joie. Déconcertée, Julie se tut et le silence s'installa. Lorsque Rebecca le rompit enfin, sa voix trahissait un malaise.

Ce qu'elle raconta troubla Julie au plus haut point : elle aussi, avait eu affaire à une femme qui ressemblait beaucoup à Dorothea, mais elle n'en gardait pas un excellent souvenir. Malgré les questions de Julie, Rebecca resta très vague, presque évasive... Julie raccrocha enfin, un peu vexée.

– Quel rabat-joie, celle-là, marmonna-t-elle en ouvrant un nouveau dossier.

Mais ses pensées retournèrent sans arrêt aux propos mystérieux de Rebecca. Finalement elle décida d'aller la voir pour lui demander des explications. Quel sombre secret pouvait cacher une petite vieille aussi charmante que Dorothea ?

Rebecca, à son bureau, ne parut pas surprise de la visite.

– Je suis contente que tu sois venue, dit-elle. En vérité, je ne sais plus quoi faire. Voilà ce qui s'est passé...

Quelques années auparavant, Rebecca avait eu affaire à une certaine Dorothy Johannsen, qui tenait une pension qui ressemblait assez à celle de Dorothea Puente. Une dame très bien, très engagée, dévouée à ses pensionnaires. Rebecca avait placé plusieurs de ses clients chez elle, ravie, elle aussi, d'avoir trouvé un foyer aussi chaleureux et familial.

Tout se passa bien jusqu'au jour où l'une des pensionnaires, une certaine Mrs. Sinkowitz, disparut subitement. Selon les voisins, qui s'inquiétaient de ne plus la voir, jamais cette nonagénaire infirme et qui perdait la tête n'aurait pu partir en voyage comme le prétendait Dorothy Johannsen. Les mois s'écoulèrent, mais Mrs. Sinkowitz ne réapparut pas. Comme elle n'avait pas de famille, personne ne chercha jamais vraiment à savoir ce qui s'était passé. Les voisins acceptèrent la version de Dorothy Johannsen, et Rebecca elle-même, surchargée de travail, se contenta de cette histoire.

L'année suivante, une pensionnaire vint se plaindre d'un vol dont elle aurait été victime. Puis vinrent deux autres pensionnaires, qui montrèrent des bleus et des égratignures et prétendirent avoir subi ce qu'ils appelaient « les coups de colère de Dorothy ». La respectable Mrs. Johannsen, bourreau de vieillards ? Cela paraissait presque grotesque, mais Rebecca décida néanmoins d'en parler à la police. Même si la plupart des pensionnaires étaient séniles et peut-être sujets à une paranoïa fréquente chez les personnes âgées, il fallait quand même s'en occuper. D'abord sceptique, la police se laissa enfin convaincre d'enquêter. Dorothy Johannsen fut interpellée. Et tout d'un coup les langues des pensionnaires se délièrent : pendant des années, la logeuse s'était enrichie des maigres biens de ses locataires, avait volé bijoux et autres objets de valeur, avait encaissé leurs chèques d'allocations, les avait menacés et frappés. Mrs. Johannsen fut jugée et mise en prison. Rebecca se sentit soulagée, mais en même temps un doute persistait en elle : qu'était devenue Mrs. Sinkowitz ?

– Tu comprends, on n'a jamais vraiment cherché à savoir. C'est vrai, elle était vieille... elle a pu être hospitalisée. Mais pourquoi Dorothy Johannsen l'aurait-elle caché ? Personne ne connaissait le passé de la vieille Mrs. Sinkowitz – elle avait peut-être une famille qui s'est brutalement souvenue d'elle... Mais cette histoire de voyage... c'était vraiment incongru. Mais bon, un vol, c'est une chose, accuser quelqu'un d'avoir fait disparaître quelqu'un, c'est autre chose... Et puis je n'y croyais pas vraiment. C'était trop monstrueux. J'étais contente de savoir que Dorothy Johannsen était en prison, et j'ai oublié toute l'histoire. Jusqu'à l'année dernière, quand j'ai entendu parler pour la première fois de cette Dorothea Puente. Ce qui m'a intriguée, c'était le prénom, mais surtout la façon dont les gens parlaient d'elle. Gentille, adorable, un ange... Cela me rappela l'autre. Elle aussi avait ce don de se faire aimer... En plus, Dorothy Johannsen racontait à qui voulait l'entendre qu'elle avait été chirurgienne. C'était un mensonge, bien évidemment. Et Dorothea Puente prétend elle aussi avoir une formation médicale.

« Je l'ai croisée une fois, Dorothea Puente. Elle paraissait beaucoup plus âgée que Dorothea Johannsen, qui n'avait pas plus d'une cinquantaine d'années. Mais en même temps... Julie, je ne suis pas certaine de ce que j'avance, mais je subodore que Dorothy Johannsen et Dorothea Puente ne font qu'une seule et même personne.

« Voilà pourquoi je m'inquiète au sujet de Bert. Si ce que je pense est vrai, il est en danger chez elle.

Lorsque Julie quitta le bureau de Rebecca, elle était si perturbée qu'elle répondit à peine au salut de Sonia, qu'elle croisa dans l'escalier. Elle était partagée entre l'angoisse que lui avait inspirée le récit de Rebecca et l'intime conviction de l'innocence de Mrs. Puente. Aurait-elle pu se tromper à ce point ?

Après une nuit agitée, Julie décida de se rendre à nouveau chez Dorothea, afin de se rassurer sur l'état de Bert. Elle le trouva dans le jardin, occupé à mettre en terre un plant de rosiers, et son sourire épanoui dissipa tous ses soupçons. Dorothea Puente n'était rien d'autre qu'une adorable vieille dame pleine de bonnes intentions, qui consacrait sa vie au bonheur de ses pensionnaires. Le reste n'était que coïncidences.

Suivant les conseils de Dorothea, elle décida d'espacer un petit peu ses visites, qui, selon les dires de la vieille dame, laissaient Bert très troublé. « Il souhaiterait oublier son ancienne vie, et vous lui rappelez cette période triste à chaque fois que vous passez », lui avait dit Dorothea. « Attendez un peu qu'il soit tout à fait installé, et ça ira mieux. »

Julie se laissa convaincre, et elle ne vint plus qu'une fois par mois, pour ne pas perturber le travail de Dorothea.

Julie reprit à Detox son existence habituelle. Le seul fait marquant de cette fin d'année fut à ses yeux le jour où le dossier de Bert vint rejoindre la pile des affaires classées. Elle hésita un instant, repensant au récit étrange de Rebecca. Puis elle se dit qu'une telle chose était inconcevable, que Rebecca devait se tromper. Et ferma définitivement le dossier Montoya.

D'ailleurs elle avait d'autres soucis : à l'approche de Noël, comme tous les ans, le centre se vidait. C'était comme si, pour la période des fêtes, la mémoire revenait aux gens : ils se souvenaient brusquement du cher oncle Charlie ou du cousin Hubert, et une crise de conscience subite les poussait à « récupérer » leur parent pendant quelques jours. Les familles arrivaient, la bouche en cœur, pour demander si, par hasard, il serait possible d'emmener « ce cher vieil Harry » passer Noël en famille, et les couloirs résonnaient d'exclamations faussement enthousiastes qui avaient le don d'exaspérer Julie.

Le centre était donc presque désert lorsque Bert fit son apparition, aussi discrètement que possible. Il réintégra son dortoir tout naturellement et ne se montra qu'à la tombée de la nuit.

Lorsqu'elle l'aperçut, Julie crut un instant qu'elle souffrait elle aussi d'hallucinations.

Julie fut troublée par son regard instable, par ses mains qui tremblaient, par son tic nerveux qui avait réapparu. Bert refusa toutefois de répondre à ses questions, et lui parut si mal à l'aise qu'elle ne voulut pas trop insister. Elle lui permit de passer la nuit dans son lit habituel.

Le lendemain elle vint le retrouver, espérant obtenir des explications, mais Bert resta aussi renfermé que la veille. Il ne dit rien et se contenta de lui adresser son sourire timide et triste. Lorsque Julie lui dit qu'elle devait appeler Dorothea pour la rassurer au sujet de son protégé, Bert fondit en larmes. Il ne voulait toujours rien expliquer, mais supplia Julie de ne pas prévenir Dorothea de sa fugue. Néanmoins, lorsque Julie lui parla de sa belle chambre, de sa télévision et de la gentille Mrs. Puente, il se déclara prêt à réintégrer la pension, à condition que Dorothea ne soit pas avertie de son retour à Detox. Il refusa l'offre de Julie de le raccompagner. Malgré un mauvais pressentiment, Julie le laissa rentrer. Bert repartit donc comme il était venu, et sa fugue resta un secret entre Julie et lui.

Le dimanche suivant, Julie se rendit comme prévu chez Mrs. Puente. Tout paraissait normal. Malgré les allusions discrètes de la vieille dame à la disparition de Bert, Julie fit mine d'ignorer tout de l'histoire. Bert parlait peu, mais semblait avoir retrouvé son équilibre. Dans le regard de Dorothea, Julie surprit cependant une lueur surprenante : mélange d'agressivité contenue et d'angoisse. Pourtant le ton de la vieille dame était le même que d'habitude, doux et plein de compréhension.

Julie, qui ne voulait pas trahir le secret de Bert, décida de changer de sujet de conversation. Elle se mit à parler des départs en vacances de ses locataires, et remarqua que la maison de Dorothea semblait elle aussi s'être vidée quelque peu. Elle voulait savoir si les proches des pensionnaires se découvraient également un sens de la famille à l'approche des fêtes. A sa grande surprise, Dorothea se leva brusquement et dit avec un agacement mal contenu qu'elle avait encore des choses à faire, et qu'elle allait raccompagner Julie à la porte. Julie remit son manteau, mais tenta néanmoins de reprendre la conversation. Elle parla de ses propres vacances, et Mrs. Puente se radoucit aussitôt. Elle était redevenue la vieille dame douce et laissa Julie exposer ses projets de randonnée pédestre. Ses propres vacances allaient être un peu plus mouvementées : elle désirait emmener ses pensionnaires dans sa famille, au Mexique. Elle souhaitait leur faire découvrir son pays d'adoption : elle-même n'était mexicaine que du fait de son second mariage avec le défunt Mr. Puente.

Un cousin s'était porté volontaire pour servir de chauffeur à « sa petite famille » au volant de son minibus et elle décrivit avec enthousiasme le ranch que possédait son beau-frère, la vie à la campagne, les promenades à cheval... Puis, elle conclut sur un long discours. Un tel projet faisait partie du programme de réinsertion sociale de ses pensionnaires. A ses yeux, le fait de prendre des vacances tous ensemble était le moyen de souder les membres de l'équipe, de les faire se sentir solidaires, et d'augmenter leur indépendance.

Le soir tombait lorsque Julie reprit la route pour

retourner chez elle. En chemin, l'enthousiasme qui l'avait envahie chez Mrs. Puente l'abandonna progressivement. Elle s'était laissé convaincre par la vieille dame que son plan était merveilleux, mais, une fois seule, l'aspect déraisonnable de ce projet lui apparut pleinement. Julie tenta d'imaginer Bert dans le ranch des Puente, et cette image lui sembla soudain si insolite qu'elle éclata de rire.

Non, il était hors de question de laisser faire ce voyage. Bert était un sédentaire, il n'avait jamais quitté Sacramento, et un tel périple le perturberait dans son tout récent équilibre. Julie se coucha ce soir-là avec la ferme intention de se rendre chez Dorothea dans la semaine pour éviter à Bert un tel bouleversement. Si Mrs. Puente maintenait son projet de départ, Julie lui proposerait de reprendre Bert dans son équipe. Il y aurait toujours une place pour lui à Detox. Juste avant de s'endormir, elle se rendit compte que ses soupçons contre la logeuse étaient plus forts que jamais, et qu'ils étaient la vraie cause de son inquiétude à l'idée de laisser partir Bert. Elle se promit de mieux veiller sur son protégé.

Le lendemain, elle prit ses dispositions pour préparer un éventuel retour de Bert et tenta de joindre Dorothea au téléphone. Sans succès. A plusieurs reprises elle laissa sonner le téléphone dans le vide, vingt fois, trente fois, s'énervant de chaque appel infructueux.

Le jour suivant elle n'eut pas plus de chance. Finalement elle décida de se rendre à la pension. Elle trouva la maison déserte, les volets clos! Le cœur battant, elle fit le tour de la bâtisse en frappant à toutes les portes. Celle de la cuisine s'ouvrit enfin, et Julie vit un vieux monsieur décrépit, presque chauve, qui la salua d'un sourire édenté. Elle se souvint de l'avoir déjà vu lors d'un de ses précédents passages : il était l'un des pensionnaires de la maison. Elle se présenta et demanda à parler à Dorothea Puente. Si Monsieur Charles était surpris de la visite, il ne le montra pas, tant il était heureux d'avoir un peu de compagnie. Il la fit entrer et se lança dans un long monologue sur ses responsabilités en l'absence de Dorothea. Julie parvint enfin à savoir que Mrs. Puente était déjà partie au Mexique avec « les autres », en chargeant Charles de surveiller le courrier et de s'occuper du jardin.

– Il y a des choses à faire, vous savez... dit-il avec son sourire malin.

Julie ne voyait pas du tout ce qu'il y avait à faire dans un jardin en plein hiver, mais ne le dit pas. Charles semblait si content de ses « grandes responsabilités », qu'elle n'avait pas envie de lui gâcher sa joie. Charles lui montra comment il avait bien disposé sur la table le courrier du matin qu'il était en train de classer suivant un ordre que lui seul semblait comprendre. Il ne répondit à aucune de ses questions concernant le retour de Dorothea, et tout ce que Julie obtint comme réponse fut un vague « bientôt ». Elle tâcha de masquer son agacement et prit rapidement congé. Elle était furieuse contre Mrs. Puente qui avait pris la liberté d'emmener Bert à l'étranger sans même lui faire remplir les formulaires obligatoires, et surtout sans la prévenir. Julie ressassait sa conversation avec la vieille dame, mais à aucun moment celle-ci n'avait mentionné une date pour son départ. Julie s'en voulait de ne pas avoir insisté pour avoir des précisions.

Une fois rentrée, elle se mit à trier le courrier qui, depuis plusieurs semaines déjà, s'entassait sur sa table de cuisine, en repensant au vieux Charles et à son « classement ».

– Quelle idée, de laisser ce vieillard tout seul dans la maison ! marmonna-t-elle.

Une grande enveloppe qui portait le cachet de la ville lui tomba sous la main. Julie la retourna et crut reconnaître l'écriture de Rebecca. Elle se souvenait l'avoir reçue une semaine ou dix jours auparavant mais, débordée, elle ne s'en était pas occupée. Lorsque Julie, tout d'un coup nerveuse, ouvrit l'enveloppe, plusieurs coupures de presse s'en échappèrent et tombèrent par terre. En les ramassant, elle vit la photo. Elle se redressa lentement en scrutant le visage de la femme qui regardait la caméra par-dessus son épaule, les traits tirés par la peur ou la haine. C'était une mauvaise photocopie d'une page de journal. La photo était floue, et le visage partiellement caché par le col relevé d'un manteau. Si, au premier coup d'œil, Julie avait eu un sursaut, croyant reconnaître Dorothea Puente, elle en fut de moins en moins certaine en étudiant la photographie plus calmement. Il y avait certes un petit air de famille, mais la femme qu'elle voyait devant elle n'avait pas plus de quarante-cinq ans, des cheveux lisses châtains, et portait un manteau bien coupé de bonne qualité. Julie la compara mentalement à la frêle Dorothea Puente avec ses cheveux blancs, sa permanente bon marché, ses robes de grand-mère qu'elle semblait avoir récupérées à la Croix-Rouge. Ce n'était vraiment pas le même style...

Julie posa la photo sur la table et parcourut les articles. L'affaire, qui s'était déroulée à Los Angeles, datait d'une dizaine d'années environ.

Dorothy Johannsen avait ouvert une pension où elle accueillait des sans-abri, des alcooliques, des personnes âgées et infirmes pour la plupart, et s'était rapidement fait une réputation de bonne âme. Le scandale avait éclaté, comme Rebecca le lui avait raconté, lorsque les pensionnaires s'étaient plaints de mauvais traitements et de vols. Dorothy Johannsen avait encaissé les chèques de ses clients et même de certains qui manifestement ne logeaient plus chez elle, ce qui lui procurait une rente confortable. Outre les chèques, on avait trouvé en sa possession les biens personnels des locataires, et un stock de médicaments assez important pour que la question de fins plus sinistres encore fût posée. Mais rien n'avait jamais pu être prouvé.

Curieusement le texte ne parlait pas du tout de la locataire disparue, Mrs. Sinkowitz.

Ce qui plongea Julie dans une profonde angoisse fut la description de la personnalité de Dorothy Johannsen. Elle était considérée comme quelqu'un de serviable, le cœur sur la main, attachante et aimable. Les policiers eux-mêmes avaient eu du mal à la croire coupable, tant elle se montrait douce et vulnérable, profondément blessée par les accusations de ses locataires. Elle n'avait d'ailleurs jamais reconnu ses crimes, mais avait proclamé son innocence jusqu'à la fin de son procès. Malgré cela, elle fut condamnée à une peine de prison de six ans, avec la stricte interdiction de réexercer son travail de logeuse.

Et si Rebecca avait raison ? Si c'était vraiment la même femme ? Julie reprit la photographie sans parvenir à une conclusion. La différence d'âge la déconcertait : une femme pouvait-elle se vieillir de vingt ans ?

Avec un profond soupir Julie abandonna ses réflexions. C'était inutile. Pour l'instant, tout ce qu'elle avait à reprocher à Dorothea Puente, c'était d'être partie avec Bert au Mexique sans remplir les formalités nécessaires. Ce n'était pas un crime. Elle ne pouvait qu'attendre son retour pour lui faire la morale et, si elle n'avait vraiment plus confiance, elle relogerait Bert à Detox.

Dorothea lui téléphona le jour même de son arrivée. Lorsque Julie, très remontée, lui fit des reproches sévères, Dorothea se montra désolée et repentante. Elle avait dû avancer son départ de quelques jours à cause d'un décès dans sa famille – « un oncle éloigné, mais vous savez comment on est au Mexique, la famille est importante... » – et n'avait pas eu le temps de prévenir Julie.

Julie se sentait un peu gênée. Après tout, l'histoire avec Bert n'était pas si grave, et elle s'en voulait de s'être laissée emporter, de s'être imaginé des choses complètement déraisonnables.

Mais lorsque le soir, sur un coup de tête, elle rendit visite à Dorothea pour rencontrer Bert, mais aussi pour s'excuser, une nouvelle très désagréable l'attendait. Dorothea semblait surprise et peu contente de la retrouver. Julie, qui s'étonnait de voir la maison quasiment vide (elle n'aperçut aucun pensionnaire à l'exception du vieux Charles, qui lui glissa un furtif bonjour et disparut aussitôt), en apprit la cause avec horreur. Bert n'était pas rentré du Mexique avec Dorothea, mais était resté avec sa famille. Dorothea soutint qu'il s'était senti si bien là-bas qu'il avait souhaité lui-même prolonger son séjour. Julie avait du mal à le croire. Elle ne pouvait s'imaginer que Bert, tel qu'elle le connaissait, puisse s'adapter facilement à un environnement parfaitement étranger. Le malaise qui ne l'avait pas quittée depuis son entretien avec Rebecca se transforma en angoisse, multipliée encore par la colère qu'elle ressentait devant la trahison de Dorothea. Mais elle ne savait pas comment réagir. Quelque chose en elle refusait toujours de croire que la vieille logeuse puisse lui mentir aussi effrontément.

Julie partit finalement après avoir exigé le retour immédiat de Bert, sachant très bien qu'elle n'avait pas de moyens juridiques pour renforcer sa demande.

Ses mauvais pressentiments se confirmèrent lorsque, pendant les dix jours suivants, chaque tentative de relance se solda par le même résultat : Bert voulait rester pour fêter l'anniversaire d'une cousine, Bert était enrhumé, Bert avait raté l'avion. La situation devenait de plus en plus ridicule. Finalement Julie perdit patience. Si Bert n'était pas rentré le week-end suivant, elle allait alerter la police. Elle laissa même échapper une allusion au cas de Dorothy Johannsen.

Le dimanche soir, Julie étant toujours sans nouvelles de Dorothea, elle monta dans sa voiture et prit le chemin qui lui était devenu familier.

En poussant le portail de la petite maison blanche, elle constata aussitôt qu'aucune fenêtre n'était éclairée. Pourtant il n'était que 20 heures. Le cœur battant elle avança vers la porte d'entrée. Son pied heurta un objet et elle sursauta. Elle se baissa et découvrit qu'il s'agissait d'une bêche. Encore le vieux Charles et ses histoires de jardinage!

Arrivée à la maison, elle leva la main pour frapper, mais remarqua que la porte n'était pas fermée. En appelant Dorothea, elle entra. A l'intérieur, tout était silencieux. Un coup d'œil lui suffit pour se rendre compte que la maison était déserte. Une terrible angoisse lui noua la gorge. Elle comprit que quelque chose d'horrible s'était passé. Elle fit demi-tour et se rendit au commissariat de police.

L'inspecteur l'écouta jusqu'au bout sans poser de questions. Julie sentit bien qu'il ne la prenait guère au sérieux mais devant son insistance, il envoya une équipe à la pension. Les hommes fouillèrent les pièces et trouvèrent les signes d'un départ hâtif : des armoires ouvertes, des vêtements traînant par terre, une valise abandonnée, à moitié remplie. Aucune trace de Dorothea, ni des locataires. Mais le vieux Charles avait disparu. Dans l'une des chambres, une tache sombre par terre : du sang que quelqu'un avait essayé d'éponger à la hâte. Dans un placard, les policiers trouvèrent un grand nombre de boîtes et de flacons de médicaments, en particulier des somnifères et des calmants. Et dans la cave, des outils de jardinage qui apparemment avaient servi très récemment...

La fouille du jardin se révéla effectivement fructueuse : sous les jolis rosiers de Dorothea étaient enterrés 9 cadavres. Pour une partie d'entre eux, même l'autopsie ne pouvait déterminer leur identité, la décomposition étant déjà trop avancée. On assura qu'il s'agissait des infortunés locataires, ce qui fut confirmé par l'identification de Bert et du vieux Charles parmi les cadavres exhumés.

Même la disparition de Dorothea ne suffit pas à convaincre son entourage de sa culpabilité. Tout ceux qui la connaissaient ne pouvaient s'imaginer que la petite vieille dame frêle, si gentille, ait pu commettre de telles atrocités. Mais elle avait bel et bien disparu, et le récit de Julie déclencha une enquête plus approfondie sur son passé. On découvrit rapidement que Dorothea Puente et Dorothy Johannsen étaient une seule et même personne. La police lança un avis de recherche, et Dorothea Puente fut arrêtée deux semaines plus tard lorsque, dans un bar de Dallas, elle fut reconnue par un vieillard en détresse à qui elle avait proposé de l'héberger chez elle. Visiblement, elle avait l'intention de reprendre les mêmes activités.

On ne sut jamais exactement combien de personnes Dorothea avait tuées. Le choix de ses victimes était très habile, car elle recrutait ses locataires parmi les plus démunis, les plus seuls, les plus désespérés de la société. Ils n'avaient plus de famille ni d'amis, personne pour s'occuper d'eux. Les organismes qui les dirigeaient chez Dorothea avaient une charge de travail trop importante pour suivre leur cas de plus près. Bert fut la seule exception – qui la perdit.

Dorothea n'avoua jamais ses crimes. Elle joua le rôle de la petite vieille accusée à tort jusqu'au bout, même lorsque l'on prouva que, contrairement à ce qu'elle avait toujours prétendu, elle n'avait pas soixante-douze mais cinquante-huit ans, aucune formation médicale, aucune famille au Mexique, qu'elle avait touché les chèques destinés à ses locataires, qu'elle portait des bijoux qui manifestement avaient appartenu à ses victimes. Elle avait des cadavres dans son jardin, mais elle ignorait tout. Elle n'expliquait rien. Elle n'avait rien à dire à ce sujet.

On supposa que le vieux Charles avait été son complice jusqu'au moment où devenu inutile, elle l'avait supprimé aussi.

L'enquête détermina qu'elle empoisonnait un par un ses locataires, une tâche facile puisque tous ces vieillards avaient des médicaments à prendre. Il suffisait d'augmenter la dose... Ensuite, elle découpait les cadavres, pour les enterrer dans son jardin. Dans un curieux élan de piété, elle plantait un rosier sur chacune des tombes.

Dorothea Puente, ou Dorothy Johannsen de son vrai nom, fut condamnée à une peine de prison à perpétuité qu'elle purge à présent à Sacramento, dans le pénitencier de l'État de Californie.

Isabelle Thez

Cargo de nuit

Homerville, État de Georgie, 10 janvier 1992, 2 h 10 du matin.

Assis à l'avant du petit avion bi-moteur, à droite du pilote, John Stayton n'en mène pas large. Certes, Mark Bailey, avocat et aviateur à ses heures de loisirs, est un pilote chevronné, mais atterrir de nuit, clandestinement, et sur une piste sans éclairage, comporte des risques évidents.

– Te bile pas, Johnny, ordonne Bailey, l'air concentré. Je connais cet avion comme si je l'avais construit et j'ai atterri au moins vingt fois de nuit sur des pistes bien plus pourries que celle-ci. Y a pas de lézard. Je pourrais faire la manœuvre les yeux fermés.

– Pas la peine d'essayer. Déjà qu'on y voit rien.

Depuis le bâtiment principal du petit aérodrome d'Homerville, Walter, l'employé au nettoyage qui fait des heures supplémentaires après la fermeture des lieux, constate que l'atterrissage se déroule effectivement sans problème. Walter n'aime pas se mêler de ce qui ne le regarde pas, mais il aime encore moins les ennuis. Dès qu'il aperçoit deux silhouettes sortir de l'avion, il se dirige vers le téléphone le plus proche, compose le numéro de la police et signale l'atterrissage.

Pendant ce temps, les deux hommes descendent rapidement de l'appareil, des outils à la main. Bailey laisse les moteurs tourner car en principe l'arrêt ne doit durer que quelques minutes. Les charnières de la porte arrière de l'avion sont prestement dévissées et le battant dégondé. Alors que Bailey s'apprête à le déposer à l'intérieur de l'avion, il perçoit le bruit d'une voiture et tourne la tête dans sa direction. Le véhicule qui s'approche est surmonté d'un gyrophare de police. A vive allure, il traverse l'étendue dégagée de la piste.

– M..., crie Bailey. Johnny, tu la fermes et tu me laisses parler.

– On est foutus, glapit Stayton. Ils vont fouiller l'avion.

– Pas sûr. Je vais dire que j'avais un ennui avec la portière. Tu confirmes tout ce que je vais raconter.

Le dialogue s'interrompt et Bailey va couper les moteurs. La voiture stoppe près de l'avion et un policier en uniforme en descend, la main posée sur la crosse de son revolver. L'autre policier reste à l'intérieur du véhicule, le temps d'allumer la rangée de projecteurs fixés sur le toit, puis sort à son tour.

– Bonsoir messieurs, attaque Bailey d'une voix grave et posée. Nous avons eu un petit ennui avec la portière arrière : elle ferme mal et cela déséquilibrait le zinc. Nous allions redécoller.

Le premier policier regarde dans les yeux l'avocat, un type d'une cinquantaine d'années, grand et massif, aux cheveux poivre et sel. Il remarque sur son front perler quelques gouttes de sueur. Pourtant la température est proche de zéro.

– Pourquoi avez-vous atterri ici ? demande-t-il d'un ton brusque. L'aérodrome est fermé. Il y a des procédures d'urgence dans ces cas-là. Vous auriez dû demander une autorisation par radio et vous poser sur l'aéroport qui vous aurait été indiqué. Vous n'avez pas de cartes aériennes dans votre avion ? Donnez-moi vos papiers, ceux de l'appareil et votre plan de vol.

– Pour les papiers, tout est en règle, mais je n'ai pas déposé de plan de vol. Les bureaux étaient fermés et je voulais juste montrer la région à mon ami.

– En pleine nuit ? Vous vous foutez de moi ! coupe le policier.

Il saisit les documents qu'il emporte dans la voiture. Pendant que son collègue garde un œil sur les deux hommes, il contacte le bureau du shérif d'Homerville pour demander une consultation du fichier des personnes recherchées. Par radio, il discute quelques minutes avec l'officier de garde.

– Ça ne tient pas debout leur histoire de portière, déclare ce dernier. Garde les deux types sous surveillance. Je vais réveiller le proc' pour demander un mandat de perquisition. A mon avis, le coucou doit contenir de la came ou quelque chose de pas net. Dès que j'ai le papier, j'arrive.

L'agent fait monter Stayton et Bailey à l'arrière de la voiture de patrouille et leur apprend qu'une procédure de perquisition est engagée. Les deux hommes échangent un regard bref, puis se murent dans le silence.

Vingt-cinq minutes plus tard, l'officier rejoint les quatre hommes sur la piste de l'aérodrome. Il remarque que John Stayton, un petit rouquin d'une quarantaine d'années, vêtu d'un survêtement défraîchi, semble très nerveux.

La perquisition ne prend que quelques secondes : dans la partie arrière de l'appareil, les policiers remarquent en premier lieu un compartiment en matière plastique d'environ un mètre quatre-vingts de long sur soixante centimètres de large et cinquante de haut. Il s'agit de l'une de ces boîtes à outils que l'on trouve à l'arrière de beaucoup de camionnettes à plateau américaines. Un détail attire l'œil : une des extrémités de la boîte a été sciée et recollée par des larges bandes de ruban adhésif. En passant la main sur le côté de la caisse, le policier qui procède à la perquisition remarque que le tour de celle-ci déborde de graisse à moteur.

– Je crois que vous aviez raison, chef, dit-il à son supérieur en commençant à décoller les bandes de toile adhésive. Il doit y avoir de la drogue ou quelque chose de...

Il s'interrompt au milieu de sa phrase en voyant apparaître le contenu : le cadavre nu d'une jeune femme. La tête est enfermée dans un sac-poubelle et une corde est enroulée autour de son cou. Lorsqu'il retire le sac, le policier constate que les cheveux de la femme sont mouillés; un écoulement de sang par une oreille indique qu'elle est morte depuis moins de quelques heures.

Confrontés à la macabre découverte, les deux hommes se contentent de répondre qu'ils ignoraient la présence du cadavre. Ce sera la seule chose que les policiers d'Homerville pourront tirer d'eux.

Une demi-heure après la découverte du corps, les deux hommes sont transférés dans les locaux du commissariat de la ville. C'est là que Bailey, laissé seul quelques instants dans un bureau, essaye de se suicider en s'entaillant les veines du poignet avec une pince à billets tirée de sa poche.

L'intervention rapide des policiers, puis celle d'un médecin, font échouer sa tentative.

Tout avait commencé quinze jours plus tôt, lors d'une soirée un peu arrosée, organisée par Philip Marshall, un ami et client de Bailey. Marshall était une sorte de guérisseur, à la fois chiropracteur et acupuncteur. Agé de cinquante-cinq ans, il avait appris son métier en parcourant le monde avec une bande de hippies à la fin des années soixante. Lors de ses voyages en Inde, en Asie et aux Philippines, au contact des guérisseurs il acquit non seulement quelques-unes de leurs techniques, mais aussi une certaine capacité à manipuler les consciences. En 1976, il s'était installé à Augusta, au nord-est de la Georgie. Ses dons incontestables, et la dépendance qu'il savait instaurer chez ses patients, lui permirent en quelques années de se constituer une clientèle abondante et aisée.

Bailey avait fait la connaissance de Marshall alors que celui-ci était à la recherche d'un avocat habile et peu scrupuleux. A plusieurs reprises, le guérisseur avait fait appel à lui lorsque des clients s'étaient rebellés, l'accusant de leur avoir extorqué d'importantes sommes d'argent.

Lors de la soirée chez le guérisseur, Bailey constata l'absence de Mélanie, la jeune femme de vingt-sept ans que Marshall avait épousée en 1990. Par politesse, il demanda de ses nouvelles.

– Je ne sais pas où cette garce est encore allée traîner, répondit le guérisseur d'une voix haineuse. Elle est soi-disant chez sa sœur pour le week-end. Je ne la crois pas. Je suis sûr qu'elle a un amant. Un de ces jours, je vais m'occuper d'elle.

Tout d'abord, Bailey mit la réaction de Marshall

sur le compte de son état d'éthylisme avancé. Il se souvint d'ailleurs d'avoir entendu une rumeur selon laquelle Mélanie accusait Marshall d'être le père du bébé d'une de ses amies... « Tu parles d'un couple de bargeots ! » se dit l'avocat. Puis il n'y pensa plus jusqu'à la fin de la soirée.

Le lendemain vers treize heures, Bailey reçut chez lui un appel de Marshall :

– Salut, Mark, c'est Phil. Ça te dirait de venir prendre un pot à la maison, histoire de finir les restes d'hier soir. Et puis j'ai un projet dont je voudrais te parler.

– Okay, je serai chez toi dans une demi-heure.

Lorsqu'il arriva chez Marshall, Bailey se trouva en présence de Stayton, un voisin du guérisseur, propriétaire d'une entreprise de décoration intérieure. Tout en dégustant la pizza, Marshall lança la conversation sur le projet qui semblait le préoccuper :

– Tu as remarqué que Mélanie n'est toujours pas revenue. Je n'ai pas eu le temps de t'en parler hier soir, mais je suis sûr qu'elle me trompe avec un de ses collègues de travail. Ça fait trois mois que ça dure. Je veux divorcer.

– Tu as des preuves qu'elle te trompe ? s'enquit Bailey.

– John pourrait témoigner qu'il l'a croisée à plusieurs reprises avec le même type à la sortie d'un motel. Pas vrai, John ? fit Marshall en désignant Stayton.

Celui-ci se contenta d'acquiescer avec un grognement.

– Fais gaffe aux faux témoignages, Phil, prévint le juriste. Ça peut se retourner contre toi. En plus, si mes souvenirs sont exacts, vous êtes mariés sous un régime de communauté totale, Mélanie et toi.

– Oui... et alors ?

– Alors divorcer risque de te coûter un maximum...

Bailey observa Marshall qui ne répondait pas. Il connaissait l'état du patrimoine de son client occasionnel. Très récemment, ce dernier avait hérité d'une vieille dame très riche qu'il soulageait de maux totalement imaginaires. Selon les calculs de l'avocat, la fortune de Marshall devait s'élever à près de dix millions de dollars. Et d'après l'expression de son visage, il semblait que le guérisseur n'avait pas jusqu'à ce jour réfléchi aux conséquences financières d'un divorce.

– Impossible que je lâche la moitié de mon pognon pour cette garce ! s'emporta Marshall. Il faut que je trouve une autre solution pour m'en débarrasser.

Pendant de longues minutes, les trois hommes mangèrent sans prononcer un mot. Puis Marshall rompit le silence.

– Dites les gars, ça vous dirait de gagner deux cent mille dollars chacun ?

– Ça dépend, lâcha Bailey. Que faut-il faire en échange ?

– Ouais, ça dépend, ajouta Stayton.

– Arrêtez de jouer aux faux-derches. Vous avez très bien compris. Je vous offre deux cents sacs chacun pour éliminer Mélanie.

Bailey et Stayton s'observèrent mutuellement. Ils savaient tous deux que Marshall n'avait pas arrêté son choix sur eux par hasard. La veille, ils avaient échangé quelques mots sur leurs situations respectives : la boîte de Stayton battait de l'aile ; la clientèle de Bailey se faisait rare depuis que l'ordre des avocats lui avait infligé un blâme puis une radiation provisoire de six mois, à la suite d'affaires douteuses. En outre, ils ne s'étaient jamais entendus avec Mélanie qui les toisait à chaque rencontre.

Marshall s'excusa et laissa ses amis seuls un instant, le temps de descendre chercher du vin dans sa cave. Et surtout de permettre aux deux hommes de se concerter.

Lorsqu'il revint, il tenait à la main deux bouteilles de Château Pétrus 1987. Un petit malin de courtier en vins français lui en avait refilé deux caisses peu de temps auparavant. Depuis, il s'était aperçu que 1987 était une année catastrophique pour le bordeaux. Mais Bailey et Stayton n'y connaissaient rien et les étiquettes leur en mettaient toujours plein la vue.

Deux heures plus tard, le plan de l'assassinat de Mélanie Ingrid Marshall était arrêté dans ses détails. Le mercredi suivant, Bailey et Stayton devaient s'introduire dans le garage de la villa en fin d'après-midi. Mélanie serait absente car elle joue au tennis ce jour-là. Quelques minutes après son retour, Marshall devait retrouver les deux hommes, puis, pendant que Mélanie prendrait sa douche, entrer dans la salle de bains et maîtriser la jeune femme. Marshall se promettait de lui injecter un somnifère puissant pour, une fois inconsciente, l'étrangler et l'étouffer.

– Je préfère la droguer avant, précise le guérisseur. Je ne tiens pas à ce qu'elle souffre.

Cette besogne achevée, le corps serait chargé dans la Jeep Cherokee de Marshall et convoyé à l'aéroport d'Augusta. Il serait chargé à bord du petit avion de tourisme de Bailey puis largué au-dessus des marais de la réserve naturelle de Okefenokee, au sud de l'État. C'est Bailey qui avait trouvé ce moyen de faire disparaître le corps. L'idée lui en était venue en repensant à un reportage lu quelques années auparavant dans un magazine. Le marais y était présenté comme un endroit dangereux : un avion en difficulté s'y était abîmé, et jamais les corps des passagers n'avaient été retrouvés. Sans doute avaient-ils servi de pitance aux nombreux alligators qui infestent le marécage.

Le lundi suivant, Marshall faisait l'acquisition dans un supermarché d'une caisse à outils pour sa camionnette. Rentré chez lui, il sciait l'extrémité de la boîte, puis refixait le panneau grâce à de la toile adhésive de la plus forte largeur possible. Il plaça à l'intérieur du compartiment un pot de graisse à moteur, des sacs-poubelle et un rouleau de grosse corde. De son côté, Bailey téléphona au bureau du Parc national d'Okefenokee, soi-disant pour se renseigner sur les modalités de visite. Il discuta quelques minutes avec son correspondant à propos des précautions à prendre en matière de sécurité. Dans la conversation, il demanda à l'employé du parc s'il était vrai que les corps des passagers d'un avion accidenté avaient été dévorés par des alligators quelques années auparavant. L'employé lui confirma l'histoire. Le mardi, Marshall confia à Bailey les doubles des clés de sa maison ainsi qu'une autorisation écrite de conduire sa Jeep.

Dans l'après-midi du mercredi, Bailey fit remplir les réservoirs de son avion à l'aéroport d'Augusta. A 19 heures, il se rendit discrètement chez Stayton. Puis les deux hommes pénétrèrent dans le jardin mitoyen, celui de la villa de Marshall. Ils s'introduisirent dans le garage à l'aide des clés et patientèrent. Vers 20 h 30, Mélanie Marshall, une belle brune au visage racé, gara sa voiture devant la maison et monta à l'étage prendre une douche, comme prévu. Marshall, qui guettait au-dehors le retour de son épouse, vint chercher ses complices dans le garage. Les trois hommes firent irruption dans la salle de bains. Mélanie fut extraite sans ménagement de la baignoire, couchée sur son lit, bâillonnée et ligotée. En quelques secondes, le produit injecté par son mari la plongea dans un sommeil profond... et définitif. Les trois hommes introduisirent la tête de la jeune femme dans un épais sac-poubelle en plastique noir, car Marshall – trop sentimental – ne voulait pas voir le visage de Mélanie en train de mourir. Les trois hommes passèrent une corde autour du cou de la jeune femme et serrèrent jusqu'à ce que sa respiration s'arrête.

Stayton et Bailey transportèrent le cadavre nu dans le garage après l'avoir sommairement essuyé. Ils placèrent le corps dans la caisse, dont ils enduisirent les parois et les bords de graisse. Cela permettrait au macabre chargement de mieux glisser hors de la caisse et de l'avion le moment venu.

– Parfait, les gars, bon boulot, jeta Marshall à titre d'épitaphe, une fois que la caisse fut refermée grâce aux bandes de toile adhésive.

Pour patienter jusqu'à l'heure du « transfert », comme disait Marshall, les trois hommes dînèrent de salade et, c'était de circonstance, de viande froide. Avec détachement, ils discutèrent de la « suite du programme » selon l'expression de Marshall.

– Ton avion aura assez de carburant pour faire le trajet jusqu'au Parc national ? demanda le guérisseur à Bailey.

– Pas de problème, répondit l'avocat. Le seul moment un peu délicat sera l'atterrissage sur l'aérodrome Homerville pour démonter la portière. On sera obligé de le faire juste avant d'arriver au-dessus des marais. S'il ne faisait pas si froid, je l'aurais enlevée avant le décollage, mais en vol cette température ne serait pas supportable plus de quelques minutes.

– On ne risque pas de se faire repérer à Homerville ? intervint Stayton qui semblait plus anxieux que ses compères.

– Tu plaisantes, c'est un trou perdu, ricana Bailey. L'aérodrome ferme à 22 heures, j'ai vérifié. Et il est situé en pleine campagne. Personne ne nous entendra.

Vers 23 heures, Bailey annonça qu'il était temps de se rendre à l'aéroport d'Augusta, dont la zone réservée aux avions de particuliers autorise les décollages jusqu'à une heure du matin. Marshall accompagna les deux hommes jusqu'à sa voiture et leur ouvrit la porte du garage.

– Vous serez de retour vers quelle heure ? demanda-t-il.

– Vers trois ou quatre heures du matin, répondit Bailey.

– Si je me suis endormi, sonnez jusqu'à ce que je me réveille. Je te raccompagnerai chez toi, Mark. Bon voyage !

A l'aérodrome, Bailey gara la voiture sur l'emplacement le plus proche du hangar où était parqué son avion. Le seul employé de l'aéroclub présent à cette heure-ci salua l'avocat qui y pénétrait en portant la caisse à outils aidé par Stayton :

– Bonsoir, monsieur Bailey. Vous voulez un coup de main ?

– Pas la peine, Jim. Je vous remercie.

Sitôt la caisse chargée, Bailey s'installa aux commandes. Il avait décidé de décoller sans déposer de plan de vol : l'avocat était connu dans l'aéroclub et il avait déjà emmené des amis pour des balades nocturnes. Il savait que l'on ne lui poserait aucune question. Le bi-moteur décolla d'Augusta vers minuit et demi.

Seule l'alerte donnée par Walter, l'employé au nettoyage du petit aérodrome d'Homerville, empêcha les deux hommes de mener leur mission à son terme.

Dès l'arrestation de Bailey et Stayton, et devant leur mutisme, les hommes du shérif d'Homerville (une petite équipe de sept membres) appellent à la rescousse les services de la police d'État. Le lendemain à 13 heures, un agent spécial du département des Homicides de la police géorgienne relève que l'employeur d'une jeune femme de vingt-sept ans, Mélanie Marshall, domiciliée à Augusta, a signalé l'absence de son employée à son travail ce matin-là. En revanche, le mari de Mélanie n'a pas pris contact avec la police.

L'agent recherche le numéro de téléphone du domicile de Philip et Mélanie Marshall et appelle à plusieurs reprises. Pas de réponse. Grâce à l'employeur, l'agent se procure les coordonnées du dentiste de la disparue puis, grâce à celui-ci, une radiographie de sa mâchoire. La comparaison entre la dentition de la morte et celle de Mélanie établit sans aucun doute qu'il s'agit de la même personne.

La police d'Homerville ne reste pas inactive et téléphone chez Bailey dont l'épouse indique qu'il a beaucoup vu Marshall ces derniers jours. La thèse du meurtre prémédité se précise dans l'esprit des policiers. D'autant plus que les annotations inscrites sur les cartes aériennes découvertes dans la cabine du bimoteur indiquent clairement la destination du vol : le marais de Okefenokee. En appelant la direction du Parc national, les policiers découvrent qu'un individu se faisant passer pour un visiteur potentiel a appelé quelques jours plus tôt et a notamment posé de multiples questions sur les alligators. En consultant les relevés de la compagnie téléphonique, les enquêteurs de la police de Georgie retrouvent l'origine de l'appel : le téléphone de voiture de Bailey.

La piste conduisant à Philip Marshall est vite remontée. L'attestation rédigée par le guérisseur autorisant Bailey et Stayton à utiliser sa Jeep, trouvée dans la boîte à gants, indique sa participation au complot, tout comme les copeaux de plastique provenant de la caisse à outils qui jonchent le sol de son garage.

Une fois les trois hommes sous les verrous, ils adoptent un système de défense assez simple : chacun admet savoir ce qui s'est passé tout en niant une participation active au meurtre lui-même. Bailey prétend avoir passé la soirée sous l'emprise de drogues administrées par Marshall. Celui-ci déclare qu'il n'était pas dans la maison au moment de la mort de Mélanie et met le décès de son épouse sur le compte d'une querelle d'amants entre elle et Bailey! Quant à Stayton, ses rapports avec Marshall se borneraient d'après lui à de simples relations de voisinage. Par ailleurs, Bailey serait seulement un client potentiel de son entreprise de décoration intérieure. Stayton dit avoir accepté cette promenade nocturne en avion pour ne pas froisser la susceptibilité d'une relation d'affaires.

Les jurés des deux procès – car Bailey, habile procédurier, réussira à se faire juger séparément – ne rentreront pas dans le sinistre jeu de Mistigri des assassins. Leur verdict sera le même pour les trois complices : l'emprisonnement à vie.

François Cote

Timothy Evans : la fin de la potence

L'homme est jeune, insignifiant, le regard fuyant. Silhouette ramassée, vêtements mal coupés, il y a quelque chose de saccadé dans ses gestes et dans sa voix.

– Je veux parler à un inspecteur de police !

Ce 1er décembre 1949, il fait froid dans le petit bureau de police du quartier ouest de Londres et, un peu agacé par ce garçon un peu simplet, le policier l'écoute d'une oreille distraite. Des mythomanes, il en voit souvent ! Celui-là, pourtant, le regard vide et fuyant, semble différent des autres. Peut-être parce qu'il n'est pas ivre, peut-être parce qu'il paraît animé d'une folle passion de convaincre, comme s'il se délivrait. D'abord incrédule, le *bobby* finit par s'intéresser à ce qu'il lui dit :

– Je m'appelle Timothy Evans... Je suis docker... J'ai tué ma femme... J'ai jeté son corps dans la fosse septique de mon jardin. Je ne pouvais plus la supporter, elle me menait une vie impossible !

Le policier pense que l'affaire est simple : c'est le drame banal du couple désaccordé et les griefs de Timothy Evans sont sans originalité. La procédure suit son cours et le procès devant la Cour criminelle de l'Old Bailey, banal lui aussi, presque jugé d'avance, se déroule avec tout son cérémonial désuet. Pareil à un animal traqué, Timothy Evans est tassé sur lui-même, le regard perdu, étranger en apparence au spectacle solennel dont il est la vedette. Soudain, il se dresse. D'une voix ferme, il donne des faits une version bien différente des aveux qu'il avait pourtant confirmés à cinq reprises :

– Je n'ai pas tué ma femme ! s'écrie-t-il. C'est mon voisin John Christie ! C'est lui qui est responsable de sa mort !

– Expliquez-vous !

– Ma femme attendait un bébé. Nous n'en voulions ni l'un ni l'autre. Une bouche de plus à nourrir avec mon seul salaire de docker, ce n'était pas possible. Nous habitions une maison dont les locataires ne se fréquentent guère. Pourtant, même si l'on ne peut parler de vraies relations, j'entretenais de bons rapports avec mon voisin Christie. Un jour où il m'a vu plus soucieux que d'habitude, il m'a demandé ce qui n'allait pas. Je lui ai fait part de mes soucis. Il m'a alors dit : « Je peux faire avorter votre femme... »

– Cela ne vous a pas paru surprenant ?

– J'étais tellement inquiet... Non... J'étais pressé, je ne me suis pas posé de questions, peut-être parce que sa proposition m'arrangeait trop bien. Je veux dire... nous arrangeait, ma femme et moi. J'ai hésité un jour ou deux, et puis j'ai accepté.

Timothy Evans ferme les yeux. Il respire avec difficulté. La sueur a envahi son front.

– Poursuivez.

– L'opération a eu lieu alors que je me trouvais à mon travail. Je ne sais pas ce qui s'est passé, mais quand je suis rentré à la maison, John Evans m'attendait.

A nouveau Timothy Evans ferme les yeux. Il revoit la scène, la haute silhouette de l'élégant John Christie en haut de l'escalier. Lentement, le décor de l'austère tribunal disparaît et il se retrouve, quelques mois en arrière; il entend la voix étouffée, comme détimbrée :

– Ah, c'est vous, Evans. Il est arrivé un malheur.

– Un malheur ?

– Oui.

– L'opération ?

– Oui.

– Expliquez-vous !

– Il y a eu des complications... Votre femme a eu une hémorragie et malgré une énergique intervention, je n'ai pas pu...

– Vous ne voulez tout de même pas me dire qu'elle est morte ?

– Si.

Béryl morte ! Il lui semble que quelque chose s'arrête en lui, qu'il va s'écrouler au pied de l'escalier. La voix de John Christie lui parvient comme répercutée par un écho. Il ne comprend pas ce que son voisin lui dit. Celui-ci s'en rend compte et le sollicite :

– J'ai besoin de votre aide.

– De mon aide ?

– Oui.

– C'est-à-dire ?

– Nous allons monter le corps au second étage, dans un appartement vide. Dans la nuit, je prendrai des dispositions pour le faire disparaître.

Timothy a envie de poser des questions, mais il ne s'en sent pas la force. A quoi bon ? Il a peur et il n'a plus qu'une hâte : que cesse ce cauchemar.

– Tout de suite ? demande-t-il simplement.

– Oui.

Qu'il est haut et raide cet escalier qu'il monte avec lenteur, comme si ses chaussures étaient devenues de plomb. La pièce où l'attend John Christie est petite, il y flotte une odeur bizarre. Il ne voit rien sauf, au pied du lit, une masse allongée ficelée dans une couverture. La sueur l'envahit à nouveau et ses mains tremblent. La voix de John Christie le fait sursauter :

– Prenez le corps par les pieds, moi je le tiendrai par les épaules.

La lente ascension dans l'escalier trop étroit tient du cauchemar ; elle paraît interminable au docker qui n'a qu'une hâte, fuir, fuir très vite et très loin, même s'il sait que cela n'est pas possible. Il lui reste sa petite fille de quatorze mois, dont il faudra bien qu'il s'occupe. Il est pris soudain d'inquiétude. Où est-elle donc ? La main de Christie sur son épaule le pousse vers la porte. Il n'a pas un coup d'œil vers le long fuseau de tissu où gît sa femme, dont il n'aura pas revu le visage.

La voix qui, à la fois, lui fait peur et l'apaise, devient tout à fait rassurante :

– Vous pensez à votre petite fille ? Ma femme et moi nous en sommes occupés. Nous avons pensé qu'un homme seul, qui travaille toute la journée, ne peut pas donner de vrais soins à une fillette de cet âge. Nous l'avons emmenée chez des amis sûrs, qui sauront s'occuper d'elle comme il convient.

A ce point de son récit, le souvenir de Timothy Evans rejoint la réalité. Cette scène qu'il a vécue quelques mois plus tôt reprend place dans sa mémoire et il se retrouve au banc des accusés, face à un juge qui l'interroge sans bienveillance :

– Admettons un instant votre version des faits.

John Christie a confié votre fille à ses amis. Quels amis ?

– Je ne sais pas.

– Vous ne connaissez pas leur nom ?

– Non.

– Vous savez au moins où ils habitent ?

– Non.

– Alors, vous ne vous êtes jamais préoccupé du sort de votre petite fille ?

– Je n'avais pas le temps et je faisais confiance à mon voisin.

L'accusé se rend-il compte des invraisemblances de cette nouvelle version des faits ? Des « trous » dont son récit est émaillé ? Il parle de plus en plus difficilement, cherche ses mots, passant des murmures aux cris, indisposant la Cour qui l'écoute avec une stupéfaction sceptique. De plus en plus houleux, le public murmure, mais l'entend-il ?

Le juge reprend :

– Vous ne vous êtes pas davantage préoccupé de l'endroit où Christie, selon vous, aurait enterré votre femme ?

– J'avais une dette envers lui. Après tout, nous étions d'accord, ma femme et moi, pour l'avortement, et je n'ai pas voulu lui attirer des ennuis. Nous avons continué à vivre en bons voisins, comme si rien ne s'était passé. C'est seulement quand on a exhumé le corps de ma femme que j'ai appris que ma petite fille, elle aussi, avait été assassinée.

– Pourquoi n'avez-vous pas dit la vérité à la police quand vous avez avoué votre crime ?

– Je répète que je ne voulais pas attirer des ennuis à mon voisin.

– Pourquoi revenez-vous aujourd'hui sur vos aveux ?

Timothy Evans n'évite pas les pièges. Se rend-il compte seulement qu'on les lui tend et qu'il s'y précipite ? Les incohérences de ses déclarations contradictoires sont criantes : pourquoi a-t-il avoué spontanément le meurtre de sa femme ? Pourquoi, alors qu'il a parlé d'une fosse septique, a-t-on trouvé le cadavre de sa femme enfoui dans le jardin ? Pourquoi le rapport du médecin légiste conclut-il à la mort par strangulation et non à la suite de manœuvres abortives ? Et pourquoi, alors qu'il ne l'a pas encore dénoncé, John Christie, devenu le principal témoin à charge, l'a-t-il accablé à l'audience ?

Après quelques instants de flottement, John Christie est rappelé à la barre. Arrogant, habile et sûr de lui, l'homme fait face. A l'avocat de la défense qui le prend à partie, il répond avec d'autant plus de superbe qu'il sait ses arguments inattaquables :

– Je m'en tiens aux rapports d'autopsie : Béryl Evans est morte étranglée. Timothy n'a trouvé que ce moyen classique pour échapper au sort qui l'attend, accuser un autre, moi en l'occurrence, son voisin, qui ai toujours été si obligeant envers lui ! Ce qu'il dit aujourd'hui n'a pas de sens !

John Christie porte beau. La calvitie naissante mais le cheveu noir bien discipliné, des lunettes à forte monture, le costume de bonne coupe, son élégance discrète impressionne favorablement la Cour, qui ne tient pourtant aucun compte des renseignements troublants que Scotland Yard lui a fournis sur l'homme : John Christie n'est pas irréprochable, même s'il a fait partie de la police pendant la guerre. Un peu voleur, un peu faussaire, il a exercé bien des métiers, notamment celui de photographe. Ne dit-on pas qu'il a pris, un temps, des photos d'art un peu spéciales, des nus féminins notamment, ce qui expliquerait les visites répétées de plusieurs jeunes femmes à son domicile ?

Que peut contre lui, contre son habileté, son intelligence à démonter ses arguments, un Timothy Evans qui s'empêtre dans ses dénégations et ses contradictions ? L'opinion de la Cour est faite et elle se montre impitoyable.

Convaincu du double meurtre de sa femme et de sa fille, Timothy Evans est condamné à mort. On le pend en janvier 1950.

A la bonne conscience des juges persuadés d'avoir appliqué judicieusement la loi répond le soulagement de tous : un criminel a payé sa dette.

Au bout d'une impasse sans lumière, l'immeuble du 10 Rillington Place, à Londres, retrouve son calme triste, ses locataires anonymes et affairés, sa vie de tous les jours. Perdue dans la grisaille et retournée à l'anonymat, la « maison du crime » n'aurait plus suscité la curiosité si elle n'était revenue à la pointe de l'actualité trois ans plus tard, le 25 mars 1953.

Depuis quelque temps déjà, John Christie vit seul. Toujours élégant, strict dans ses vêtements comme dans son comportement, il est encore plus distant avec ses voisins qu'auparavant. S'il reçoit des visites, personne ne le remarque. Le soir, on le voit parfois sortir son chien.

– Ma femme est partie chez sa sœur, répond-il quand on lui demande de ses nouvelles. Elle y séjournera pendant quelque temps. Si je trouve moi aussi du travail à Birmingham, je la rejoindrai.

Exerçant un vague emploi dans une entreprise de transports routiers, il ne tarde pas à le quitter puis, après avoir vécu un certain temps en solitaire, il quitte son rez-de-chaussée du 10 Rillington Place décidément trop grand pour lui.

Le nouveau locataire, Mr. Brown, n'apprécie guère le décor de cet appartement sale et délabré, mal éclairé et aux papiers peints agressifs, où flotte une odeur désagréable et persistante. Avant d'emménager, il décide de le remettre en état en commençant par la cuisine. Après avoir enlevé des strates entières de papier peint, Mr. Brown découvre un large placard dissimulé dans le mur et dont les portes ont été clouées. En les arrachant, un long colis entouré d'une couverture ficelée tombe à ses pieds. Une odeur pestilentielle s'en dégage. Il déroule la couverture malgré sa répugnance et une vision d'horreur va le marquer à jamais : il s'agit d'un cadavre, dans un état de putréfaction avancée.

La suite tourne au cauchemar : le placard recèle deux autres cadavres de femmes momifiées, en sous-vêtements, également ficelées dans des couvertures. Dépêché sur place, l'inspecteur Griffin, de Scotland Yard, en découvre encore un autre, dissimulé cette fois sous le plancher.

L'Angleterre a son Landru ! Même si le travail des légistes n'est pas facile, on apprend très vite que les victimes ont toutes été étranglées avec un bas ou une cordelette. Ce que l'on ne sait pas encore, mais la police ne va pas tarder à le découvrir, c'est que la maison contient d'autres cadavres, notamment celui d'Ethel, la propre femme de John Christie qui, contrairement à ce qu'il affirmait, n'est pas allée chez sa sœur à Birmingham. On ne sait pas non plus où se trouve l'homme que l'Angleterre considère désormais comme un dangereux maniaque. Alors qu'une véritable psychose de peur s'installe à Londres, surtout dans le quartier Ouest où se trouve la maison, les avis de recherche que la police doit se résoudre à lancer n'aboutissent à rien. Des témoins obsédés aperçoivent partout cet homme grand, élégant, à la calvitie distinguée et, sans se lasser, les policiers se lancent sur des pistes qui ne mènent nulle part. Chaque fois qu'un passant croit l'avoir identifié, John Christie se dissout dans les rues ou sur les quais.

Méthodique, précis, l'inspecteur Griffin ne néglige rien. Il fait fouiller la maison, abattre les cloisons, bouleverser le jardin. Là, des ossements humains apparaissent, enfouis profondément ou presque à ras du sol. Le policier aboutit très vite à une conclusion accablante : le criminel opère depuis longtemps et la maison comme le jardin du 10 Rillington Place sont devenus le cimetière privé où le maniaque enfouissait ses victimes. L'état dans lequel se trouvent les ossements et les cadavres, fait redouter le pire ; ces crimes, de plus en plus rapprochés, sont l'œuvre d'un maniaque qui viole ses victimes avant de les étrangler ou les étrangle avant de les violer, l'état de décomposition des cadavres ne permettant pas d'être précis sur ce point. Dans l'escalade de ses obsessions, les crises de ce dément sont sans doute fréquentes maintenant. Il faut agir, très vite, mais quels pièges lui tendre ? En dépit des forces de police considérables déployées dans Londres, l'homme reste introuvable.

Il est introuvable, mais quelque chose s'est cassé en lui. De l'horreur de ses crimes, de sa peur, de sa lassitude, on ne saura jamais ce qui aura en fin de compte raison de lui. Il use cependant d'une dernière ruse : comment être mieux à l'abri des recherches qu'en ne se cachant pas ? Mêlé maintenant à la foule, il est une silhouette anonyme parmi tant d'autres. Il erre, plus particulièrement sur les quais. Mais qui, dans ce personnage maigre et sale, l'œil fixe, les joues noires de barbe, irait reconnaître le John Christie portant beau, toujours tiré à quatre épingles, dont les journaux ont abondamment parlé ? Sans domicile, il dort n'importe où, mange quand il le peut, insensible apparemment à la soif et à la faim, il est *ailleurs*.

Sa longue errance sur les quais, dont l'agitation semble le fasciner, a cependant attiré l'attention du constable Thomas Ledger. Observant son manège, il se dit qu'il tient peut-être là l'homme qui terrorise les femmes seules de Londres. Il s'approche de lui, s'étonne de ne pas lui voir esquisser un mouvement de fuite, lui parle. Non seulement l'homme ne manifeste aucune crainte, mais encore accepte de le suivre au commissariat de Putney.

Devant ce personnage mou, sans ressort, qui se jette avidement sur une tasse de thé, qui se replie sur lui-même, humble soudain dans son dénuement, les policiers ont des doutes : auraient-ils mis la main sur un faux Christie ? Pourtant, même négligé, voire crasseux, son physique correspond à celui de l'élégant tueur qu'on leur a dépeint.

Son thé bu, l'homme relève la tête mais ne répond pas aux questions. A-t-il seulement conscience qu'on l'interroge ? Insensible aux événements qui se sont précipités, il offre un masque d'indifférence à ces visages de femmes levés vers lui au sortir du commissariat. Conduit à l'infirmerie de Brighton, il continuera à mener une sorte d'existence végétative. S'il ne facilite bien évidemment pas la tâche de la justice, son mutisme n'entrave pas non plus son action : méthodique, l'enquête se poursuit sans rien laisser dans l'ombre. Une certitude cependant se fait lentement jour, dont chaque responsable repousse l'horreur, comme si n'y pas faire allusion exorcisait la justice anglaise : et si John Christie, dont le témoignage avait pesé si lourd dans la condamnation de Timothy Evans, était également coupable des crimes pour lesquels le malheureux docker avait été condamné ? D'autres questions se posent, auxquelles l'état des cadavres et des squelettes ne permet pas de répondre : ces six femmes ont-elles été victimes de crimes sexuels ou ont-elles succombé à des avortements ratés ? John Christie qui, travaillant ou non, semblait ne jamais avoir manqué d'argent, tirait-il le meilleur de ses ressources de ces opérations clandestines ? Sa femme l'assistait-elle dans ces opérations ? Mais pourquoi alors avoir supprimé cette collaboratrice apparemment précieuse ?

Inculpé du meurtre de sa femme, John Christie qui avait, dans un premier temps, nié les faits adopte d'un seul coup une tactique inverse : il avoue tout, en bloc, peut-être parce que son défenseur a vu là un moyen de le sauver : en plaidant l'irresponsabilité, la folie, la loi ne peut lui être appliquée dans toute sa rigueur. Et cet homme, qui a un sens très précis du théâtre, va se livrer à un numéro spectaculaire : gorge nouée, laissant deviner les mots davantage que les articulant, œil humide, jouant de ses larmes, de ses remords, de trous de mémoire vrais ou simulés, il donne des explications incohérentes ou soudain très claires, dans le but manifeste de troubler les psychiatres.

– Vous avouez avoir assassiné un certain nombre de femmes. Et cela depuis une dizaine d'années. Combien ?

A la fois douce et persuasive, la voix du président est devenue plus sèche. Les regards sont fixés sur lui, un frémissement parcourt le public, conscient que la vérité va peut-être éclater.

Christie s'est tassé sur lui-même. Il quitte ses lunettes, passe les doigts sur ses yeux clos. Joue-t-il encore une fois la comédie ? Son avocat le presse :

– Christie, répondez, je vous en conjure !

La sueur envahit le front de l'homme qui devient rouge. Il porte son mouchoir à son visage. Va-t-il pleurer ? Son avocat le guette du regard, prêt à exploiter la moindre de ses défaillances. Est-il enfin convaincu que plaider la folie est la seule façon de le sauver ?

– Christie, m'avez-vous entendu ?

Alors l'homme se tourne vers lui et lâche d'une voix défaillante :

– Je ne me rappelle plus.

La salle est devenue houleuse et le président a du mal à imposer le silence :

– Christie, faites un effort !

Ce sont de vraies larmes qu'il voit maintenant sur le visage de l'accusé, qui murmure comme pour lui-même :

– Je ne sais plus... Chaque fois, c'était comme si je tombais dans un trou noir. Je sais ce que j'ai fait avant et puis après. Pendant, c'est vague, c'est flou, comme dans un rêve.

Comme si un déclic se produisait en lui, il dit soudain d'une voix plus ferme :

– La première s'appelait Margaret Freisel. Elle était jolie, menue, c'était une jeune Autrichienne. Ça se passait en 1943. A ce moment-là, j'étais encore dans la police et elle n'a fait aucune difficulté pour m'accompagner chez moi. C'est la seconde fois...

– La seconde fois...

– La seconde fois que je l'ai étranglée. Avec un bas. Ou une cordelette, je ne sais plus. Non, c'était un bas.

– Vous aviez abusé d'elle auparavant ?

– C'était avec un bas, répond Christie, en proie à une sorte de vertige qui lui fait se nouer les mains. Puis je l'ai enterrée dans le jardin.

– Et la seconde ?

– Je l'ai rencontrée l'année suivante, à Putney. Elle s'appelait Muriel Eraidy.

– Vous l'avez étranglée, elle aussi ?

– Oui, mais je l'avais asphyxiée avant. Oh, elle n'a pas souffert, mais plus que Margaret Friesel.

– Après avoir abusé d'elle ?

Quelque chose paraît se bloquer dans l'attitude de l'accusé, mais le président ne parvient pas à discerner s'il a en face de lui un simulateur ou un être en proie à de courts moments de folie.

L'atmosphère est tendue dans la salle où le silence pèse. Christie essuie son visage et son front. Alors, le président articule la question qu'avec angoisse toute l'Angleterre se pose :

– Avez-vous étranglé aussi Mrs. Béryl Evans ?

– Oui. Mais les circonstances n'étaient pas les mêmes.

– Expliquez-vous !

– Cela se passait l'hiver, en novembre, je crois. Ce jour-là, j'étais resté à la maison parce qu'à l'époque je n'avais pas de travail. A un moment, j'ai senti comme une odeur de gaz. J'ai pris peur, mais ce n'était pas chez moi. Je me suis précipité dans le couloir, l'odeur parvenait de l'appartement de Mr. Evans. J'ai frappé à sa porte, qui n'était pas fermée. Mrs. Evans était étendue dans la cuisine, sans connaissance. J'ai ouvert la fenêtre et j'ai tout fait pour la ranimer. J'y suis parvenu et elle m'a alors avoué que la vie avec son mari était intenable et qu'elle avait décidé de mourir. Il faisait froid et je me souviens avoir préparé du thé. Nous l'avons bu et, dans une crise de larmes, Mrs. Evans m'a demandé de la supprimer. Elle m'a dit : « Je ne peux plus vivre et je n'aurai peut-être pas le courage de recommencer ! »

Il s'arrête soudain, avale sa salive et, frustrée, la salle gronde. Dans un silence relatif, le président ordonne :

– Poursuivez, je vous en prie !

– Alors, j'ai fait comme avec les autres : je l'ai étranglée avec un bas. Elle non plus n'a pas souffert. Aucune n'a souffert, vous savez, aucune !

– Avez-vous eu des relations sexuelles avec elle ?

A nouveau le silence lourd, plein, prêt à éclater comme un orage. D'une voix faible, à peine audible, comme traversée de sanglots, Christie dit :

– Oui. Avant le meurtre et après. C'était comme si un autre agissait à ma place. Quand je découvre le corps étendu à mes pieds, il me semble chaque fois que je me réveille. Je ne sais jamais exactement ce qui s'est passé.

– Et ces corps, vous les avez enfouis dans le jardin ?

– Pas tous. C'est que le jardin n'est pas grand et, en une nuit, je ne pouvais pas chaque fois faire des trous profonds. Alors, j'ai eu l'idée de les enfermer dans le placard, d'abord, et de condamner ce placard avec du papier peint ensuite. Après, j'en ai mis un sous le plancher de l'appartement.

L'homme parle maintenant d'abondance, sans crainte, comme s'il relatait un fait divers qui lui serait étranger. Pas une seule seconde il ne donne l'impression d'avoir conscience de l'horreur de ses actes. Son instinct lui dicte gestes et propos. A-t-il senti qu'en jouant à fond la partie que son avocat paraît vouloir engager, il va peut-être faire basculer le destin ? Il est prolixe, précis, ne feint l'amnésie que lorsque cela le sert. Dans la foulée, il avoue le meurtre de sa femme en l'assortissant de précisions qui enlèvent tout crédit à ses propos :

– Ma femme était atteinte d'une maladie nerveuse qui s'aggravait. Elle avait des convulsions de plus en plus fréquentes. La voir souffrir ainsi m'était insupportable, d'autant plus que je savais que son mal était incurable. Alors, un soir, j'ai décidé qu'elle ne souffrirait plus. J'ai pris un bas, j'ai entouré son cou et j'ai serré. Elle est morte en quelques instants.

– Pourquoi avez-vous tué la petite fille des Evans, âgée de quatorze mois ?

– Ce n'est pas moi ! C'est Evans qui l'a tuée, parce qu'il ne pouvait pas s'occuper d'elle. Ce n'est pas moi ! Ce n'est pas moi !

Ces dénégations sont de peu de poids pour l'accusation et pour le tribunal ; elles permettront pourtant à la justice britannique, le moment venu, de garder une apparence de bonne conscience.

C'est ensuite l'évocation des autres crimes, difficilement identifiables à cause de l'état de décomposition des cadavres... La police se livrera à un travail d'une rare minutie pour comparer les fiches des femmes disparues en Grande-Bretagne avec ce qu'il reste des empreintes, allant même jusqu'à reconstituer les squelettes avec du fil de fer. Cependant les victimes n'auront droit qu'à des dossiers vite clos sur lesquels on inscrira seulement : *Meurtrier présumé : John Christie.*

En fait, ce qui secoue le plus l'Angleterre, c'est le meurtre de Béryl Evans. Timothy était donc innocent !

C'est l'erreur judiciaire étalée au grand jour, une tache qui souillera longtemps la justice de Sa Très Gracieuse Majesté. L'opinion publique est frappée de stupeur ; elle a du mal à admettre cette évidence : on a pendu un innocent ! Un innocent ! Le mot qui s'étale dans la presse, résonne à la radio, la fait frémir d'horreur. Un innocent !

Le procès, cependant, poursuit son cours. John Christie est à l'évidence un maniaque, un fou sexuel apparemment irresponsable. Va-t-il être condamné ? Les psychiatres refusent de cautionner la thèse de la défense : si John Christie était en état de démence quand il a violé puis tué les six femmes, il ne l'était pas quand il a dissimulé les cadavres dans le placard, dans le jardin ou sous le plancher de son appartement. Et le verdict tombe : John Christie est condamné à mort.

L'opinion publique s'émeut. Cette peine de mort, qui a ôté la vie à l'innocent Timothy Evans, lui est désormais devenu intolérable. Au point que, soutenue par une presse quasi unanime, elle demande qu'elle ne soit plus appliquée.

Un curieux débat agite alors la justice anglaise, qui se livre à une véritable bataille *a posteriori*. Des arguments juridiques spécieux aboutissent à une situation paradoxale : John Christie est bien reconnu coupable de la mort de Béryl Evans, mais il ne l'est pas de celui de sa fille de quatorze mois, puisqu'il nie l'avoir tuée. L'astuce est habile : Timothy Evans serait donc bien officiellement l'assassin de sa fille et il n'y aurait pas d'erreur judiciaire! La justice anglaise sortirait pure, sereine, infaillible, de l'épreuve.

La sentence de mort qui frappe John Christie doit être exécutée le 15 juillet 1953, à 8 heures. Le grand public, la presse, un projet de loi contre la peine de mort déposé par les travaillistes, la démarche individuelle de nombreux députés, la demande de la mère de Timothy Evans, qui entend bien que John Christie disculpe définitivement son fils, ne pourront rien contre cette soudaine nécessité : que disparaisse à jamais et très vite l'acteur et le témoin de cette monstrueuse erreur judiciaire. Et, même informulée, la raison d'État prévaut : John Christie est pendu le 15 juillet. Toutes les demandes de sursis ont été refusées.

Une morne résignation succède à l'horreur. Mais le zèle même de cette justice volontairement aveugle va aider les abolitionnistes. Evans mort, Christie mort, c'est la vérité qui a été pendue avec eux puisque le seul témoin capable d'innocenter Evans a été éliminé.

L'idée de l'abolition de la peine de mort fait cependant son chemin. L'exécution, le 13 juillet 1955, de la belle Ruth Ellis, a très profondément choqué l'opinion publique en Grande-Bretagne. Cette condamnation sera déterminante.

Ruth Nielsen a vingt-huit ans. Mannequin de mode, elle a connu une vie sentimentale qui à l'époque paraît très agitée.

Épouse en première noce d'un Canadien dont elle a divorcé, elle se remarie en 1950 avec George Ellis. C'est un dentiste distingué, fort riche, mais de dix-neuf ans son aîné. Elle divorce deux ans plus tard. Elle a maintenant deux enfants, un fils né en 1945 de son premier mariage, une fille en 1951, du second. Un an après son divorce, en 1953, elle rencontre David Blakely, un coureur automobile de vingt-cinq ans. Beau, viril, irrésistible, ne laissant personne insensible à son charme, ce garçon va faire vivre à Ruth une passion exigeante. Deux ans durant, ils mènent une vie pleine de cris et de fureur. Si, pendant cette période, Ruth a une courte liaison avec un nommé Cussen, David, lui, trompe Ruth avec toutes les filles qui passent à sa portée. Ouvertement, avec légèreté et désinvolture, il la bafoue. Et cette possessive, exclusive, s'enfonce dans une jalousie qui la conduit, de crise de nerfs en crise de nerfs, au bord de la folie.

L'avant-veille du 10 avril 1955, alors que Ruth espérait passer avec lui d'heureuses et calmes fêtes de Pâques, David lui lache :

– Ah non ! Tu vas où tu veux mais moi, j'ai besoin de ma liberté ! Pour ne rien te cacher, je vais passer tout ce week-end en compagnie d'une fille sans histoires. Elle est belle, elle a dix-huit ans et elle, au moins, ne me fait pas de scènes de jalousie toutes les cinq minutes ! Tu n'as qu'à aller t'amuser de ton côté, moi, ça ne me gêne pas !

Des propos de ce genre, Ruth en entend depuis combien de temps ? Que répondre ? Au début, elle exprimait son impuissance en une tempête de larmes et d'injures. Maintenant, elle ne réagit plus. Cet homme-là, devant elle, qu'elle aime mais qu'elle hait aussi de toutes ses forces, sourit, désarmant. Elle lance la tête en arrière, se précipite dans sa chambre et David quitte l'appartement. Elle voudrait s'élancer à sa poursuite, mais elle n'en a pas le courage. Elle cède à une crise de désespoir qui rend encore plus exigeant le désir qu'elle a de cet homme.

Ruth sait où va David, chez des amis communs à South Hill Park, dans le quartier de Hampstead, à Londres. Pour le provoquer, elle pourrait l'y rejoindre, mais la lassitude l'accable. Dans cette femme négligée, pas maquillée, dont les mains tremblent, qui reconnaîtrait l'étincelante, la superbe, l'irrésistible Ruth Ellis ?

La soirée de samedi se passe en crises de larmes ; Ruth tourne en rond dans l'appartement et, le dimanche, n'y tenant plus, elle appelle David. En vain. La voix goguenarde qui lui répond, qui la nargue, la plonge dans une rage qui va croissant. Elle ne demande rien d'autre que d'entendre David mais non, c'est toujours la même voix juvénile et acide qui lui répond. Ce défi qu'on lui lance, il faut qu'elle le relève.

Elle enfouit son revolver dans son sac, prend sa voiture, s'arrête non loin de South Hill Park. Elle est partie comme une folle, sans savoir ce qu'elle va faire et, au bas de l'immeuble où se déroule la *party* à laquelle David a été invité, elle hésite. Prise soudain de panique, elle n'ose sonner à l'appartement. Alors, la main crispée sur la poignée de son sac, elle marche, s'éloigne, s'éloigne encore. Quand elle revient, elle se sent défaillir : la voiture de David n'est plus à l'endroit où elle l'avait vue stationnée une seconde auparavant. Et s'il était rentré à la maison ? Un espoir, un espoir fou. Elle court vers sa propre voiture puis s'arrête, dégrisée, devant un pub. Le sang lui bat les tempes avec violence.

La voiture de David est là et, le temps pour elle de se dissimuler dans l'encoignure d'une porte, elle voit son amant sortir du pub les bras chargés de bouteilles de bière. Un garçon l'accompagne, lui aussi portant des bouteilles et tous deux se dirigent vers la voiture de David. La fête, la fête impossible d'où elle est exclue, va continuer. Alors, quelque chose d'irrépressible se déclenche en elle. Elle s'approche des deux garçons, ouvre son sac, prend son revolver. Sa main ne tremble plus. Elle fait feu sur David. Deux coups partent et le coureur automobile s'affaisse, mortellement atteint. En proie à une fureur incontrôlable, elle tire encore quatre balles sur le corps ensanglanté. Il est à peine plus de 21 heures et les coups de revolver mettent en émoi le quartier ô combien paisible de Hampstead.

Ruth ne voit plus rien, n'entend plus rien. Son revolver à la main, elle est là, immobile à se laisser docilement emmener par les policiers. Elle ne ressent rien sauf, peut-être, une sorte de fatigue, faite d'un grand vide. C'est seulement un moment plus tard qu'elle sombrera dans une crise de nerfs.

– Cela ne pouvait plus durer, dira-t-elle. Cela ne pouvait plus durer... Depuis deux ans, c'était l'enfer. David était odieux, il ne cessait de me tromper, de me narguer. J'étais à bout...

Avec une inculpée aussi docile, qui ne nie rien et ne se défend pas, la justice fait diligence au point que le procès s'ouvre devant la Cour criminelle de Londres moins de trois mois après le crime, le 20 juin 1955.

L'ambiance n'est pas bonne. D'entrée de jeu, l'avocat général met l'accent sur la vie dissolue de ce mannequin de mode, aux mœurs qu'il estime trop libres, et passe sous silence celles de David. Tout est clair pour lui et sa sévérité, qui paraît excessive et anachronique à la presse internationale, notamment à la presse française, ne surprend pas les Anglais, choqués. « Le *Times* lui-même, écrit Me Albert Naud, consacre les deux tiers de ses articles à s'indigner qu'une femme britannique puisse avoir deux amants *simultaneously*. Il insiste peu sur les infidélités de Blakely, mais souligne à quelles extrémités conduit une vie dissolue. On a la nette impression que, aux yeux de l'opinion anglaise, la plus essentielle justification du verdict est l'exemple, ainsi donné à tous, des conséquences d'un manquement aux principes moraux dans la société britannique [1]. »

Car le verdict est tombé le 21 juin 1955 : déclarée coupable de meurtre avec préméditation, Ruth Ellis est condamnée à la peine de mort par pendaison.

Les circonstances atténuantes n'existant pas dans la loi anglaise, l'avocat de la jeune femme avait conseillé à sa cliente de plaider non coupable. En effet, Me Stevenson estimait que celle-ci était en état de démence passagère au moment des faits, ce que l'expert psychiatrique chargé d'examiner l'accusée confirmera : Ruth Ellis a eu « une réaction hystérique », elle a recouru à « une solution primitive pour résoudre un problème ».

Rien n'a pu entamer la sévérité des juges, ni la netteté des réponses de Ruth, ni son honnêteté, ni sa rigueur ; simplement, la Cour ne retiendra pas la provocation et la déclarera entièrement responsable de ses actes.

Déjà traumatisée par l'exécution de l'innocent Timothy Evans, puis de John Christie, l'opinion anglaise s'émeut. Si elle ne met pas en cause le ver-

1. *Tu ne tueras pas* (Éditions de la Table Ronde).

dict de mort, elle souhaite cependant que la sentence ne soit pas appliquée. Soudain, elle s'indigne à l'idée que le beau, jeune, sculptural mannequin de mode aille se balancer, les vertèbres rompues, au bout d'une corde, même si Ruth Ellis a eu « une vie de débauche particulièrement choquante ». Dans sa sèche rigueur, la loi anglaise paraît à l'évidence mal adaptée. Que faire d'autre que condamner à mort sans nuance quand les circonstances atténuantes ne peuvent, en aucun cas, être admises.

Ce qui bouleverse aussi l'opinion, c'est l'attitude de Ruth Ellis. Comme si elle avait déjà dit adieu au monde, elle vit désormais dans une certaine indifférence. Elle ne fera pas appel, elle ne sollicitera pas la grâce. David mort, et son amour fou avec lui, elle se condamne elle-même à mourir.

Ses défenseurs, cependant, ne l'entendent pas ainsi. Si Ruth ne demande rien, eux font appel à l'opinion publique. Des pétitions circulent, elles se couvrent vite de dizaines de milliers de signatures. Mais l'Angleterre officielle ne tient pas compte de la pression populaire et se fige. Sa Très Gracieuse Majesté, dont l'âge est sensiblement voisin de celui de la condamnée, ne pourra même pas gracier Ruth puisque son ministre de l'Intérieur, Sir Lloyd George, lui fait savoir que la justice doit suivre son cours.

Moins d'un mois après sa condamnation à mort, Ruth Ellis reçoit la lettre suivante :

Madame,

Je suis au regret de vous informer que votre exécution, en vertu du jugement passé en date du 21 juin 1955, aura lieu demain matin à 8 heures. Puisse Dieu avoir pitié de votre âme.

Par la grâce de Dieu, je suis, madame, votre dévoué serviteur.

Le Gouverneur.

La main qui tient cette lettre ne tremble pas. Au-delà de l'horreur, que redouter d'autre sinon, avant la mort, la souffrance ? Que sa peau soit entamée par l'hallucinante brûlure de la corde quand son corps sera précipité dans le vide lui paraît appartenir au domaine de l'inéluctable : c'est dans quelques heures, c'est demain.

Dans quel univers vit « la belle Ruth Ellis » ? Déjà, à son retour du tribunal, la sollicitude de ses gardiens l'a surprise. On lui a proposé un bain chaud pour se détendre et, dès sa sortie du bain, elle n'a pas été étonnée non plus que deux médecins l'examinent longuement. C'est un peu plus tard qu'elle a compris, quand ils ont commencé à dessiner sur une feuille de papier sa silhouette : comme dans les bandes dessinées, chaque flèche partant d'une partie précise du corps aboutissait à une bulle. Dans cette bulle, de courtes indications : longueur du cou, du menton, distance d'une épaule à l'autre, position des vertèbres. La précise et minutieuse justice anglaise lui préparait une pendaison sur mesure.

En Angleterre, pour un condamné à mort, rien n'est laissé au hasard, même pas l'espoir ; on le prévient jour par jour, sinon heure par heure, des préparatifs de sa mise à mort.

– L'exécution a lieu trois semaines après la condamnation, lui a dit un gardien. Dans la semaine qui suit le dimanche, sauf le lundi. A 8 heures du matin.

Ruth Ellis n'a pas voulu compter les jours. Dans sa tenue terne et rugueuse de condamnée, elle se sent déjà loin des vivants, dans l'antichambre de la mort, avant l'ultime parade. L'existence végétative qu'elle mène est-elle encore de la vie ? David, ses enfants, et tous ces gens qui ont parlé d'elle au tribunal comme de quelqu'un qui lui serait étranger, où sont-ils ?

Même si elle est quotidiennement avertie que l'instant est proche, elle espère encore sans trop savoir ni quoi ni pourquoi ; on prend vite l'habitude de l'insolite, de l'irrémédiable. Les courts entractes que représentent le déjeuner frugal de 7 heures, la visite, à 8 heures, du gouverneur, lointain et cordial, le repas de 11 h 30, les moments dits de détente avant la rituelle promenade de 15 heures – une heure de solitude à tourner en rond dans la cour de la prison –, le dernier repas à 16 heures. Ensuite, elle peut attendre la nuit, même en se sachant en permanence surveillée par deux gardiens.

Ruth Ellis relit la lettre courtoise et définitive du gouverneur. La terreur l'assaille parfois comme une poussée de fièvre puis, comme si toute sa tête devenait ruche, elle essaie de fixer son regard sur un détail du décor banal et laid qui l'entoure. Quelques heures encore à vivre. Quelques heures. Va-t-elle dormir ?

A 7 heures, le lendemain matin, elle est réveillée comme à l'accoutumée par ses gardiens. Le décor n'a pas changé, mais tout est différent : les gestes habituels de ces hommes plus attentifs, la lumière de la cellule sans soleil, les feuilles de papier qu'on lui tend pour qu'elle écrive ses dernières lettres. A qui ? A ses enfants ? Ils sont trop jeunes pour comprendre et, plus tard, comment réagiront-ils quand ils apprendront que leur mère a été exécutée pour avoir, dans un geste dicté par une jalousie exacerbée, tué un amant trop aimé ?

Elle esquisse un sourire dérisoire quand un gardien lui demande de faire son lit. Tout doit être net derrière elle. Ainsi, la pusillanime Angleterre a codifié des détails qui ont peut-être leur importance pour ceux qui vont continuer à vivre.

Ruth n'a pas conscience de l'heure, mais elle pense qu'il lui reste peut-être une trentaine de minutes pour revêtir le tailleur qu'elle portait au moment de son procès. Elle est la seule à attacher de l'importance à sa propre élégance un peu anachronique. Autour d'elle s'agitent les gardiens qui tournent en rond, lui tendent un jeu de cartes pour le cas où elle aurait envie de s'extraire de sa terreur pour quelques instants; le pasteur, qui lui parle comme s'ils devaient se rendre à une garden-party; les officiels, qui arrivent un à un et qui, courtois, affables, d'une voix égale, essaient de rendre l'atmosphère moins pesante.

Ruth secoue la tête, elle n'a rien à répondre à la rituelle question :

– Si vous avez d'ultimes déclarations à faire pour éclairer la justice, je suis prêt à les enregistrer.

Tout a été dit lors de son procès, mais rien ne l'a été vraiment puisque ces hommes sont réunis pour assister à sa mise à mort. Ô dérision, il lui reste à bien mourir, à rester belle jusqu'à la dernière seconde!

Elle regarde sans émotion visible l'homme rond, rose et avenant qui s'avance vers elle, suivi d'un autre, plus insignifiant. Elle n'entend pas ce qu'avec une extrême politesse lui dit le bourreau. Des mots. Des mots qui n'ont plus de sens. Pas plus que ceux que prononcera, quelques instants plus tard, le pasteur. Eux appartiennent au monde qui va continuer à vivre, à aimer et à souffrir. A pleurer et à rire. Jusqu'à la même issue.

Un dernier réflexe : être encore l'étincelante Ruth

Ellis, sous le vêtement blanc que l'aide du bourreau lui tend, une sorte de veste large dans laquelle ses épaules flottent. Même si le sang a déserté son visage, les assistants, bouleversés, sont frappés par sa beauté fière.

Un lien de cuir souple et dur entoure la poitrine de Ruth et emprisonne ses bras. Le bourreau lui fait franchir une porte; un peu plus loin une autre s'ouvre. Dans le silence, Ruth entend la voix du pasteur qui récite des prières. Vide de toute réaction, elle fait machinalement les gestes que l'on attend d'elle. Complice, puisque la complicité du condamné est nécessaire pour sa bonne mise à mort, est-ce vraiment elle qui avance ses pieds vers l'emplacement tracé à la craie, au-dessous? Elle penche un peu la tête pour que la cagoule glisse bien; aveugle et sourde maintenant, les minutes lui paraissent interminables.

Prisonnières d'une seconde lanière de cuir durement serrée, ses jambes lui paraissent détachées de son corps. Elle frémit quand une main glisse sur sa nuque, quand la corde rugueuse dessine le cercle de mort autour de son cou. Une douleur brutale, un soubresaut, et puis le commencement du néant.

Une heure plus tard, le corps de la suppliciée est détaché de la corde. Les médecins l'examinent et, bientôt, sur la porte de la prison d'Holloway, l'avis de l'exécution de Ruth Ellis est affiché. Suprême dérision, le glas sonne. De la foule, qui attendait depuis longtemps déjà et qui espérait contre tout espoir une grâce de dernière minute, monte une clameur. Mais une clameur d'horreur et d'indignation.

Cette clameur sera entendue en haut lieu et ses échos ne s'éteindront plus. Campagne de presse, révélations, hantise de l'erreur judiciaire, opinion publique bouleversée, c'est dans un climat passionnel que, sept mois après l'exécution de Ruth Ellis, le 16 janvier 1956, le débat sur la peine de mort s'engage à la Chambre des Communes. Un débat de haute tenue au cours duquel Cluter Ede, ministre de la Justice, qui avait refusé la grâce de Timothy Evans, révèle que le remords hante ses nuits. Il adjure ses collègues d'abolir ce châtiment irréversible qui, dans l'affaire Evans, a abouti à une démonstration par l'absurde : l'exécution de John Christie, à qui était radicalement enlevé le moyen de disculper Timothy Evans, a empêché l'expression de la vérité !

– Je souhaite, conclut-il, qu'aucun autre *Home Secretary* n'ait jamais le sentiment, en dépit de tous ses efforts, et en l'absence de négligence, d'avoir envoyé à la potence un innocent !

Reconnu innocent du meurtre de sa femme, c'est seulement en 1966 que Timothy Evans le sera aussi du meurtre de sa fille. La peine de mort devra attendre, elle, le 21 mars 1967 pour être abolie avec quelques restrictions. Elle le sera définitivement en 1972.

Maurice Perisset

Un amour d'adolescence

Il était 7 heures ce matin du 6 septembre 1992 lorsque le téléphone sonna au domicile de l'inspecteur Douglas James Morrison du SFPD (San Francisco Police Department). A tâtons, il attrapa le combiné.

– Salut, Doug, annonça la voix de son équipier habituel, Graham Washer. Encore à roupiller à cette heure-ci ? Allez, saute du plumard et rapplique. On vient de trouver un cadavre près de Pilarcitos Lake. Le chef veut que tu sois sur le coup.

– Pourquoi moi, bon Dieu ? Je me suis couché à cinq heures.

– C'est parce que tu es le meilleur. A propos, j'espère qu'il n'y a pas un joli petit moustachu à côté de toi. Je m'en voudrais encore plus de troubler ton sommeil, ha... ha... ha.

– Arrête tes conneries et dis-moi plutôt à quel endroit on se retrouve.

Après avoir enregistré les indications de son collègue, Morrison s'habilla rapidement, sortit de chez lui et descendit au parking souterrain chercher sa vieille Chevrolet Camaro dont la poussière masquait la couleur vert bouteille. Il se dirigea vers l'ouest et le

Pacifique pour rejoindre l'autoroute et filer vers le sud. Tout en conduisant, il étouffait des bâillements car il n'avait dormi que deux heures. La semaine précédente, le chef du bureau des Inspecteurs, le capitaine Levine, l'avait désigné pour une enquête sur un trafic de drogue dans la communauté homosexuelle de San Francisco. Naturellement, cette désignation n'avait pas manqué de lui attirer les sarcasmes de ses collègues et tout particulièrement de Washer. Levine n'avait pas arrêté son choix par hasard : avec ses jeans, son blouson de cuir et ses bottes mexicaines, Morrison n'avait aucun mal à se fondre dans la masse des gays.

Tout en longeant le lac de San Andreas qui s'étire sur plusieurs kilomètres à sa droite, Morrison se demandait pourquoi le capitaine avait exigé qu'il intervienne sur cette affaire de cadavre. Le meurtre crapuleux, ce n'était pas vraiment son rayon. Il était plutôt spécialisé dans les enquêtes d'infiltration, et les crimes prémédités.

– Enfin, on verra bien ! lâcha-t-il en bâillant une fois de plus.

Après vingt-cinq minutes de trajet, Morrison repérait sur sa gauche la Dodge de Washer qui l'attendait comme convenu sur le parking d'une station-service. En l'apercevant, Washer démarra aussitôt et prit les devants jusqu'au lieu de la découverte du corps. Pour y accéder, il fallut sortir de la route principale et emprunter un chemin de terre jusqu'à une falaise surplombant un *canyon*. L'entrée du chemin était barrée par une voiture de patrouille de la police autoroutière. Comme d'habitude, les journalistes et les badauds, alertés par les allées et venues policières, s'agglutinaient déjà auprès du site. Les deux inspecteurs montrèrent patte blanche pour y accéder.

Le corps avait été découvert au fond du gouffre, profond d'une vingtaine de mètres, par un fermier qui satisfaisait un besoin naturel. A l'arrivée de Morrison et Washer, une quinzaine de flics en uniforme s'affairaient déjà sur la falaise et le long des parois de la gorge. En s'accrochant aux rochers escarpés et à la végétation, Morrison, le plus sportif des deux, rejoignit le policier posté en faction près du corps. C'était un corps d'homme, plutôt jeune, dont la mort ne pouvait être naturelle : de la matière cervicale avait coulé de la face postérieure du crâne et séché sur le sable.

Comme le corps ne devait pas être déplacé d'un pouce avant que des clichés soient pris, un photographe du service de la police scientifique du comté entreprit une périlleuse descente à flanc de paroi, encombré par sa mallette et son matériel de prises de vue. Puis le médecin légiste descendit à son tour. C'était un vieux type qui avait dépassé depuis des années l'âge de la retraite sans pouvoir se décider à décrocher. Morrison le connaissait bien pour avoir souvent travaillé avec lui.

– Salut, fiston, lança le médecin à l'adresse de l'inspecteur. Toi, t'as pris une cuite hier ou t'as pas assez dormi.

Il s'approcha du cadavre, l'examina et, sans le toucher, conclut :

– Sexe masculin. Environ vingt ans. Mort depuis deux ou trois jours. Deux balles de petit calibre. Du 22 Long Rifle probablement.

Avec l'aide du policier en uniforme, le médecin chassa les insectes qui recouvraient les larges plaques de sang coagulé. Puis il effectua des prélèvements à l'aide d'une pince et les enferma dans de petits sachets en plastique numérotés. Morrison nota les premières indications fournies par le médecin et regagna le haut de la falaise. Le légiste continua ses analyses et fit placer le cadavre dans une housse.

Pendant ce temps, dirigés par Washer, des policiers en uniforme ratissaient le secteur à la recherche d'indices. Sans résultat.

Une heure plus tard, Washer et Morrison réunissaient les policiers, le médecin légiste et les gars du service scientifique, pour établir un premier bilan. C'était maigre : le jeune homme avait été abattu de deux balles sur la falaise, puis poussé dans le canyon. Son corps avait ensuite été partiellement dévoré par les coyotes. Aucun élément présent sur les lieux ne permettait d'identifier la victime – sans papiers ni document – et encore moins l'assassin. Tout juste disposait-on d'une empreinte de pneus ne correspondant ni à ceux des voitures de police, ni à ceux de la camionnette du fermier qui avait découvert le corps. La seule solution consistait à vérifier si personne n'avait observé un événement anormal dans ce secteur deux ou trois jours plus tôt.

Depuis trois heures, les journalistes se pressaient autour du périmètre. Morrison, après avoir pris l'avis du capitaine Levine par téléphone, leur communiqua quelques éléments et en profita pour lancer par leur intermédiaire un appel à témoins. Simultanément, il envoya aux services de police des villes et comtés voisins une demande de renseignements sur tous les jeunes individus de sexe masculin portés disparus depuis une semaine.

De retour au quartier général du SFPD, Morrison et Washer rendirent leur rapport devant l'équipe des inspecteurs au grand complet. Pendant la réunion, un message parvint au capitaine Levine : un jeune gars de dix-neuf ans, Roger Francis McPherson, avait disparu de chez lui quatre jours plus tôt. Il habitait Palo Alto, une ville proche de San Francisco, et conduisait habituellement un 4 × 4 Nissan, de modèle Patrol, bleu métallisé.

D'après la description des vêtements que portait McPherson avant de disparaître, tout laissa à penser que le cadavre découvert était celui du garçon. Cela sera confirmé par des tests génétiques. D'autres informations tombèrent les jours suivants. D'abord, la Nissan de McPherson fut retrouvée par une patrouille de la police autoroutière sur le parking d'un motel situé à environ trois kilomètres du canyon. Ensuite, la date de décès de McPherson put être établie par un professeur d'entomologie : grâce aux stades d'évolution des œufs laissés par différents insectes sur le cadavre, le scientifique put affirmer que Roger McPherson avait été tué le 3 septembre vers 22 heures. Le médecin légiste apporta des précisions sur le mode opératoire de l'assassin : aucune trace de lutte, mais deux balles de 22 Long Rifle tirées dans la tête, puis une blessure à la tête causée par un gros caillou. D'après la trajectoire des projectiles, la première balle avait été tirée par-derrière alors que McPherson était debout ; la seconde, alors qu'il devait être tombé à terre. Dans tous les cas, McPherson n'a pas pu voir l'arme avant que le premier coup soit tiré. Cela confirma une intuition du capitaine : McPherson avait très certainement été attiré sur la falaise par une personne de sa connaissance, puis l'assassin lui a tiré une balle par derrière avant de l'achever d'un deuxième projectile. Ensuite, le corps a été poussé dans la crevasse.

Morrison et Washer connaissaient et partageaient l'opinion de leur chef sur les meurtres commis aux États-Unis : une grande majorité d'entre eux sont perpétrés par des proches ou des relations de la victime. C'était donc une hypothèse à ne pas écarter pour le cas McPherson.

Par la suite, une équipe d'enquêteurs fut envoyée à Palo Alto pour savoir où Roger McPherson s'était rendu et quelles personnes il avait rencontrées dans les jours et les heures précédant sa mort. Les voisins, la famille furent interrogés sur son emploi du temps, sur les individus qui auraient pu en vouloir au jeune homme. Une autre équipe parcourut méthodiquement les alentours du canyon à la recherche d'indices. Un troisième groupe vérifia enfin tous les témoignages, même les plus farfelus, enregistrés à la suite des articles publiés dans les journaux.

Cinq jours après la découverte du cadavre, aucune piste ne se dessinait. Le 12 septembre au matin, le capitaine convoqua Morrison dans son bureau.

– Tu vas délaisser pendant un moment tes nouvelles amies, annonça-t-il pince-sans-rire. Washer et toi, vous allez passer le temps qu'il faudra auprès des proches de McPherson. Mettez-vous sur le coup tout de suite et ramenez-moi quelque chose de solide.

Dans la journée, les deux inspecteurs filèrent à Palo Alto. Morrison se chargea d'interroger la famille et Washer les amis. Il n'en ressortit rien de très probant si ce n'est que Roger McPherson avait eu, deux ans plus tôt, une liaison avec une camarade de lycée. Le garçon avait alors dix-huit ans et la jeune fille, Melody Martins, quinze ans. Après quelques mois, la jeune fille avait découvert qu'elle était enceinte et avait abandonné l'école. Peu après la naissance, elle avait mis fin à sa liaison avec McPherson. Depuis, le garçon éprouvait les plus grandes difficultés à voir son enfant car la jeune mère refusait de le laisser profiter de son droit de visite.

– Comment as-tu trouvé la fille ? demanda Morrison à Washer qui l'avait interrogée.

– Très choquée. Elle m'a semblée sincèrement désespérée.

– Pourtant, elle menait une véritable guérilla pour empêcher Roger de voir son fils.

– J'ai appris ça comme toi. Mais elle est si mignonne, et elle a l'air si fragile, si bouleversée que... je ne sais pas... non, vraiment, je ne crois pas qu'elle ait quelque chose à voir là-dedans.

– C'est la seule piste. Ou alors je vais finir par croire que McPherson s'est fait descendre par un vulgaire voleur.

Dans les jours qui suivirent, Morrison et Washer échangèrent leurs missions. Le premier prit contact avec les amis de Roger, le second avec les parents.

Lorsque Morrison rencontra Melody Martins, il tomba à son tour sous le charme de l'adolescente, une blondinette fine et délicate, au visage marqué par la douleur et le chagrin.

– Le moins qu'on puisse dire, c'est que vous ne vous entendiez plus avec Roger, n'est-ce pas ? demanda doucement Morrison à la fin de leur conversation.

– C'est faux, ce sont des ragots, répondit Melody d'un ton agressif. Je l'aimais toujours. Et lui aussi m'aimait. D'ailleurs, je suis sûre que nous nous serions remis ensemble un jour ou l'autre. Et pourquoi dites-vous ça ? Vous croyez que je l'ai tué, c'est ça ? Vous vous rendez compte de ce que vous insinuez ?

– Je n'insinue rien du tout, reprit Morrison en regardant la jeune fille droit dans les yeux.

Le policier changea de position sur son siège, comme pour observer son interlocutrice avec plus de recul. Le charme était rompu et Melody s'en rendit compte.

– Excusez-moi, je n'aurais pas dû dire ça, souffla-t-elle. Je suis complètement anéantie par cette histoire. Je ne peux admettre que l'on me soupçonne d'avoir tué Roger. Je l'aimais tellement.

Pour appuyer ses mots, Melody adressa à Morrison des regards langoureux et même un peu aguichants. Assez maladroit pour une « veuve » éplorée !...

Morrison ressortit de l'entretien plutôt troublé. Comme convenu, il retrouva Washer dans un bar du centre-ville. Son collègue avait l'air excité.

– Tu avais peut-être raison pour la fille, expliqua Washer. Elle n'est pas si innocente que ça. En discutant avec la famille, j'ai pas mal insisté sur les relations orageuses de Roger et Melody. Les parents McPherson ont fini par me raconter qu'ils l'ont surprise en train de se frotter à un nouveau petit copain alors qu'elle était soi-disant en pleurs deux minutes plus tôt.

– Pas mal. Ça ne m'étonne pas : à moi, elle m'a carrément fait du gringue.

– Comment ça ?

– Elle s'est énervée quand je lui ai parlé de sa brouille avec Roger. Elle ne ressemblait plus du tout à une petite chose fragile. Ensuite, elle m'a fait les yeux doux, sans doute pour me faire oublier qu'elle pouvait sortir de ses gonds.

Peu à peu, les deux inspecteurs apprirent que Melody était en fait tout l'opposé d'une sainte nitouche. Certains de ses anciens camarades de classe la décrivirent même comme une vraie garce menant les garçons et les hommes par le bout du nez.

C'est Morrison qui recueillit le témoignage décisif : celui de Melvin Whitman, un ex-petit ami de

Melody. Il s'était rendu chez elle, trois jours après la découverte du corps de Roger, et la jeune fille avait plus ou moins reconnu n'être pas totalement étrangère à sa mort. Non sans difficultés, Morrison réussit à convaincre Melvin de retourner voir Melody, équipé cette fois-ci d'un magnétophone miniature. A l'issue de sa visite, le jeune garçon confia la bande aux policiers. Le dialogue enregistré était édifiant :

Melvin : – Pourquoi as-tu fait tuer Roger ?

Melody : – Je voulais protéger mon enfant. Toi qui vas partir à l'armée, tu devrais comprendre. Imagine qu'il y ait une guerre dans deux ou trois ans : tu aurais sans doute à tuer des centaines d'innocents, y compris des femmes et des enfants. Mais ce serait pour ton pays et tu aimes ton pays. Eh bien pour moi c'est pareil. Roger a été assassiné pour sauvegarder mon bébé.

Melvin : – Tu devrais te dénoncer. Ce serait mieux, même pour toi.

Melody : – Ce n'est pas vrai. Je me fiche des lois de notre société. Je ne rendrai de comptes qu'à Dieu. S'Il le juge bon, j'irai en enfer.

Au bout de six jours d'enquête, Morrison et Washer rapportèrent la cassette au capitaine Levine qui fit aussitôt appeler le procureur. Les quatre hommes écoutèrent à plusieurs reprises le macabre dialogue, puis le procureur félicita le capitaine et les inspecteurs.

Le lendemain, une équipe de policiers se présenta au domicile de Melody. La jeune fille fut embarquée au commissariat central de Palo Alto pour des interrogatoires auxquels Morrison put assister en spectateur. Dans les premiers instants, Melody montra une résistance exceptionnelle.

– J'ai toujours aimé Roger et je l'aime encore, répétait-elle. Je n'aurais jamais pu lui faire de mal. Il est le père de mon enfant.

Puis le capitaine chargé des opérations lui fit entendre sa conversation avec Melvin. Alors seulement, Melody craqua. Elle avoua avoir organisé l'assassinat de son ancien amant pour l'empêcher de voir leur fils. Les policiers savaient que McPherson se rendait fréquemment au domicile de Melody et menaçait de la frapper et d'enlever l'enfant s'il ne pouvait pas le voir. Cela avait valu à Roger une interdiction de séjour dans le quartier où habitait la jeune fille, mais il s'entêtait.

Melody lâcha enfin le nom de ses complices : deux jeunes gens de vingt ans, Richard Reed, son nouveau petit ami, et Alan Watson.

Une fois aux arrêts, les garçons, terrorisés, ne firent aucune difficulté pour expliquer comment ils avaient procédé. Le 3 septembre, Alan s'était rendu au domicile de Roger McPherson pour lui proposer de participer à un *deal* de drogue en échange d'un peu de marchandise. Roger accepta de le rencontrer à nouveau le soir même, près du canyon. A l'heure dite, Roger se présenta au rendez-vous. Les deux autres garçons l'y attendaient. La conversation s'engagea sur l'opération qui se préparait, puis, dès que McPherson eut tourné le dos, Alan sortit le revolver 22 Long Rifle de son père et logea froidement une première balle dans la tête du malheureux garçon.

– Il respire encore, avait remarqué Richard en se penchant au-dessus du corps.

Alors l'un ou l'autre des deux complices (il sera impossible de savoir lequel à l'issue du procès) a tiré la seconde balle.

– Il est toujours vivant, constata l'un des garçons.
Il saisit un gros bloc de pierre pour l'écraser sur le crâne de Roger. Puis le cadavre avait été poussé dans le canyon et livré aux coyotes.

Le procès eut lieu en deux temps : d'abord celui de Melody et d'Alan devant un jury populaire, puis celui de Richard qui demanda à être jugé séparément et, à la différence des deux autres, par un juge unique.

Les défenseurs des trois accusés tenteront chacun de minimiser la part de responsabilité de leur client en renvoyant la faute sur les autres. Mais tous essayeront également de présenter McPherson comme une brute dangereuse, ce qui aurait justifié que le trio planifie son élimination, ou, selon les versions, que Melody ensorcèle Richard et Alan afin de les pousser au meurtre.

Melody et Alan seront condamnés à dix-huit ans de prison. Richard, le petit ami en titre de Melody, à quinze ans.

François Cote

Un cadavre peu encombrant

Le 15 mai 1985, à Las Vegas, en pleine canicule, les employés de la station d'épuration firent une découverte qui ne les laissa pas indifférents.

Dans les eaux usées qui arrivèrent à l'usine de traitement cet après-midi-là, un employé repéra ce qui lui parut être un doigt humain. N'en croyant pas ses yeux, il appela un collègue qui confirma : un doigt humain flottait dans le bassin d'épandage.

A l'évidence, quelqu'un à Las Vegas l'avait jeté dans les toilettes. C'est ainsi qu'il était arrivé à la station d'épuration. Et ce n'était qu'un début...

Un autre employé repéra un premier orteil, puis un deuxième, qui surnageaient non loin du doigt.

Un autre pointa l'index vers une oreille – une oreille humaine à n'en pas douter. On appela aussitôt l'un des chefs. Le temps que le contremaître arrive, les employés avaient découvert un nouveau tronçon humain dans les eaux de vidange. Cette fois, un organe sexuel masculin.

On repêcha les morceaux et l'on prévint la police de Las Vegas.

Même si ce n'était pas un corps entier qui flottait dans la station, tout donnait à croire que quelqu'un était mort et que l'on était en possession de quelques fragments de son cadavre. Ceux qui avaient pu être jetés dans une cuvette de WC.

Les inspecteurs Bob Leonard et Norm Ziola de la brigade criminelle se rendirent à la station d'épuration afin d'interroger les employés qui avaient fait la macabre découverte. Ceux-ci déclarèrent que les morceaux humains avaient probablement été jetés dans des toilettes le jour-même car les eaux usées parvenaient rapidement à la station.

Les enquêteurs recueillirent chaque reste humain dans un sac en plastique afin de les envoyer au labo pour analyse et pour relever l'empreinte du doigt.

A ce moment-là, il semblait que seule cette empreinte serait susceptible de révéler l'identité de la victime taillée en pièces. Le sang serait également analysé, on en rechercherait le groupe, et la peau serait minutieusement examinée. Si les policiers ne doutaient guère qu'il s'agissait d'une seule et même victime, le labo devrait en fournir la preuve scientifique.

De retour au siège de la police, Leonard et Ziola confièrent les restes humains à Kim Groover et Hank Truskowski, les experts du service anthropométrique, afin qu'ils procèdent aux analyses.

A ce stade-là, les enquêteurs ne pouvaient guère faire plus. Ils étaient en présence de la victime d'un crime mais ignoraient son identité. Ils ne disposaient même pas d'un cadavre complet.

Au matin du 16 mai, l'activité qui battait son plein au centre de transfusion sanguine de Las Vegas fut brusquement interrompu : un passant s'était précipité dans les locaux; il venait de voir des morceaux de corps humain soigneusement déposés dehors, dans la poubelle. Un bras et une jambe dépassaient du couvercle...

Un responsable du centre appela immédiatement la police. Ziola et Leonard travaillant tous deux à l'enquête sur les restes humains trouvés à la station d'épuration furent envoyés au centre de transfusion. Il y avait de fortes chances pour que les membres découverts ce matin appartiennent au même corps que ceux, plus petits, jetés la veille dans les toilettes. Il fut demandé à ce que personne ne touche le bras et la jambe présents dans la poubelle. Les policiers devaient voir la scène exactement comme l'avait vue le passant qui avait fait la macabre découverte. Le témoin dut également rester au centre de transfusion, afin qu'on recueille sa déposition.

Comme la veille quand ils étaient arrivés à la station d'épuration, les inspecteurs apportèrent avec eux des sacs en plastique, plus grands que ceux utilisés la veille, les deux pièces à conviction étant d'une autre taille.

Si l'on supposait que ces restes appartenaient au même cadavre, il était sûr qu'ils étaient trop gros pour être jetés dans les toilettes par le tueur.

Ziola et Leonard revinrent au poste avec une jambe et un bras, privé de main, aussitôt expédiés au labo. Entre-temps, deux autres experts en anthropométrie, Nancy Kingsbury et Dave Welch, s'étaient joints à Groover et Truskowski, afin de procéder aux analyses.

Le sang présent dans les restes trouvés la veille était du groupe O. Il allait maintenant falloir analyser le sang des nouveaux morceaux. Les épidermes, également, seraient comparés.

Pendant ce temps, les enquêteurs travaillaient comme si tous les restes humains découverts ces deux jours avaient appartenu à une seule et même victime. Jusqu'à présent, on n'avait pas retrouvé de doublet susceptible de contredire cette supposition. En outre, la chair des deux « lots » était encore en bon état. Le processus de décomposition n'ayant pas commencé malgré la chaleur de mai, il était certain que la mort de la victime ne remontait qu'à un jour ou deux. Ce qui concordait avec l'information de l'employé de la station d'épuration, selon laquelle les eaux usées parvenaient très vite à l'usine une fois la chasse d'eau tirée.

Si les experts en identification ne parvenaient pas à faire la preuve que tous les morceaux humains retrouvés appartenaient à une seule et même personne, cela signifierait qu'un fou dangereux avait découpé deux victimes au moins dans Las Vegas et s'était sans doute déjà mis en chasse d'une troisième.

Les policiers n'avaient encore aucune idée quant à l'identité de cette victime, si tant est qu'il n'y en eût qu'une. On avait relevé l'empreinte du doigt qui ne s'avérerait utile qu'une fois émise une hypothèse d'identité. Alors l'empreinte permettrait de la vérifier.

La police ignorait jusqu'à la cause du décès, l'absence de cadavre entier ne permettant pas de procéder à une autopsie.

La victime avait-elle été poignardée ? Tuée par balle ? Étranglée ? Assommée d'un coup de matraque ?

Comment résoudre le mystère d'un meurtre quand on n'est en possession ni du cadavre ni de l'identité de la victime, ni même d'un témoin ?

Voilà les interrogations qui hantaient les deux inspecteurs chargés de débrouiller l'enquête.

Le 17 mai, les experts du service anthropométrique remirent leur rapport à Ziola et Leonard. Tous quatre étaient parvenus à une même conclusion : les restes retrouvés à deux reprises appartenaient au même individu. Le groupe sanguin était semblable, et identique la texture de la peau.

Bien que l'idée que quelqu'un ait été taillé en morceaux et ses restes éparpillés dans la ville fût révoltante, les inspecteurs furent soulagés par les conclusions des scientifiques. L'existence d'une seule victime signifiait que l'on n'avait pas affaire à un fou dangereux errant dans Las Vegas et tuant au petit bonheur.

Restait maintenant aux limiers à découvrir l'assassin.

L'après-midi de ce 17 mai tirait à sa fin quand un coup de fil parvint au poste de police. Le correspondant appelait depuis un hôtel du centre-ville. Quelqu'un venait de débouler dans l'hôtel en criant qu'il avait trouvé des morceaux de cadavre dans un conteneur à ordures placé dans une ruelle toute proche.

Ziola et Leonard se rendirent sur-le-champ à l'hôtel, porteurs, cette fois encore, de sacs en plastique.

Sur place, on les conduisit à la poubelle. A l'intérieur et à côté du conteneur, gisaient des restes humains. Un tronçon de jambe, une main sans doigts. Il y avait aussi une cheville et un morceau d'épaule.

Une fois de plus, dans la mesure où il n'existait pas de doublet, les enquêteurs s'en tinrent à l'hypothèse que ces restes appartenaient au même cadavre que ceux découverts les jours précédents.

Mais, cette fois, les inspecteurs ne trouvèrent pas

seulement des débris humains. A côté de la poubelle, ils ramassèrent les morceaux de ce qui paraissait être une sorte de placoplâtre. La présence de ce matériau devait leur fournir le premier indice significatif de cette enquête sinistre.

Pas très loin du centre de Las Vegas se trouve une zone où se sont bâtis des bidonvilles, dont la plupart des bicoques sont en placoplâtre. La découverte de cet aggloméré près du conteneur laissait supposer que la solution du meurtre et de la mutilation se trouvait peut-être aux bidonvilles.

Les inspecteurs chargèrent un policier d'emporter les morceaux au labo. Eux, de leur côté, se rendirent aux bidonvilles. Là, ils frappèrent aux portes des baraques, interrogèrent les occupants.

Ils s'aperçurent bien vite qu'ils n'avançaient pas. Personne n'avait d'information à leur fournir. Personne dans le coin n'avait rien remarqué d'étrange, et personne ne répondit de façon suspecte à leurs questions. Leur déception allait croissant à mesure qu'ils visitaient les bicoques.

Le désappointement cependant ne devait pas durer.

Ils parvinrent devant une baraque où du sang maculait la façade, près de la porte d'entrée. Oh, pas une grande quantité de sang, et pas moyen de déterminer depuis combien de temps il était là. C'était du sang néanmoins, qui pouvait être celui de la victime mutilée, pensèrent les enquêteurs.

Quand ils commencèrent à poser des questions aux deux hommes qui les avaient accueillis, l'un d'eux devint des plus évasifs. Il expliqua qu'il y avait eu une dispute dans la maison ces jours passés, le sang sur la cloison provenait de là. Il ajouta que personne n'avait été sérieusement blessé.

L'autre homme prétendit que s'il y avait eu bagarre, il n'en savait rien, car il n'était pas rentré ces derniers jours. Il était parti chercher du boulot, précisa-t-il. D'ailleurs, cela faisait plusieurs jours qu'il n'avait pas aperçu son autre compagnon, le troisième qui logeait avec eux.

A nouvelles questions, nouvelles réponses de l'homme qui s'était montré évasif. Il affirma que le type ne vivait plus avec eux et était parti, quelques jours plus tôt.

L'autre locataire déclara ne pas être au courant de ce départ, n'ayant guère été chez lui ces derniers temps.

Jugeant ces explications insuffisantes et comprenant qu'ils n'en obtiendraient pas davantage dans le bidonville, les inspecteurs décidèrent d'emmener les deux hommes au poste afin de les interroger plus longuement.

De retour à leur bureau, ils contactèrent le propriétaire de la bicoque, qui leur déclara que le troisième locataire s'appelait Patrick Fogarty, qu'il avait trente-six ans, et était originaire d'un État de l'Est du pays.

Aussitôt, l'empreinte recueillie sur le doigt trouvé dans les eaux de la station d'épuration fut communiquée à la police de la ville natale de Fogarty. Elle figurait peut-être dans ses fichiers. Si elle se révélait semblable à celle du troisième homme, les inspecteurs connaîtraient enfin l'identité de la victime découpée en morceaux.

L'interrogatoire des deux colocataires dura jusqu'à la nuit. Quelque cinq heures plus tard, l'homme qui affirmait ne guère avoir été chez lui était relâché. Les employeurs qu'il prétendait avoir rencontrés confirmaient qu'il était bien venu les solliciter ces derniers jours, en quête de travail.

L'autre homme, en revanche, Michael Yarbrough, âgé de trente-trois ans, fut gardé en prison sur présomption de meurtre. Les inspecteurs manquaient cependant d'éléments probants pour prolonger la garde à vue.

L'empreinte digitale ayant filé vers l'est par transporteur spécial, ils espéraient une réponse de la police de la ville natale de Fogarty pour le lendemain. Si les empreintes de la victime présumée figuraient dans les fichiers, son groupe sanguin y serait également mentionné.

Au matin du 18 mai, le service de recherches anthropométriques chargé d'analyser les morceaux de corps recueillis dans la ruelle proche de l'hôtel, remettait ses résultats aux inspecteurs. Cette fois encore, le sang était du groupe O, et la texture de la peau semblable aux précédentes. Les experts en concluaient que tous les restes faisaient partie d'un même individu.

On n'avait pas trouvé trois épaules ou deux nez qui auraient démenti cette hypothèse.

Tandis que les enquêteurs recoupaient les informations à leur QG, une équipe du labo se rendait dans la baraque autrefois occupée par Fogarty, Yarbrough et le troisième homme. Un échantillon de sang séché fut prélevé sur sa cloison extérieure. A l'intérieur, une hachette fut saisie.

Dès le retour de l'équipe, l'échantillon sanguin fut remis aux experts afin qu'ils en déterminent le groupe. La hachette fut enregistrée comme pièce à conviction.

Malgré ces progrès, les inspecteurs livraient une course contre la montre, les preuves rassemblées ne leur permettant pas de garder Yarbrough derrière les barreaux.

L'après-midi du 19 mai, ils obtinrent une réponse de la police départementale de la ville natale de Fogarty. Ses empreintes figuraient effectivement dans leurs fichiers, ainsi que son groupe sanguin. La comparaison avec celle que leur avait envoyée Las Vegas se révélait positive. Et, de surcroît, Patrick Fogarty appartenait bien au groupe sanguin O.

Avant de classer comme pièce à conviction la hachette saisie, on y avait évidemment recherché d'éventuelles empreintes. Celles de Yarbrough avaient été décelées sur le manche.

Si ce dernier élément n'étayait pas l'accusation de façon décisive, la confirmation que le mort était le colocataire de Yarbrough renforçait fortement les soupçons. Cela, ajouté au fait que l'on ait trouvé du sang de groupe O sur la façade de la bicoque, ainsi que des éclats du même placoplâtre que celui qui avait servi à construire la baraque auprès du dernier lot de restes humains, conduisirent à l'inculpation de Michael Yarbrough pour le meurtre de son colocataire.

Tandis que Yarbrough était incarcéré, on procéda à l'analyse de son sang. Il s'avéra que l'inculpé était du groupe A.

Alors même que la police accumulait les preuves contre lui, Yarbrough s'entêtait dans son silence.

Quand il se déciderait à parler, s'il s'y décidait, il ne pourrait prétendre que c'était son propre sang qui maculait la maison.

Dès le début, la nouvelle des découvertes successives de restes humains dans Las Vegas s'était répandue dans la ville et faisait quotidiennement la une des journaux. A la télévision, les actualités s'ouvraient sur les dernières informations concernant l'effroyable affaire.

L'enquête continua de faire la une lorsque Yarbrough fut inculpé de meurtre et incarcéré.

Dans l'espoir de devancer ses confrères par un reportage sensationnel, un journaliste de la télévision de Las Vegas obtint de Yarbrough une interview, trois jours seulement après son arrestation. Le suspect, qui n'avait rien eu à déclarer à la police, eut beaucoup à dire au reporter, qui fit une vidéocassette de l'interview.

Yarbrough avouait au journaliste qu'il avait en effet tué Patrick Fogarty. Légitime défense, précisait-il. Au reporter comme à tous ceux qui virent le reportage au journal de 18 heures, il raconta cette histoire horrible :

Fogarty et lui étaient en train de se disputer quand Fogarty avait foncé sur lui avec la hachette. Yarbrough avait attrapé une corde, en avait fait un lasso qu'il avait lancé sur son camarade. Une fois celui-ci pris, il avait serré, serré, aussi fort que possible. Si bien qu'il avait étranglé Fogarty.

Comprenant ce qu'il venait de faire, il avait mis le corps dans la baignoire puis était allé chercher un couteau à la cuisine.

De retour dans la salle d'eau, il entreprit de découper le mort.

D'abord, il arracha les yeux et les jeta dans les toilettes. Une fois la chasse tirée, il recommença à découper : un doigt qu'il expédia par le même moyen, ensuite une oreille, et ainsi de suite.

Quand il s'attaqua à de plus gros tronçons, il s'aperçut qu'il ne pouvait s'en débarrasser aussi aisément que les précédents. Bras, jambes, tête et buste devaient disparaître autrement. Aussi le soir du 15 mai, après le coucher du soleil, parcourut-il Las Vegas afin d'abandonner les macabres vestiges dans différents conteneurs à ordures.

Yarbrough ne se rappelait plus tous les endroits où il avait dispersé les restes de Fogarty.

Pendant qu'il découpait le corps, tout comme pendant le temps qu'il en dispersait les restes aux quatre coins de la ville, un désir violent de manger de la chair humaine l'avait tenaillé.

L'interview fut diffusée au début des informations de 18 heures; les inspecteurs chargés de l'enquête comptaient parmi les téléspectateurs horrifiés. Eux qui n'avaient eu que des preuves indirectes avant que l'interview ne soit rendue publique, tenaient maintenant un dossier en béton contre Yarbrough.

Du fait de ces aveux enregistrés, la possibilité de mise en liberté sous caution (caution dont le montant avait déjà été fixé) fut annulée. Pour l'assassin, il n'était plus question de liberté provisoire.

Les poursuites judiciaires furent confiées au procureur suppléant David P. Schwartz. Le procès était ajourné jusqu'à la tenue d'une audience préliminaire devant un juge de paix. De telles audiences se déroulent à la façon de mini-procès.

Le procureur a pour devoir de prouver au juge de paix qui préside que l'État possède suffisamment de preuves contre l'accusé pour justifier un procès devant la Cour fédérale de grande instance.

Schwartz n'eut guère de mal à démontrer qu'il avait suffisamment de charges contre Yarbrough. Cependant, bien que les présomptions fussent fortes, le procureur était quelque peu inquiet de voir l'affaire amenée devant des jurés, à cause de l'insistance avec laquelle le prévenu affirmait qu'il avait tué en état de légitime défense. Yarbrough était le seul témoin vivant du meurtre. Aucun observateur objectif ne pourrait dire aux jurés ce qui s'était passé.

Schwartz ne doutait pas d'obtenir une condamnation. Mais il aurait voulu une condamnation pour homicide volontaire avec peine de mort par injection. Afin de ne négliger aucune possibilité, le procureur argua de « l'utilisation d'une arme mortelle dans la perpétration d'un crime ». Selon la loi du Nevada, cela doublerait automatiquement la peine au cas où Yarbrough aurait la vie sauve.

Le procès fut fixé à octobre, au tribunal du juge fédéral Stephen Huffaker. Les tentatives de la défense pour le faire ajourner échouèrent au cours de l'été. A présent Yarbrough allait devoir faire face aux jurés.

Le témoin-clé du procureur était le journaliste qui avait filmé et enregistré les aveux de l'accusé dans sa cellule. Il déclara avoir en effet mené l'interview et obtenu les aveux de Yarbrough. Alors qu'il déposait sous serment, la vidéo-cassette fut projetée devant les jurés.

Plus tard, quand vint son tour de témoigner, Yarbrough répéta ce qu'il avait dit durant le reportage : il avait tué en état de légitime défense.

L'un des jurés avait dû être sensible à cet argument car il fallut au jury sept heures et demie avant de revenir devant le juge Huffaker avec l'unanimité requise. Finalement, Schwartz entendit énoncer le verdict qu'il souhaitait. Les jurés déclaraient Yarbrough coupable d'homicide volontaire.

Leur incombait maintenant de décider d'une sentence. A l'issue d'une nouvelle audience, ils délibéreraient une seconde fois afin d'arrêter la condamnation.

A l'instar de la première partie du procès visant à déterminer la culpabilité, leur unanimité était requise. Ils devraient choisir pour le meurtrier entre la réclusion à perpétuité, avec ou sans possibilité de liberté conditionnelle, ou la mort par injection.

Après avoir entendu le procureur Schwartz réclamer la peine de mort, et après avoir écouté l'avocat de la défense solliciter leur indulgence – plaidoirie appuyée par le témoignage d'un parent de Yarbrough –, les jurés retournèrent dans la salle de délibérations.

Lorsqu'ils revinrent, ils apportaient cette fois une bonne nouvelle pour Yarbrough.

Sa vie serait épargnée.

De surcroît, il redeviendrait peut-être un jour un homme libre. Les jurés avaient opté pour une possibilité de liberté conditionnelle au cours de la réclusion à perpétuité.

Cela pouvait entraîner la libération du condamné après seulement dix ans derrière les barreaux. Mais comme le procureur Schwartz avait été suffisamment avisé pour alléguer l'utilisation d'une arme mortelle dans la perpétration du crime, Yarbrough écopa de vingt ans de peine incompressible.

Le procès terminé, Schwartz déclara que, à ses yeux, c'était la famille de Yarbrough qui avait entraîné la clémence des jurés.

– Ils étaient au tribunal chaque jour, affichant le remords que Yarbrough n'a jamais manifesté, expliqua le procureur. Je pense qu'ils ont eu une influence sur le jury.

La tête et le buste de Patrick Fogarty ne furent jamais retrouvés.

Valérie Dayre

Mortelle gourmandise

En 1977, les mois de janvier et février furent très rigoureux à Louisville, dans le Kentucky, mais Morris Lee Amos, qui n'avait jamais connu de repos depuis trente ans, n'allait pas laisser la température lui gâcher sa tâche ! Depuis plusieurs semaines, il avait entrepris de remettre à neuf le garage de sa maison, chaque soir après sa journée de travail. Il en achevait la finition lorsque les problèmes commencèrent.

Il y eut d'abord les diarrhées. Presque quotidiennes. Il pensa qu'il s'agissait d'un virus mais bientôt des complications apparurent : douleur dans les bras et apathie. Quand il regagnait son domicile, c'était à peine s'il était capable de lever les bras, et sa fatigue était telle qu'il ne pouvait plus envisager de bricoler dans son garage. Il décida d'attendre la fin de l'hiver pour terminer ses travaux de rénovation.

Mais cette réduction d'activité n'eut guère d'effet sur sa santé. Il déclinait à vue d'œil et perdit quinze kilos en l'espace de quelques semaines.

Pour la première fois de sa carrière, il déserta le chantier de son employeur. Son épouse essaya toutes sortes de remèdes. Elle passait des heures à lui préparer des bouillons de poule qu'elle lui donnait à la cuillère et lui achetait des litres de crème glacée afin d'apaiser la sensation de brûlure qui lui dévorait l'estomac. Rien n'y faisait.

L'état d'Amos empirait. Il se plaignait d'engourdissement dans les doigts et les bras, d'une douleur croissante dans la poitrine. Il alla consulter son médecin-traitant, se soumit à des analyses de sang, mais lorsque les résultats arrivèrent du laboratoire, le praticien n'eut guère espoir de le soulager. Le taux des globules blancs de son patient avait décru dans des proportions alarmantes, cela sans raison apparente. Le médecin lui prescrivit des vitamines et un régime sur-protéiné.

Au fil des jours, ce régime eut peu d'effet. La femme d'Amos lui servait double portion à chaque repas, or il continuait à perdre du poids. En plus de ses douleurs intestinales, il se mit à souffrir de la soif. Il buvait des litres d'eau sans parvenir à se désaltérer.

Lorsqu'il retourna consulter, sa femme dut l'accompagner pour le soutenir et rester auprès de lui afin qu'il ne tombe pas. Son équilibre était devenu précaire, il se plaignait de ne plus commander ses muscles. Le médecin remarqua que les doigts de son patient étaient bleus, son visage gris et terreux. Le rythme cardiaque était irrégulier.

Le surmenage ne constituait pas une explication suffisante à l'état d'Amos. Pourtant le praticien, après discussion avec des confrères, ne put que le rendre responsable de l'affaiblissement du malade. Il ne pouvait qu'encourager Amos à cesser toute activité.

– Encore quelques semaines d'arrêt, conseilla-t-il.

La semaine suivante, le 15 février, la famille d'Amos téléphona au généraliste. Le malade ne pouvait plus quitter sa chambre. Le médecin le fit hospitaliser, et l'on soumit le patient à de nombreux examens dans l'espoir de déterminer la cause du mal.

Gisant sur son lit d'hôpital, Amos n'était plus que l'ombre de l'homme robuste qu'il avait été. La peau de son visage adhérait à l'ossature; ses bras autrefois forts et musclés n'étaient plus qu'appendices maigres et inertes.

Une analyse de sang révéla l'absence quasi totale de globules blancs.

– S'il attrape le moindre rhume, il est fichu, commenta l'un des médecins. Il n'a plus aucune défense.

Tout ce qui fut entrepris pour déterminer la cause de cette perte des leucocytes échoua. Les médecins envisageaient diverses hypothèses. Certains avançaient qu'Amos souffrait d'un virus rarissime, encore non identifié, d'autres parlaient de dystrophie musculaire.

Certes, cette lésion organique expliquait la perte de mobilité, mais le diagnostic posait problème par ailleurs. L'état de santé du patient s'était détérioré trop rapidement en comparaison d'autres cas semblables. Et la perte de poids, la chute du taux de globules blancs, les vertiges et les douleurs dans la poitrine n'étaient pas ordinairement associés à cette maladie.

Les médecins questionnèrent l'épouse afin de savoir si Amos n'avait pas été en contact ces derniers mois avec quelqu'un qui eût présenté des symptômes similaires. D'après les souvenirs de Mrs. Amos, il n'en était rien.

Les médecins décidèrent alors de procéder à une nouvelle série d'examens. Ils prévoyaient de placer le patient en réanimation durant les jours à venir, tout en continuant les investigations. Mais quarante-huit heures après son admission à l'hôpital, le 17 février 1977, Amos tressauta dans son lit, comme s'il avait été frappé dans le dos, puis retomba sur le matelas, mort.

La tâche ingrate d'annoncer le décès à la famille incomba à l'un des médecins. Il téléphona à l'épouse et la pria de venir à l'hôpital, l'informant seulement que son mari était dans un état grave. Lorsque Mrs. Amos arriva avec les autres membres de la famille, le praticien vint à leur rencontre et leur annonça la nouvelle.

Après les avoir laissés donner libre cours à leur émotion, il les introduisit dans son bureau et aborda la question cruciale :

– Autant que nous le sachions, déclara-t-il, Mr. Amos est décédé d'une crise cardiaque. Cela s'est produit soudainement, nous n'avons rien pu faire pour le secourir. Nous aimerions procéder à une autopsie.

A peine avait-il émis ce souhait que la femme d'Amos s'insurgea : son mari n'aurait pas voulu d'autopsie.

Le docteur eut beau argumenter – l'autopsie permettrait de déterminer la cause exacte de la maladie et de la mort –, il se heurta à un refus catégorique.

Sans autopsie, la cause du décès ne pouvait que demeurer à l'état de conjectures. Sur le certificat de décès, il fut inscrit qu'Amos était mort d'un infarctus. Les choses en restèrent là.

Au moment des funérailles, parents et amis du défunt étaient en état de choc.

– Si je ne l'avais vu de mes yeux, je n'y aurais pas cru, commentait un voisin. Il était si costaud, si vigoureux, il pétait la santé. Et, comme ça, il s'est mis à dépérir. De ma vie, je n'ai jamais vu ça.

– Si jeune, ajoutait une femme. Quarante-six ans !...

– Bah, quand c'est le cœur qui doit lâcher, intervint un autre voisin, on ne sait jamais quand ça nous tombe dessus.

– C'est la volonté de Dieu, conclut un ami proche d'Amos. Il rappelle à Lui ceux qui Lui sont les plus chers.

Après les funérailles, la vie reprit son cours. L'épouse du défunt reçut de la sécurité sociale des subsides qui lui permirent de continuer à payer les traites de la maison. Les années passant, la mort subite de Morris Amos ne fut plus qu'un triste souvenir pour sa famille et le voisinage... Jusqu'en avril 1982. Cinq ans s'étaient écoulés quand un autre malade vint consulter à l'hôpital, se plaignant de symptômes similaires à ceux dont avait souffert Amos.

Violentes crampes d'estomac, diarrhées, soif inextinguible, engourdissement des membres. L'homme disait également que son haleine sentait l'ail et qu'il avait en permanence un goût métallique dans la bouche.

Lors de ses premières visites, les médecins de l'hôpital pensèrent qu'il souffrait d'une carence en fer. Le régime alimentaire qu'on lui prescrivit resta sans effet. Comme Amos, le patient perdait rapidement du poids, une sorte de paralysie le gagnait – c'était à peine s'il pouvait encore nouer ses lacets.

Son état laissa les médecins plus que perplexes. Tout diagnostic émis se trouvait contredit par la présence de symptômes sans rapport avec le mal désigné, et au fil des jours l'état du malade ne cessait de se dégrader. Maintes fois, des membres de sa famille le conduisirent à l'hôpital, cachant difficilement leur chagrin de le voir de plus en plus diminué.

Les médecins ne parvenaient toujours pas à déterminer la cause du mal.

Pour finir, on fit appel à un spécialiste du sang qui décida toute une série d'analyses. Durant les examens, le patient resta hospitalisé ; et alors, aussi soudainement qu'il était tombé malade, son état connut une amélioration flagrante. Les médecins furent pour le moins surpris par ce rétablissement imprévu. Plus le séjour en milieu hospitalier se prolongeait, plus l'état du malade s'améliorait. Il fut bientôt capable de rentrer chez lui et de reprendre ses activités. Le corps médical attribua la maladie à des problèmes de transit intestinal.

Mais quelques mois plus tard, un parent du patient téléphona de nouveau à l'hôpital, pour signaler que l'état du malade avait affreusement empiré.

Une ambulance fut aussitôt dépêchée au domicile de l'homme qu'on hospitalisa d'urgence. Il pouvait à peine parler, une paralysie quasi totale l'immobilisait au point qu'il ne remuait que difficilement un doigt.

Les docteurs se concertèrent.

– Les analyses font état d'une diminution flagrante des globules blancs, dit le spécialiste du sang.

– Ces analyses nous indiquent-elles une cause ? interrogea un des leurs.

– Vous savez aussi bien que moi que les causes possibles sont nombreuses, rétorqua le spécialiste. Mais aucune ne cadre parfaitement avec les symptômes. J'avoue que je sèche. Si quelqu'un a une idée...

– Vous éliminez l'éventualité d'un virus ? objecta un autre médecin.

– En l'absence de preuve, oui, car le taux d'anticorps est normal.

– Avez-vous recherché un poison ?

– Non, répondit le spécialiste avec un regard étonné. Ce n'était pas nécessaire. Il n'y a pas suspicion d'empoisonnement.

– S'en assurer ne ferait pas de mal, rétorqua le médecin.

C'était un petit homme rondelet, pourvu d'un front immense et de joues rebondies, mais son regard était perçant, pénétrant, et ses confrères respectaient ses opinions. Tous convinrent qu'il valait la peine de pousser les investigations dans la direction d'un possible empoisonnement.

Les fonctions physiologiques du patient, mis sous perfusion, furent alors analysées sous toutes les coutures. Ses urines et jusqu'à un échantillon de ses cheveux furent envoyés au labo ; cette fois pour détecter l'éventuelle présence d'une substance qui l'aurait intoxiqué.

Le lendemain, avant que les résultats ne soient connus, une parente vint rendre visite au malade. Comme chaque fois, elle se montra avec lui pleine d'attentions. Il était si pâle, si épuisé qu'il ne pouvait s'alimenter lui-même, aussi l'aida-t-elle à se nourrir. Puis, comme elle aimait le gâter, elle sortit de son sac une crème glacée dont elle lui montra l'emballage. C'était la préférée du malade. Elle puisa cuillère après cuillère dans la glace jusqu'à ce qu'il eût tout absorbé. Alors elle jeta l'emballage dans la corbeille à papier et s'en alla, non sans être passée par la salle des infirmières auxquelles elle recommanda son cher parent.

Peu de temps après, les résultats des analyses

d'urine et de cheveux arrivèrent, provoquant une réunion d'urgence.

Les urines d'une personne normale contiennent approximativement 200 milligrammes d'arsenic. Les tests pratiqués sur les urines du malade révélaient la présence de 20 000 milligrammes du poison, assez pour frapper quelqu'un d'incapacité. Ou le tuer!

Les médecins prirent sur-le-champ la décision de prévenir la police régionale. L'inspecteur de brigade criminelle Danny Crady arriva avec plusieurs collègues et se fit exposer la situation.

– Il y a trop de poison pour que la substance ait pu être inhalée, expliqua un médecin. La quantité d'arsenic est telle qu'elle ne peut avoir été absorbée que par voie orale.

– Vous voulez dire que quelqu'un le lui aura fait manger? releva l'un des policiers.

– Absolument, répondit le médecin.

– Savez-vous qui prépare ses repas en temps normal? interrogea un autre enquêteur.

Les médecins conseillèrent aux policiers de s'adresser aux infirmières chargées de surveiller l'alimentation des patients. Quand à ce que le malade avait absorbé hors de l'hôpital et qui lui préparait ses repas chez lui, les enquêteurs auraient à trouver tout seuls.

Deux officiers de police s'empressèrent vers la chambre du malade. L'interrogatoire de l'infirmière de garde leur apprit que le patient suivait le strict régime alimentaire de l'hôpital, mais que si un membre de la famille apportait quelque douceur, on fermait les yeux. Une petite gâterie ne pouvait pas faire de mal. D'ailleurs, renchérit-elle, une parente du patient, Pauline Rogers, était encore là tout à l'heure, et elle avait fait manger une crème glacée à son parent.

Les policiers récupérèrent l'emballage vide dans la corbeille à papier et l'envoyèrent aussitôt au laboratoire de la brigade criminelle, pour analyse. La présence anormale d'arsenic dans la crème glacée fut révélée.

C'en fut assez pour que les inspecteurs Danny Crady et Bobby Jones obtinssent un mandat de perquisition au domicile de Pauline Rogers.

La maison eut beau être passée au peigne fin, après des heures de recherches infructueuses les inspecteurs renoncèrent.

En revanche, lorsqu'ils fouillèrent le passé de Pauline Rogers, ils découvrirent qu'en 1977, son mari, Morris Amos, avait succombé à une troublante faiblesse cardiaque.

L'inspecteur John Spellman fut chargé de compiler tous les détails sur l'étrange décès d'Amos. Pour commencer son enquête, il suggéra au coroner Richard Greathouse l'hypothèse que Amos avait été empoisonné par son épouse, aujourd'hui connue sous le nom de Pauline Rogers.

Greathouse commença des investigations sur la mort d'Amos tandis que l'inspecteur Spellman recherchait des témoins.

Un parent d'Amos lui précisa que Pauline Rogers et Amos avaient été mariés pendant onze ans avant qu'Amos ne tombe malade.

– Il n'avait jamais manqué un jour de boulot. Et tout à coup, il s'est mis à maigrir, à devenir pâle et grincheux.

Sur Pauline Rogers, les témoins s'entendaient à la qualifier de femme réellement aimable.

– Un plaisir de passer la journée avec elle, déclara

une voisine. Elle a une sacrée personnalité... et toujours en train de blaguer.

D'autres décrivirent la supposée empoisonneuse comme une maniaque de la propreté.

– Pas un grain de poussière dans sa maison. Vous auriez pu lécher par terre, se rappelait un voisin qui avait souvent rendu visite au couple. Et son jardin! Qu'il était beau, son jardin! Et quelle abondance dans son potager et dans son verger. Vous auriez vu ces concombres qu'elle faisait pousser; et ces pommes de terre, et ces fleurs!

Spellman songea alors que toute personne férue de jardinage possédait quelque pratique quant à l'usage de l'arsenic. Pauline Rogers n'aurait eu aucun mal à s'en procurer.

Mais savoir si elle avait utilisé le poison à des fins criminelles... Aucun témoin n'avait encore suggéré cette possibilité quand un proche parent d'Amos fit part à l'inspecteur de la requête des médecins de procéder à une autopsie, et de la façon dont Pauline avait rejeté cette demande.

Spellman tenait un indice, le premier signe que Pauline Rogers avait quelque chose à cacher, quelque chose qu'une autopsie aurait pu révéler – comme par exemple que Amos avait bel et bien succombé à un empoisonnement.

Les résultats des recherches de Spellman furent bientôt corroborés par le coroner Richard Greathouse, lequel s'était déjà entretenu avec les médecins de l'hôpital où Amos était décédé.

Le praticien qui avait soigné Amos attribuait sa mort à « quelque faiblesse cardio-vasculaire » mais avouait que la rapidité du déclin de son patient et l'étrangeté de ses symptômes l'avaient laissé perplexe.

Le coroner Greathouse fut contrarié qu'il n'ait pas, à l'époque, avisé la police de ses soupçons :

– Si nous avions été au courant, nous aurions ordonné l'autopsie malgré le refus de Pauline Rogers.

Cependant, il était encore possible de procéder à l'autopsie, souligna Greathouse. Bien qu'Amos fût enterré depuis cinq ans, sa dépouille serait « encore assez bien conservée pour pratiquer un examen correct ».

– Si nous cherchons de l'arsenic, il pourrait aussi bien avoir quitté ce monde depuis cinquante ans. L'arsenic reste dans les cheveux et les ongles.

Après en avoir conféré avec les inspecteurs de la criminelle, Greathouse signa l'ordre d'exhumation.

Tôt le matin du 4 juin 1982, des hommes en combinaison de travail commencèrent à creuser l'une des sépultures du cimetière Middletown. En l'absence d'une machine excavatrice, ils eurent grand-peine à entamer la terre durcie. Les pioches retombaient sans que l'on progresse vraiment. Au bout de plusieurs heures, ils n'avaient creusé que d'une trentaine de centimètres. Ils essuyèrent leurs visages en sueur et reprirent leur labeur.

En fin d'après-midi, le son du métal qui heurte le bois leur indiqua qu'ils touchaient au but.

Deux longues cordes furent glissées sous la bière que l'on sortit enfin de la tombe. Bientôt, un fourgon de la morgue emporta le cercueil au Centre hospitalier universitaire où l'on devait procéder à l'autopsie des restes du défunt.

Le 5 juin, le lendemain, le coroner Greathouse annonçait que la mort de Morris Amos n'était pas due à un infarctus comme cela avait été consigné dans le certificat de décès.

– Les restes de la victime ne révèlent aucune cause de mort manifeste, expliqua-t-il. En cas d'attaque cardiaque, nous aurions normalement dû trouver des cicatrices sur les parois du cœur.

Des échantillons des tissus prélevés sur le corps d'Amos avaient déjà été expédiés au laboratoire de toxicologie de Frankfort.

Entre-temps, les inspecteurs Danny Crady et Bobby Jones arrêtaient Pauline Rogers, inculpée de meurtre.

Comme elle était en mesure de verser la caution de 2 500 dollars, elle ressortit aussitôt de prison. Mais le lendemain, le 7 juin, on l'hospitalisa pour de violentes crampes intestinales. Chose stupéfiante, il s'avéra très vite qu'elle avait elle-même absorbé de l'arsenic.

Tandis que la suspecte se rétablissait, les charges s'accumulaient contre elle. L'analyse des tissus d'Amos avait révélé une quantité d'arsenic tout à fait anormale dans plusieurs organes. 18 000 microgrammes dans le foie, 470 dans l'estomac, 460 dans les cheveux.

La présence du poison dans les cheveux indiquait que Morris Amos n'avait pas succombé à une seule dose mortelle, mais a une administration régulière durant une longue période, un an ou davantage.

Face à une conviction absolue de meurtre et à une tentative de meurtre cinq ans plus tard, le procureur Bill Duncan décida d'engager des poursuites à l'encontre de Pauline Rogers. Il envisageait de traiter les deux dossiers – la tentative d'homicide sur son parent et l'assassinat de Morris Amos – séparément.

Au début du mois d'août 1982, Pauline Rogers était doublement accusée par le grand jury du comté de Jefferson.

Son procès pour tentative d'homicide ne commença pas avant l'année suivante, en juin 1983. Entre-temps, l'inspecteur Danny Crady avait complété le dossier grâce aux déclarations de plusieurs témoins à charge. Témoins visuels qui révélaient que Pauline Rogers avait souvent apporté des bonbons et autres « friandises » à l'hôpital.

Quand il fut lui-même à la barre du tribunal, Crady raconta que, au cours d'un interrogatoire de l'accusée, celle-ci avait reconnu avoir aspergé ces « petites sucreries » avec « du produit contre les fourmis » – c'est ainsi qu'elle qualifiait l'arsenic.

Un autre témoin à charge capital fut l'infirmière de l'hôpital qui se rappelait avoir vu Pauline faire manger une crème glacée à son parent.

Fort de ces témoignages accablants, le procureur Bill Duncan n'eut aucun mal à convaincre les jurés de la culpabilité de Pauline Rogers. Le 24 juin, elle était reconnue coupable de tentative d'homicide ; le mois suivant, le 15 juillet, le juge Laurence Higgins la condamnait à vingt ans de réclusion, peine maximum prévue par la loi dans ce cas.

Le procès pour le meurtre de Morris Amos eut lieu au cours des semaines suivantes. Dans la mesure où les deux chefs d'accusation étaient directement liés, le procureur Duncan put réutiliser plusieurs éléments du premier procès, et brandir enfin la preuve irréfutable d'homicide sur la personne de Morris Amos.

La preuve en question était évidemment la quantité mortelle d'arsenic trouvée dans la dépouille d'Amos.

Au début du mois de septembre 1983, Pauline Rogers était une seconde fois jugée coupable, cette fois de meurtre avec préméditation. Le 23 septembre, le juge Higgins condamnait la meurtrière à vingt ans de réclusion supplémentaires, qui s'ajoutaient à la peine de vingt ans pesant déjà sur elle pour tentative d'homicide. Ainsi Pauline Rogers allait-elle payer ses crimes de quarante ans d'emprisonnement.

Valérie Dayre

A en perdre la tête

James Dunne devait s'arrêter. Il avait bu tant de bières au déjeuner qu'il lui semblait que sa vessie était près d'éclater. Impossible de tenir une minute de plus.

La petite route de campagne qui relie les villes d'Exeter à Torquay dans le comté de Devon, non loin de la côte sud-ouest de l'Angleterre, était justement fort tranquille en cet après-midi de septembre... Dunne, représentant de commerce, dirigea sa Ford Capri sur le bas-côté rongé d'une herbe brune. Le soleil de fin d'été avait désséché la terre et coloré la verdure de teintes automnales prématurées.

Quand il descendit de son véhicule, des vipères glissèrent, fuyant devant le pas de Dunne qui s'empressait vers la pénombre discrète de la forêt, la braguette déjà ouverte.

Tandis qu'il se tenait immobile, béatement soulagé, ses yeux commencèrent à s'habituer à l'ombre environnante. Sur sa droite, son regard fut attiré par un éclat rose vif, une couleur pour le moins inattendue dans ce territoire livré à la nature.

Dunne distingua vite plus clairement les choses et tout commençait à prendre forme et contours. Le rose saumon dessinait un mini-short de femme. Comme le représentant de commerce baissait la tête pour mieux voir, une puanteur l'assaillit soudain. Avant même d'esquisser un mouvement de recul, il avait remarqué le tee-shirt qui portait l'inscription en français « Souvenir du Maroc ». Le short et le tee-shirt habillaient un corps – un cadavre en état de décomposition.

Lorsque l'inspecteur de police principal Jeff Henthorne arriva sur les lieux à peine une heure plus tard, venant du commissariat d'Exeter, il fut davantage frappé par ce qui manquait que par ce qu'il avait sous les yeux : le corps de la morte n'avait pas de tête.

La vermine s'était déjà repue de la dépouille et le spectacle avait de quoi soulever le cœur, même celui des policiers les plus endurcis qui étaient arrivés pour fouiller chaque centimètre carré de la forêt.

– Nous sommes à la recherche du moindre indice, même le plus infime, souligna Henthorne s'adressant à l'ensemble de ses hommes. Le plus urgent est de trouver la tête.

Des soldats d'un camp d'entraînement militaire tout proche se joignirent à eux. Pendant ce temps, les restes de la victime inconnue étaient placés dans un sac en plastique de la morgue et emmenés dans la voiture d'un coroner à l'Hôpital Royal d'Exeter. L'autopsie commença le soir même, le 23 septembre 1983.

Henthorne resta dans la forêt jusqu'à la tombée de la nuit, mais aucun indice n'avait été encore débusqué. Ni chaussures. Ni sac à main. Ni mouchoir. Ni soutien-gorge. Ni tête.

Venu sur les lieux, le médecin légiste attaché à la brigade policière avait refusé de procéder à un examen médical préliminaire.

– Inutile, avait-il assuré à l'inspecteur principal. Le corps est en trop mauvais état pour être examiné dans ces conditions. Je ne ferais que vous retarder, et sans vous être d'aucune aide. Tout ce que je peux vous dire, c'est qu'elle est morte depuis un sacré bout de temps.

Ça, Henthorne s'en était rendu compte tout seul!

Fin septembre, il fait nuit à 20 h 30 dans le sud de l'Angleterre. Henthorne et son équipe furent de retour à leur bureau à 21 heures. On avait eu soin de garder Dunne au poste; pour Henthorne et l'inspecteur-chef Rod Saltmarsh, le moment était venu de questionner plus précisément le témoin.

L'interrogatoire eut lieu dans une pièce réservée à ce genre de discussion, au sous-sol, près des cellules. Dunne s'était vu apporter café et sandwich; il n'y avait rien d'agressif dans l'attitude de la police à son égard. Il était là pour aider l'enquête à progresser, rien de plus. Henthorne le premier fit savoir catégoriquement à la presse que Dunne n'était nullement suspect et serait libre de rentrer chez lui dès que l'on se serait assuré qu'il n'avait omis aucun détail dans son témoignage.

Le représentant expliqua donc pourquoi il avait dû s'arrêter en catastrophe à cet endroit de la forêt. De l'herbe tachée avait été prélevée et envoyée au laboratoire où l'analyse permit d'établir qu'il s'agissait bien de son urine. Henthorne était satisfait. Presque.

– Étiez-vous déjà passé par ce tronçon de route qui traverse le bois? questionna-t-il.

– Et comment! Je l'emprunte deux ou trois fois par semaine. Je suis voyageur de commerce, je vous l'ai dit. Je suis toujours sur la route. Sur cette route-là en particulier.

– Et vous arrive-t-il souvent de vous y arrêter, pour une raison ou une autre? demanda Henthorne.

– Je crois bien que c'était la première fois, répliqua spontanément Dunne.

– Vous ignoriez donc que le corps se trouvait là ?

– Évidemment que je l'ignorais.

– Bizarre que vous vous soyez arrêté à cet endroit précisément, commenta l'inspecteur, un rien provocant.

– Quelqu'un devait trouver le corps tôt ou tard. Vous pourriez dire la même chose sur n'importe qui découvrant un cadavre.

L'inspecteur fut entièrement satisfait. On échangea des sourires, des poignées de main. La déposition fut dictée et signée. Enfin le témoin fut autorisé à rentrer chez lui.

L'autopsie ne se termina pas avant 6 heures du matin le lendemain. Le Dr. Hugh Dykes, pathologiste attaché au ministère de l'Intérieur, présenta son rapport à l'inspecteur Henthorne. La victime était décédée suite à des blessures par balles portées à la gorge et à la poitrine. Deux projectiles avaient traversé le cœur, fracturant une côte pour finir par se ficher dans le poumon gauche.

– La mort a dû être instantanée, commenta le spécialiste.

Pour ce qui était de dater exactement le décès, le pathologiste se montrait beaucoup moins catégorique.

– Cela remonte à des mois plutôt qu'à des jours ou à des semaines. Je ne puis être plus précis. Je le regrette mais l'environnement et les conditions climatiques exercent une telle influence sur ces choses que je ne vous rendrais pas service si j'avançais une date précise.

« Néanmoins, je puis vous faire part de quelques détails susceptibles de vous aider. Primo, à mon avis la tête a été séparée du reste du corps quelque temps après le décès.

« Deuzio, je crois que le corps a été transporté dans plusieurs endroits après le meurtre. Comme c'est toujours le cas, nous avons relevé pas mal de détritus sur lui. Après examen au microscope, nous avons découvert de grandes différences de nature entre ces débris. Il y a principalement de la poussière d'intérieur de maison. Nous avons aussi extrait plusieurs échardes de la peau. Non pas de ces éclats de bois qu'on trouve dans une forêt, mais plutôt dans une cabane en rondins.

– La cabane d'un bûcheron, par exemple, ou d'un garde-chasse ? s'enquit l'inspecteur.

– Voilà. Ou encore dans un sauna à la suédoise. Ce genre de construction.

– Intéressant, commenta Henthorne tout en écrivant dans son calepin les mots : « sauna – garde-chasse – bûcheron ».

– Tertio, reprit le médecin légiste, il n'y a pas trace de viol. Aucun dommage causé à la cavité vaginale, hormis ceux provoqués par des bestioles de forêts, rats et renards. Quoi qu'il en soit, je n'ai pas l'impression que la victime ait subi une agression sexuelle. Je peux me tromper, mais je ne le crois pas. Elle n'était pas non plus enceinte ni rien de ce genre.

Les balles qui avaient provoqué la mort avaient immédiatement été envoyées à l'expertise balistique. Plus tard, Henthorne apprit qu'elles venaient d'une carabine Marlin 303.

– Les coups ont été tirés quasiment à bout portant. La victime n'avait aucune chance d'en réchapper, face à une arme pareille et à si courte distance.

Henthorne s'empressa alors de réunir son équipe. Pour commencer, il communiqua tout ce qu'il savait à ses hommes. Ensuite, il fit valoir combien la coopération du public était essentielle pour la marche de l'enquête.

– Au stade où nous en sommes, il nous faut mettre la presse à contribution, et sans tarder. Pour une fois, nous ne pouvons agir sans elle.

Développant ce qu'il avait en tête, Henthorne annonça qu'il avait l'intention de faire diffuser par chaque journal, chaque chaîne de télévision, chaque station de radio, une description des vêtements portés par la victime.

Parallèlement, il fit enquêter sur tous les individus détenteurs dans le pays d'un port d'arme pour une carabine Marlin 303. On éplucherait aussi le fichier de Scotland Yard des personnes disparues : un boulot facile; on pouvait tout de suite obtenir le listing au siège central de la police du Devon, les ordinateurs du QG du comté étant reliés aux fichiers de l'ordinateur central de Scotland Yard à Londres.

Dans son rapport d'autopsie, le médecin estimait, au vu des téguments, que la victime avait « entre vingt-deux et trente-cinq ans ». Rien de bien éclairant mais c'était mieux que rien. Cela avait au moins le mérite d'écarter les gosses et les retraités.

La priorité demeurait de retrouver la tête disparue. Les recherches en forêt continueraient.

– Durant des jours, des semaines, des mois s'il le faut, jusqu'à ce qu'on la retrouve, ordonna l'inspecteur principal.

Davantage de militaires allaient participer à l'opération. Des hommes et des femmes d'une base aérienne peu éloignée s'apprêtaient également à apporter leur concours.

– Je suis convaincu que la tête est quelque part dans cette forêt, déclara Henthorne. Peut-être est-elle enterrée. Nous devons donc avoir l'œil partout où le sol a été remué, les broussailles déracinées, etc.

Les empreintes digitales de la morte furent adressées à Scotland Yard, sans succès. L'ordinateur ne les avait pas en mémoire. Apparemment la victime n'avait jamais été fichée pour quelque délit que ce soit. Un examen des cicatrices chirurgicales sur le corps ne donna pas plus de résultats. Pas de trace d'appendicite, ni d'avortement, ni de fausse couche. Et il était certain qu'elle n'avait jamais enfanté.

Au cours des deux jours suivants, la chasse au meurtrier fit les gros titres de la télévision, de la radio et des journaux. Henthorne apparut à l'écran à plusieurs reprises. Une femme policier posa devant les caméras vêtue d'un short et d'un tee-shirt identiques à ceux que portait la victime. L'inspecteur Walt Mitchener, pour sa part, décrivit et montra une carabine Marlin 303.

– Quelqu'un connaît forcément l'identité d'une jeune femme qui s'habillait d'un short rose vif et d'un tee-shirt portant l'inscription en français « Souvenir du Maroc », déclarait Henthorne pour susciter le concours de la population. Une femme que vous n'avez pas revue récemment. Quelqu'un qui a disparu soudainement. Peut-être avait-elle un rendez-vous chez le coiffeur, auquel elle n'est pas venue. Peut-être ne l'a-t-on pas vue depuis un moment dans les boutiques où elle avait l'habitude de se rendre. Peut-être ses amis se demandent-ils pourquoi elle n'a pas téléphoné.

« Cette jeune femme doit bien manquer à quelqu'un. Elle a été tuée avec brutalité, cruauté. Elle a été décapitée. Réfléchissez-y, je vous en prie. Et aidez-nous. Pensez que vous pourriez être la prochaine victime, ou que ce pourrait être votre fille, ou votre épouse.

L'inspecteur Mitchener parla ensuite de l'arme, en appelant à tous les armuriers.

– Si quelqu'un a vendu dernièrement une carabine similaire, qu'il nous contacte. Toute information sera traitée de façon strictement confidentielle. Notre but n'est pas d'engager des poursuites contre quiconque pour infraction à la législation concernant les armes à feu. Nous ne nous soucions que d'arrêter un assassin.

Le fichier informatique des personnes disparues livra plus de deux cents identités « possibles ». Davantage d'enquêteurs, principalement de jeunes recrues, furent enrôlés afin de mener à bien cette partie des investigations.

– Remontez la moindre piste, leur ordonna-t-on. Vérifiez le moindre détail. Identifier la victime est notre priorité.

La semaine suivante, les parents et amis de plus de deux cents femmes déclarées disparues et dont l'âge correspondait à peu près à celui de la victime furent interrogés. On recueillit des dépositions, on examina des photographies, le médecin pathologiste fut consulté, mais toutes les pistes finirent par tourner à l'impasse. Le dossier « des deux cents » ne fut bientôt plus qu'une liste malmenée de noms rayés. Quant à l'arme du crime, personne ne fut en mesure de fournir une information intéressante. Les recherches en forêt n'avaient de remarquable que leur inutilité. Pas un seul indice supplémentaire n'avait été découvert.

Incrédule, Henthorne s'arrachait les cheveux. La situation devenait irréelle. Au début de l'enquête, il aurait mis sa main à couper que la tête manquante allait bientôt être retrouvée. Durant les recherches, il n'avait guère dormi. Pas plus que les membres de son équipe. L'humeur générale tournait à l'aigre. Le moral était au plus bas. Le découragement régnait.

Henthorne jugea qu'il était temps de faire une autre apparition à la télévision. Rendez-vous fut pris pour une nouvelle intervention de l'inspecteur au cours du journal télévisé de 21 heures sur la BBC. Le policier répéta en grande partie ce qu'il avait dit les fois précédentes, mettant l'accent sur le short rose et le tee-shirt. En revanche, il passa sous silence l'âge présumé de la victime, n'écartant pas la possibilité que les pathologistes se soient trompés sur ce point.

A peine l'inspecteur était-il rentré des studios de la BBC qu'un cri parvint jusqu'à son bureau.

– Chef! Chef! braillait le policier en poste au standard téléphonique. J'ai en ligne une femme qui affirme connaître l'identité de la victime. Elle n'a pas l'air d'une cinglée mais d'une dame très comme il faut.

Des cinglés « très comme il faut », Henthorne en avait côtoyé beaucoup durant sa carrière, aussi n'y eut-il pas la moindre exultation dans sa voix quand il prit la ligne après avoir renvoyé le jeunot enthousiaste dans la pièce voisine.

– Inspecteur principal Henthorne, déclina-t-il.

– Oh, oui, je vous ai vu à la télévision, rétorqua la correspondante. C'est la raison pour laquelle je vous téléphone. Je crois être en mesure de vous dire qui est la femme décapitée. Mieux encore, si je ne me suis pas trompée sur son identité, je peux également vous donner le nom de l'assassin.

Une pointe d'excitation perça quand même dans la voix de Henthorne lorsqu'il répondit :

– Pourquoi avez-vous attendu si longtemps avant de m'appeler ?

– Si longtemps! s'exclama la femme. Voilà seulement quelques minutes que vous êtes passé à la télé.

– J'ai fait beaucoup d'appels à témoins depuis plusieurs jours, rétorqua Henthorne.

– Ah! mais nous venons seulement de rentrer d'un séjour à l'étranger, expliqua l'interlocutrice. Nous n'étions chez nous que depuis une heure lorsque mon mari a allumé le poste, et c'est alors que nous vous avons vu.

– D'accord, admit Henthorne. Qui est donc la victime ?

– Monica Telling, dit la femme. Elle habitait avec son mari au manoir Lambourn, près du village de Bledlow, vers High Wycombe.

C'est-à-dire dans le comté de Buckingham, à quelque quatre cents kilomètres au nord de la forêt où le corps avait été découvert.

L'allégresse de l'inspecteur retomba. Se pouvait-il qu'il s'agisse de cette femme-là ? L'assassin aurait-il pris le risque de parcourir une telle distance avant de se débarrasser du corps ? Déjà, Henthorne se préparait à une nouvelle déception quand sa correspondante reprit :

– Elle portait souvent un short rose, mais c'est la description du tee-shirt qui m'a alertée. Et surtout, son mari, Michael Telling, vient juste de nous avouer, à mon époux et moi, que c'est lui qui a commis le crime. Il vient de s'en aller. Il était en vacances avec nous.

On prit les coordonnées de la femme avant de l'aviser qu'une voiture de la police locale allait venir les chercher, son époux et elle, pour les amener cette nuit même au siège de la brigade criminelle du Devon.

Le véhicule transportant Mrs. Daisy Walters et son mari Frédéric arriva à Exeter vers 2 heures du matin. Le couple fut immédiatement conduit au bureau de

Henthorne où, accompagné de l'inspecteur Mitchener, il attendait anxieusement.

Après les poignées de main d'usage, Henthorne alla droit au but.

– Racontez-moi tout, exigea-t-il. En commençant par la femme et ensuite le mari qui, selon vous, l'aurait tuée.

Au bout de trois heures, on tenait de Mrs. Walters la déposition suivante :

« J'ai souvent vu Mrs. Telling en short rose bonbon, et avec le tee-shirt que vous avez décrit et montré à la télévision. Je n'aime pas dire du mal des morts mais il faut reconnaître qu'elle aimait afficher son corps devant les hommes. Elle menait à Michael une vie infernale.

« Depuis que nous la connaissons, elle a toujours pris de la drogue, et puis elle avait régulièrement des aventures avec des lesbiennes, sans compter qu'elle couchait à droite et à gauche avec des hommes. Elle était toujours à provoquer son mari par ses liaisons, elle se moquait de lui, même en public, pendant des dîners ou dans des occasions de ce genre. N'importe quel autre homme l'aurait tuée depuis longtemps.

« Il y a six mois environ, Michael est venu chez nous prendre un verre et nous a annoncé que sa femme avait fait ses valises et l'avait quitté. Il semblait tellement soulagé que nous avons été ravis pour lui. Secrètement, nous pensions que c'était la meilleure chose qui puisse lui arriver. “ Tu vas pouvoir commencer à vivre maintenant, à vivre vraiment ”, lui ai-je dit.

« Nous étions amis depuis longtemps. Au point que nous l'avons invité à nous accompagner en vacances en Espagne pendant quinze jours. A notre retour, j'ai préparé du café et nous étions en train de nous détendre au salon quand nous avons entendu l'appel à témoins lancé par la police.

« Michael a couru hors de la pièce et je l'ai entendu vomir dans les toilettes. Je n'y ai pas prêté trop d'attention car il est diabétique ; s'il ne mange pas, il est malade. Mais quand il est revenu au salon, il a éclaté en sanglots et s'est confessé à nous. Au début, nous ne l'avons pas cru, mais petit à petit tout est devenu cohérent : le départ subit de sa femme six mois plus tôt, puis la découverte d'un cadavre vêtu comme Monica Telling. Au bout du compte, j'ai fini par le croire.

« Au bout de quelques minutes, il a dit qu'il voulait rentrer chez lui et qu'il préférait être seul. Après discussion, mon mari et moi avons décidé, même si cela nous était très pénible, qu'il était de notre devoir d'avertir la police. »

La déposition fut dûment signée par le témoin. Mr. Walters signa une déposition similaire.

– De quoi vit Telling ? interrogea ensuite Henthorne.

– Comment ! Vous ne savez pas qui c'est ? s'exclama Mrs. Walters, incrédule.

– Non, reconnut l'inspecteur. Le nom devrait me dire quelque chose ?

– Pour le moins ! Michael est le petit cousin d'un lord. Bien qu'il n'ait que trente-quatre ans, il possède l'une des cinq plus grosses fortunes du Royaume-Uni.

La police devait découvrir que l'empire industriel du suspect, qui allait d'un ranch d'élevage de bétail aux États-Unis à une chaîne de boucheries, d'Argentine au Zimbabwe, valait plus d'un milliard de dollars. Le riche héritier avait épousé Monica, une Californienne fortunée et très en vue dix-sept mois auparavant. C'était son second mariage.

On montra aux Walters le short rose et le tee-shirt.

– Je jurerais que ce sont bien ceux que j'ai vus sur Mrs. Telling, fit Mrs. Walters.

Sans plus tergiverser, Henthorne et Mitchener partirent en voiture pour le nord, emmenant le couple de témoins avec eux. Après avoir déposé les Walters à leur domicile, Henthorne se rendit dans la grande propriété de Michael Telling, à trois kilomètres de là. Le maître des lieux était en train de promener ses chiens dans le parc.

Immédiatement mis en état d'arrestation, il fut conduit au poste de police local où on l'interrogea durant plusieurs heures. On lui donna lecture de la déposition faite par les Walters.

– Leur avez-vous dit que vous aviez tué votre épouse ? questionna Henthorne.

– Oui, répondit Telling.

– Et est-ce la vérité ? renchérit l'inspecteur.

– C'est la vérité.

– Avez-vous caché le corps de votre femme dans une forêt entre Exeter et Torquay ? interrogea alors Henthorne.

– Je ne l'ai pas caché, corrigea Telling. Je l'ai jeté au hasard. N'importe qui passant par là pouvait le trouver.

– Et sa tête ?

– Oh... de sa tête je ne pouvais pas me débarrasser. Elle était si belle. Son visage était bien trop adorable pour être abandonné avec le reste.

– A quel moment l'avez-vous décapitée ? s'enquit Henthorne.

– Dans le bois. J'avais loué une camionnette et j'ai roulé en direction d'Exeter. J'avais enveloppé le corps dans une housse de moto. J'avais une hache avec moi, et après avoir déposé Monica par terre dans le bois, je me suis agenouillé auprès d'elle et je lui ai tranché la tête. Ça a été très facile.

– Et où l'avez-vous mise? demanda Henthorne.

– Je l'ai enveloppée et je l'ai emmenée chez moi, répondit platement le meurtrier.

Dissimulant sa répulsion, l'inspecteur répéta sa question.

– Où se trouve-t-elle à présent?

Le suspect hésita un moment puis finit par secouer la tête.

– Désolé, je ne peux pas vous le dire.

– Pourquoi? rétorqua sèchement Henthorne qui ne goûtait guère ce genre de réponse.

– Parce que je ne peux pas m'en séparer. Je ne laisserai personne me la prendre.

Henthorne tenta alors une approche différente.

– Pourquoi avez-vous commis cet acte, Mr. Telling?

– Je ne pouvais plus supporter.

– Supporter quoi?

– Elle passait son temps à me ridiculiser.

– A quel propos?

– Elle disait que je n'étais pas un bon amant, que je ne lui avais jamais donné de plaisir, pas une seule fois. Elle me préférait encore des femmes. Elle faisait l'amour avec des femmes devant moi, sur la moquette, pendant que je regardais la télévision. Parfois même elle emmenait ces femmes dans son lit, et je devais aller dormir en bas ou dans une autre chambre.

« D'autres fois encore, elle a amené des hommes chez nous et elle *l'a fait* alors que j'étais dans la maison. J'étais révolté. Je l'ai suppliée d'arrêter mais cela n'a fait qu'empirer les choses. " Espèce de mauviette ", me disait-elle. " Tu n'es pas un homme. Même pas une souris. Les souris peuvent baiser, au moins! "

« En plus, elle était alcoolique et droguée. Pendant un moment, elle avait assisté aux réunions des Alcooliques Anonymes. Mais je continuais à l'aimer. Je l'aime encore aujourd'hui. C'est pour cette raison que je ne me séparerai jamais de sa tête.

Henthorne continua dans ce registre.

– Dites-moi comment cela s'est passé, si vous le voulez bien. Comment l'avez-vous tuée ?

– Elle était en train de m'injurier. Elle devenait comme folle. Elle racontait qu'elle allait sortir ramasser n'importe qui, et qu'elle ramènerait le type ou la fille chez nous pour la nuit. Puis elle s'est mise à hurler : « Tu es un débile ! Un frappé ! Tu ferais mieux de retourner chez les dingues, c'est là ta place. »

– Que voulait-elle dire par-là ? s'enquit Henthorne.

Telling baissa la tête et s'abîma dans une réflexion profonde avant de répondre :

– Quand j'étais plus jeune, j'ai subi un traitement psychiatrique. J'avais un problème.

Plus tard, la police devait découvrir que le suspect avait séjourné en hôpital psychiatrique, en internement volontaire. Enfant, il avait été éduqué dans des institutions spéciales, à cause d'un comportement qui trahissait de graves difficultés relationnelles. A plusieurs reprises il avait menacé de tuer sa propre mère ; il s'était livré à des saccages chez lui et avait brisé une bouteille de lait sur la tête de la fille d'un pasteur. Deux fois, il avait tenté de se suicider.

– Je vous ai demandé comment vous l'avez tuée, insista Henthorne.

– J'ai simplement attrapé ma carabine et l'ai braquée sur elle. Elle a couru vers moi, prête à me sauter dessus. J'ai cru qu'elle m'attaquait. J'avais mille et une raisons de presser la gâchette.

« Ensuite je l'ai embrassée, je lui ai dit que j'étais désolé de ce que je venais de faire. Je l'ai couchée à terre dans une chambre d'amis, et tous les jours j'allais l'embrasser. Puis je l'ai mise dans la cabine de sauna qui se trouve dans l'une de nos dépendances. Je l'ai gardée là jusqu'au jour – je ne me rappelle pas la date exacte – où j'ai loué une camionnette pour l'emmener vers la forêt.

Entre-temps, les policiers devaient découvrir qu'il avait fait l'amour à deux femmes, deux nuits distinctes, tandis que le cadavre de son épouse gisait dans la chambre d'amis adjacente.

Ce premier interrogatoire n'était pas terminé quand Henthorne revint au mystère qui persistait.

– Où se trouve la tête de votre épouse, Mr. Telling ? Il est inutile d'essayer de nous le cacher. Vous nous avez dit tout le reste. Autant vous soulager complètement.

Entre-temps, un magistrat avait délivré un mandat de perquisition. Tandis qu'on emmenait le suspect dans le Devon au QG de la brigade criminelle d'Exeter, des policiers entreprenaient de fouiller la maison et l'ensemble de la propriété. Les recherches ne durèrent pas une heure.

Dans le coffre d'une petite voiture blanche, enveloppée dans un sac en plastique, on découvrit la tête de Monica Telling, morte à l'âge tendre de vingt-sept ans. L'arme du crime fut retrouvée sous les lattes de plancher du sauna. Plus tard, Telling avoua avoir acheté la carabine en Australie, ce qui expliquait pourquoi les efforts de toutes les polices d'Angleterre pour identifier l'arme à feu avaient échoué.

Michael Telling fut accusé du meurtre de son épouse. Lors de son procès qui eut lieu au tribunal d'Exeter en juin 1984, il plaida coupable d'homicide par imprudence, dans le but de diminuer sa responsabilité, argument que la Couronne refusa d'accepter.

Pour la décapitation, Telling maintenait qu'il avait coupé la tête de sa femme car il ne supportait pas d'être complètement séparé d'elle. Mais la partie civile fit valoir que l'accusé l'avait tranchée, sachant que Monica aurait pu aisément être identifiée grâce à la chirurgie dentaire à laquelle elle s'était soumise peu de temps avant sa mort.

– Décapiter la victime a été un geste calculé destiné à empêcher la police d'identifier le corps, insista l'avocat général.

La défense s'attarda lourdement sur la conduite sexuelle déviante de la victime et sur son alcoolisme. Mais le juge pria les jurés de ne pas se laisser influencer par de sordides rumeurs courant sur le compte d'une jeune femme qui n'était plus en mesure de venir se défendre à la barre.

La Cour entendit néanmoins les récits des nuits de débauche qui s'étaient déroulées chez les Telling, des bains de minuit dans la piscine suivis d'orgies dans le patio, sur les pelouses et dans les écuries. L'accusé, lui, n'y avait jamais participé. Il demeurait à l'écart, triste témoin, en homme qui n'a sa place nulle part, pas même sous son propre toit.

L'avocat de la défense, le légendaire George Carman, qui occupe immanquablement la vedette dans tous les procès retentissants en Angleterre, plaida pour obtenir l'indulgence des jurés à l'égard de son client.

– Il a suffisamment souffert tout au long de sa vie, encore et toujours rejeté. Michael Telling est devenu une victime! Allez-vous décider d'un ultime rejet, radical celui-là? Je gage que non.

Après plusieurs heures de dilemme, le jury déclara Telling non coupable d'homicide mais coupable de meurtre par imprudence. Le juge Justice Sheldon n'hésita alors pas à condamner l'un des jeunes gens les plus fortunés de Grande-Bretagne à la prison à perpétuité.

Comme il attendait dans une cellule du tribunal qu'on l'emmène à la centrale d'Exeter, Telling eut rapidement l'occasion de mesurer le changement profond qu'allait connaître son existence. Au moment où un gardien lui apportait son déjeuner, il réclama une bouteille de son bordeaux favori.

– Je ne peux tout de même pas faire un repas sans une bouteille de vin!

Valérie Dayre

Cet ouvrage a été réalisé par la
SOCIÉTÉ NOUVELLE FIRMIN-DIDOT
Mesnil-sur-l'Estrée
pour le compte des Éditions Presses de la Cité
en septembre 1994

Imprimé en France
Dépôt légal : septembre 1994
N° d'édition : 6282 – N° d'impression : 28152